U0138833

越南移工：
國家勞動輸出政策及其社會發展意涵

張書銘　著

五南圖書出版有限公司

自序 / *Cảm ơn*

　　十五年前，我的碩士論文研究與越南新移民有關；而今，這本由博士論文改寫而成的專書，其研究對象變成了來自越南的移工。本書的研究對象與主題雖然是關於越南移工及其國家政策和發展議題，其實背後隱含著一個重要企圖，也是我長期從事越南研究的學術關懷：「如何正面地認識越南這個國家，或者是說越南人！」即使跟很多人一樣，在越南搭計程車時也會被司機漫天喊價，但我仍然覺得越南是個具有文化魅力的國家！

　　一路走來，要感恩的師長太多。首先是博士論文指導教授王振寰，振寰老師勤勉學術的風格總讓學生兢兢業業，但其實他嚴格的外表下有著一顆溫柔的心。王宏仁、柯瓊芳、曾嬿芬和張翰璧四位師長，都是國內越南研究和移民研究領域專長的學者。宏仁老師是我的碩士論文指導教授，受他栽培之恩自然不在話下；而與嬿芬、翰璧老師第一次見面則是在千禧年的越南田野；瓊芳老師則曾經是我擔任兼任助理的計畫主持人。從他／她們身上學到的不只有研究寫論文這件事，還有做人與做學問的態度。此外，許文堂老師，總是在我沒有落腳處時拉我一把，這份恩情銘記於心！李美賢老師，我於暨大東南亞學系擔任博後與兼課時，在課程教學活動上給予許多支持與肯定。龔宜君老師，我的啟蒙導師，在追求知識與獨立思考的學術養成過程中，若沒有她的循循善誘這條路肯定備嘗艱辛！還有，蕭新煌、林正義、黃蘭翔、陳凰鳳、吳德美、彭立忠、童振源、黃建淳幾位師長，以及中央研究院人文社會科學研究中心亞太區域研究專題中心的培育計畫、台北論壇基金會的田野補助；都在研究寫作階段給予許多鼓勵和支持。

　　特別是，教育部106年度人文及社會科學博士論文改寫專書暨編纂主題論文集計畫（A類博士論文改寫為學術專書）為期一年的獎助，巧婦難為無米之炊，若沒有計畫獎助與主持人呂妙芬老師的支持，相信寫作的過

程必定舉步維艱。政大同窗好友萍蘭、有慧、劍秋、承璋、宜賢，雖然大家忙於工作和家庭而疏於聯繫，但回想起當初大家為了資格考一起打拼的讀書會，這份革命情感卻是博士班生涯中最令我有感的一段。還有一群越南友人，在我前往越南田野時給予許多協助：行心、善香、阿夏、金雪、玉蓉、懷秋、全科、芳草等，若沒有他／她們的引領根本別想踏入越南農村一步。時任駐台北越南經濟文化辦事處勞工組阮氏雪絨組長、越南台灣事務委員會阮士洪祕書長、Migrant Resource Center阮伯海主任、越南勞動出口協會范杜日新副主席；長期經營越南的台商前輩進翔、平耀、長宏大哥、瑞琳大姊和鴻毅旅行社蔡家煌董事長。求學路上曾經扶持或相伴的夥伴：琮淵、晶瑩、佩琦、淑慧、Mathieu、碧純、裕洲、豪挺等。這些人都是我的貴人，如果這本書對於越南和台灣兩地社會的相互理解有些貢獻，都要歸功於曾經幫助過我的每一個人！

　　就讀博士班加上畢業後教書已逾十年的時間，家人的支持一直是我堅強的後盾。在鄉土劇盛行的時候，我的阿母說：「夜市人生」的電視劇情簡直就是她的人生寫照，她也是我見過最堅強的母親！阿兄與阿姊從不與我這個小弟計較，凡事替我承擔、為我著想；我的牽手雅蓮、兒子哲麥、謙禾、元菽，感謝你們的包容與支持。還記得某次因口述歷史工作需要，訪問一位受白色恐怖迫害的受刑人，他因成大共產黨案入獄十五年。其自述說十五年的牢獄生活並未讓他灰心喪志；反而是在獄中受到其他思想犯獄友的知識教化，加上自修研讀馬克思資本論等社會主義思想，讓他的世界觀與人生觀從此不再受制於威權與獨裁，也就是說從思想上徹底解放了！我對他的人生閱歷感到心嚮往之，倒不是說牢獄的洗鍊，而是那種思想上不受羈絆無欲則剛的境地。猶如Max Weber說的：「如果每個人都找到了操縱他生命之弦不可抗拒的力量，這其實是質樸而簡單的」！

張書銘

目錄

第一章　前　言

第一節 外勞≠移工、勞壓市、轟轟

　　本書的研究對象與主題雖然是「越南移工及其國家政策和發展議題」，其實背後隱含著一重要企圖，也是我長期從事越南研究的學術關懷：「如何正面地認識越南這個國家，或者是說越南人」！

　　2017年11月，我參加一場由勞動部勞動力發展署委託外部研究機構計畫案所召開的專家座談會議，會議討論的主題是：「外勞來源國輸出政策走向及我國因應對策」。與會人士有大專院校教授、縣市政府勞動局官員、人力仲介業者等，包含產業、官方、學界人士，這大概也是一般政府委外研究計畫案採取專家座談方式的「黃金組合」。會中，大家討論的議題不外乎與移工政策有關，只是座談會議全程倒是不見來源國代表或是移工與會列席！印象中，在座談會議進行時，我在指稱這群來自東南亞的勞工時，均稱呼他／她們為「移工」，有時還畫蛇添足地加上「朋友」二字，事後猜想可能有人聽來刺耳。專家座談會議採輪流發言，輪到人力仲介業者時，只見這位仁兄慷慨激昂大聲疾呼地說道：「我在這裡要嚴正地呼籲，外勞，就是外勞！外勞，不是移工！」其實，會議過程中不是只有我使用「移工」來指稱這群來自東南亞的勞工；但因為這位仲介業者所說的「外勞，不是移工」，當下我其實是很錯愕的！這句話顛覆了我既有的認知，難道是我老虎、老鼠傻傻分不清楚！？

　　中文的「移工」一詞乃譯自英文Migrant Worker，移工一詞的使用也是台灣學界從事移民研究（Migration Study）的普遍用語；只不過，我國政府部門向來不這麼稱呼這群移工。政府機構與一般大眾習慣上稱呼這群來台工作的外國藍領工人為「外籍勞工」（Alien Worker）或簡稱「外勞」，其實「外勞」或「移工」指涉的是同一群人。這裡的英文Alien字義雖當解讀為外國人，但Alien也有外星人，非我族類的意思。不曉得大家對於美國科幻電影《異形》

是否有所印象？劇中描述未來世界一群來自地球的太空探險者，在太空星球與船艦上遭遇外星生物的始末，這外星生物就叫Alien，張牙舞爪地把人類當成宿主而寄生，遇到牠准沒好事，電影最終的結局就是只剩女主角一人生還返回地球。因此，我還是習慣使用移工一詞，有時還會加上朋友二字；而且至今我仍搞不懂，那位仲介業者所認知的外勞和移工到底各自代表著什麼意思？

　　台灣的外籍移工引進制度亦稱為客籍工人（guest worker，簡稱客工）或契約工人（contract worker）制度，移工乃是依據勞動契約來台工作，一般情況下其工作內容、時間、場所和雇主都不得任意變更，契約期滿則必須返國。在移民制度設計上有別於白領高階技術移民，是所謂的藍領低階勞動工。2013年，行政院公布《人口政策白皮書》說明我國人口政策與規劃：簡單說，未來國家將會面臨少子女化和高齡化對政治、經濟、社會所帶來的衝擊，而「移民」是政府提出的可能解決方案之一。那什麼樣的移民，是國家需要的呢？白皮書中指出：「規劃經濟性及專業人才之移入，以配合國內經濟、教育、科技及文化發展需要；吸引所需專業人才及投資移民」，也就是白領高階技術移民才是國家需要的人才（中華民國內政部戶政司，2013a）。《人口政策白皮書》對於移工的描述，相當程度反映了國族政治的意識形態，引進外國勞動力的客工計畫，是基於血統主義的種族同質性；甚至於在面對不同階級的外國人時，呈現出「一國兩制」的情況──白領vs.藍領；外國人vs.外勞。外勞，並不是政策制訂者心目中的典型外國人，外國人不包含外勞，外勞也不是外國人（曾嬿芬，2004）。為數眾多的藍領移工，在人口政策白皮書裡出現的形象與描述多與人口管理技術有關，[1] 反而對於移工們在產業與社福部門的貢

---

[1] 請參考中華民國內政部戶政司（2013a）《人口政策白皮書》內文，例如：勞委會（勞動部前身）建置「全國外籍勞工動態查詢系統」，提供相關機關查詢外國人（藍領）在台動態資訊，包括在台工作期限、雇主、工作地點、工作類別等（頁72）；外籍勞工於入國申請外僑居留證時，需由雇主或雇主委託仲介，陪同至移民署服務站按捺指紋確認身分。惟未來為強化國境管理，將研議是否於國境線上建置生物特徵辨識系統（頁80）；隨著外籍勞工人數的增加，部分遭蛇頭、仲介或雇主剝削（頁83）；人口販運問題錯綜複雜，涉及移民、勞動、衛生、社政、治安等面向，需整合政府與民間資源，強化境內人流管理，加強查緝非法入境、大陸偷渡犯及行蹤不明外勞，以及預防、宣導等作為，以預防犯罪案件發生，確保境內安全（頁128）；各國白領工

獻隻字未提，他／她們也被排除在移民政策之外。我們知道少子化和高齡化最直接的影響，就是未來勞動人口的減少和扶養比的上升趨勢。雖未有移工與我國勞動力間關係的正式調查報告，但移工在台皆從事產業與社福相關工作；包含家庭看護工及家庭幫傭、機構看護工、製造和營造業、海洋漁撈及屠宰工作等，相信對勞動力的補充有一定貢獻。

　　至2017年底，在台約有六十七萬多名移工，均來自印尼、越南、菲律賓和泰國（請參考圖1-1），[2]這些來自東南亞四國的移工，逐漸在某些教堂、火車站或工業區附近聚集，形成特殊的東南亞地景；像是台北市中山北路聖多福天主堂小菲律賓區、台北車站附近北平西路的印尼街、桃園火車站後站周邊的東南亞餐飲店（請參考圖1-2）、台中市台中火車站附近的東協廣場（請參考圖1-3）等地。這些東南亞地景及其空間政治，正是本地居民與店家、菲律賓／泰國／印尼／越南籍移工、老華僑和新移民以及中央與地方政府等各方行動者，所建構出一非均質的族裔地景，[3]體現出複雜的空間政治和動態的越界／劃界實踐（王志弘，2006）。我曾在中原大學通識教育中心講授「東南亞社會與文化」課程，也在暨南國際大學東南亞學系開設過「國際遷移下的東南亞移民」、「東南亞人文地理學」等課程。為了讓同學們實際接觸東南亞的人事物，課程都會要求同學們前往上述呈現出東南亞地景的地方進行實地踏查，當然每個人對於異文化空間的感受不同，不過多數同學們的反應都是正面的。

　　「勞壢市」（取奢華名錶勞力士之諧音），大概是我聽過最有創意的命名之一，只可惜用錯地方了！第一次看到勞壢市的稱謂，是來自於同學們繳交的心得作業，因為中原大學位於桃園市中壢區，在桃園縣未升格前稱中壢市。

作者及大量外籍勞工來台工作居留，已使國內文化呈現出多元豐富的色彩，同時也存在一些衝擊與緊張（頁171）。

[2] 據我國勞動部統計資料，外籍勞工人數為676,142人，均在台從事產業與社福相關工作（中華民國勞動部勞動統計專網，2018a）。

[3] 非均質的族裔地景，是指地方的構成是由多種族屬性所組成；可以使用相對均質的「眷村」地景作為參照，早期眷村是以外省籍軍公教及其眷屬為主要構成群體。

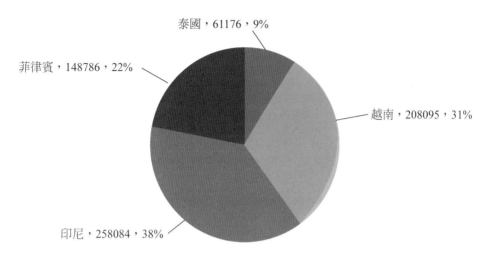

圖1-1　在台移工國籍與人數分配圖（至2017年底）

圖1-2　桃園火車站後站周邊的東南亞商店街廓

圖1-3　台中火車站附近的東協廣場（原第一廣場）

桃園市是移工人數最多的縣市，也是唯一移工人數突破十萬的縣市，[4]這與桃園地區過去的都市規劃和經濟發展有關，其境內擁有大大小小二十餘座工業園區（桃園市政府經濟發展局，2017）。據同學轉述，由於中壢火車站假日都聚集許多移工，中壢火車站又小又髒，同學們每每經過或進出火車站總是快步通過，給人的印象就是中壢市到處都是外勞，勞壢市的別稱不脛而走。[5]而

---

[4] 桃園市、台中市和新北市為移工數量前三名的縣市，人數依序為：110,756人、98,622人、94,597人（中華民國勞動部勞動統計查詢網，2018a）。

[5] 請參考自由時報（2013）報導，全文如下：最近臉書流傳外勞在中壢市中平商圈打架，有四千多人點閱，網友消遣中壢市變成「勞壢市」，站前商圈假日儼然成為外勞天堂，市民都不敢靠近。縣議員楊朝偉昨出示網路照片，內容是一名外籍男子被打得躺在地上，上身赤裸，這張照片有四千五百多人瀏覽，網友留言踴躍，有人認為外勞來台灣賺錢很辛苦，也有人抱怨外勞是治安死角，中壢工業區曾有高中女生晚上被五、六名外勞搭訕、尾隨、騷擾，被當地居民拿棒子趕走。也有女性網友指出，「女生坐大眾交通工具，身處一大堆外勞中……好可怕……」，尤其中壢火車站一帶，感覺好像台灣人闖入外勞地盤，不喜歡這種感覺。中壢警方表示，20日晚間接獲報案有外勞打架，地點在中平路、復興路口，到場時外勞已鳥獸散，查閱各醫院也沒就醫紀錄，調閱監

「轟轟」一詞則是從網路討論區得知，當時學期剛開始仍在修課加退選期間，有同學在Dcard發問我的課程評價如何時，樓下回文說：「不用選啦！你來中壢就已經在學習東南亞社會與文化了」、「這堂課是在中壢火車站上嗎？」、「轟轟」等等。其中，沒頭沒尾的「轟轟」兩個疊字回文，令人一頭霧水！拜Google大神之後，才知道轟轟用語源於批踢踢西斯版，意指與東南亞女性（特別是指移工）發生性關係。[6]作為大學教師，對於這樣帶有種族與性別歧視的字眼，當然要利用上課機會提出來與同學討論一番，我仍記得當時底下同學交頭接耳、竊竊私語的情景。

另外一個情景發生於台中火車站附近的東協廣場，我在暨南國際大學東南亞學系兼課時，獲當時系主任李美賢教授邀請加入「搖滾畢拉密」教學創新計畫，[7]該計畫即以東協廣場作為實驗場域，只要納入計畫的課程都需要與東協廣場有所連結。東協廣場對於東南亞區域知識而言，即為一個行動教室，不僅是認識東南亞的具體文本，也是理解東南亞的文化空間。在某次認識東南亞文化的國小營隊活動裡，可以感受到家長對於營隊動態活動的地點──東協廣

視錄影帶，訪問店家發現，這兩批外勞應該是菲律賓籍。警方調查，有三、四名外勞沿著中山路、建國路、復興路追打另一外勞，在中平路口附近才追上，後發生肢體衝突，落單外勞上衣被扯掉。警方強調，中壢火車站周邊外勞聚集區域，例假日晚上六到十時都會針對可疑外勞盤查，今年以來查獲四百零六位逾期、非法外勞，未來會加強巡查，還給民眾安全生活空間。

[6] 轟轟，是PTT的一句曾經的流行語，這句話最初的起源，是西斯版常分享自己與外勞女性性關係的MaxLJ（匿稱「東南亞大使」，西斯鄉民又稱他「外勞殺手」）在2009年4月26日在西斯板發了一篇[心得]還是印尼好」的文章，內容描述他和一個新認識的印傭發生關係的過程，其中提到他在下手的過程中，對方一直說「轟轟」，他解釋說這是「不行」的意思。而因為該篇文章受到西斯鄉民的愛好，後來就大家就把轟轟一詞拿來代指與東南亞外勞發生關係。每次MaxLJ分享與東南亞女性的性事時，推文都會出現轟轟，或是轟轟轟之類的。「轟轟」一詞雖然持續被使用，但後來有人指出轟轟不可能是印尼語，而應該是比較接近越南語的「不」（không）才對，但不論當初為何會有這個錯誤，後來轟轟都已經泛指所有的東南亞女性外勞，不論國籍（PTT鄉民百科，2018）。

[7] 國立暨南國際大學的「搖滾畢拉密：社區翻轉、文化翻滾，以『東南亞』為方法」教學創新計畫，獲教育部人文及社會科學知識跨界應用能力培育計畫支持，計畫主持人為蘇玉龍校長、共同主持人為李美賢教授等人。該計畫旨在以東南亞為方法，認識問題、翻轉社區經濟、消弭族群隔離、學生培力與創造教學新典範。畢拉密，即英文金字塔Pyramid的中文譯音，是東南亞移民與移工稱呼台中第一廣場的用語。以畢拉密作為本計畫主名稱，目的即在呈現計畫以「東南亞」視域為核心，翻轉主流文化價值與社區人群關係之指標。關於計畫總體目標和課程內容，請參閱HFCC人文及社會科學知識跨界應用能力培育計畫網站：http://www.hfcc.org.tw/。

場——存在著擔心與不安情緒。儘管活動行前，參與營隊的教師、人員已就活動內容充分與國小教師、家長們溝通，但當天的闖關活動仍有家長們一路尾隨。

　　台中市東協廣場的前身爲第一廣場，2016年7月剛上任的林佳龍市長將其更名，可說是地方政府首次正視東南亞移工存在台灣社會的事實，並將之納入都市計畫發展中，不像過去的施政者總是視而不見，甚至排除在外，當然也是政治正確之舉——呼應中央政府的新南向政策——。而東協廣場的現址，最早爲始於1927年（日治時期）的第一市場，1978年因火災而籌劃改建，直到1993年第一廣場才完工落成使用。1995年，台中發生衛爾康大火事件，造成六十四人死亡因而產生一個都市傳說，謠傳有艘幽靈船在大火後停在當時第一廣場上方，須載滿百位亡靈（抓交替）後才會離開，第一廣場店家因此生意一落千丈。加上都市發展重心轉往西屯七期重劃區以及高速鐵路啓用等因素，中區及火車站周邊便持續沒落，也因市容老舊、租金便宜而成爲都市的縫細空間。1990年代起，政府開放移工來台工作，因爲政治外交因素考量使得東南亞四國成爲移工主要來源國家，台中也因爲工業發展需要成爲移工人數最多的縣市之一（僅次於桃園）。移工們在台的生活不是只有工作和居住，也需要休閒活動：東協廣場正是他／她們購物消費與休閒交誼的場所，移工們在此生活早已成爲台灣的東南亞地景中不可缺少的一部分（陳建元、張凱茵、楊賀雯，2016）。

　　從新移民和移工的遷移經驗來說，台灣的東南亞地景出現和形成可以說是一種由下而上的全球化（globalization from below）（Portes，1997），是全球脈絡下東南亞移工進入台灣社會的文化差異所形成的多元文化過程。但是台灣社會對於東南亞移工與外來移民族群的接受態度，並沒有因爲全球化關係和個人接觸異文化經驗增加而有所改變，多數民眾仍是抱持較爲保守的態度，而非開放與包容（陳至柔、於德林，2005；尹慶春、章英華，2006；張翰璧、張晉芬，2013）。根據我的訪談經驗也是如此，一般大眾在面對東南亞的人

事物時，時常會落入偏見（prejudice）與歧視（discrimination）；偏見是一種以偏概全的想法，而歧視是畫分界線的行為。對東南亞移工而言，對於他／她們的偏見與歧視是以種族和性別為主，如「勞壢市」和「轟轟」的稱謂用語。Marger（2003：67-68）認為種族偏見有幾個明顯的特點，首先是類型化的（categorical），是根據個人的種族身分而非個人品格對其進行論斷；其次是僵化的（inflexible），當個人情感逐漸發展成為確定的信念時，偏見就難以改正；以及負面的（negative），針對外來族群的偏見，事實上更多是對自身族群的偏好。也就是說，一般帶有偏見的社會大眾將越南、印尼、菲律賓和泰國的移工視為同一個群體——「外勞」，而外勞不是外國人，是不如台灣人的一群人。如果認識了好的移工也會以特例來解釋，並不會改變已有的偏見；而這種對移工的偏見很多時候是：「自我感覺良好」！

　　台灣的電視與報紙也經常使用聳動的標題，藉著報導移工的新聞，例如：「寄生蟲，菲傭感染居多」、「泰勞有召妓習性，應慎防愛滋病傳播」、「外勞打野砲，公園上演活春宮」、「色外勞夜襲落單女，強行摸臀喊要打炮」等，暗示東南亞移工們帶來公共衛生和性氾濫等社會問題。移工國家的經濟弱勢地位，時常被台灣民眾認為其在品格和生活習性上有所缺陷，也被媒體和民眾視為潛在的犯罪者，如：「為一千元，泰勞砍泰勞」，暗示移工如此貧窮為了區區一千元而犯下大錯。新聞媒體所呈現的男性移工負面形象多與搶劫、偷竊、性侵等暴力犯罪有關，而女性移工的汙名則環繞著她們的身體與性，大多是為了金錢而說謊、勾引男主人或出賣身體。媒體將移工報導成危險的野蠻人、壞女人、暴力份子，既貧窮又落後；同時，也投射出對純淨社會的想像，暗示台灣社會的進步衛生、富而好禮的道德秩序正被移工們所破壞著。這類報導共同編織了一條種族化的界線，畫分出「他／她們」與「我們」，形成當今台灣社會種族歧視的修辭學（藍佩嘉，2008：98-102）。根據訪談經驗，多數台灣民眾不一定有親身接觸東南亞移工的經驗，但卻都說出「愛喝酒打架」、「會說謊」、「很窮會偷錢」等負面描述，甚至有些受訪者不諱言：「就是從

電視新聞報導上看來的」！由於電視的技術類型具有很強的滲透力，在傳遞訊息方面甚至取代了家庭和學校教育，這也是近年來大專院校教育不斷地強調「媒體識讀」的原因之一。大眾媒體是人們生活中了解社會事件的主要途徑之一，並且它還向人們提供其他途徑無法接觸的角色模型，成為傳播族群刻板印象的重要媒介。

第二節　移出國的視角

　　「移出國的視角」從字義上不難理解，但要進一步問的是：採取移出國的視角要做什麼用呢？先舉個實例說明。我在暨大講授的東南亞人文地理學課程，課程的期末成果展是以同學們的小組創作來呈現，[8]其中有組同學們舉辦了咖啡和春捲的食物製作交流活動，從飲食的角度向台灣民眾介紹越南文化。活動當天，同學們在台中市東協廣場準備餐車用來製作咖啡，作為台灣民眾與越南移工交流互動的媒介，同學們不僅介紹越南的咖啡文化與產業，還繪製了一張越南地圖，讓參與活動的越南移工用貼紙將自己的家鄉標記出來（請參考圖1-4）。活動接近尾聲，同學們發現地圖上的標記點幾乎都在北部省分，頓時想起並印證了我曾在課堂上提過越南的「北移工、南新娘」遷移現象。[9]課程期間，也在東協廣場舉辦以認識在地東南亞地景為主的深度導覽，同學們發現了幾家名為「海洋」（*Hải Dương*）的餐廳（請參考圖1-5），透過解說才了解越南北部的海洋省（多譯為海陽省）是移工最多的原鄉省分之一；假日的家鄉味總是吸引著大批移工來此聚餐，不知情的台灣人還以為是賣海鮮的餐廳！這就是所謂的「移出國的視角」，當我們以移入國（台灣）的立場來觀看越南的人事物，若沒有對移出國社會有正確地認識，很多時候會不得其解甚至是產生誤解，而偏見與歧視就會從這些小地方累積。

　　前文提及台灣約有六十七萬名移工，均來自印尼、越南、菲律賓和泰國東

---

[8]　東南亞人文地理學課程，為作者與東南亞學系龔宜君教授共同授課，課程內容與同學的課程創作作品請參考：東南亞人文地理學課程　創作集刊，http://seahumangeo.strikingly.com/。

[9]　越南的「北移工、南新娘」遷移現象，是指移工多來自北部省分；而新娘是指新移民，過去台灣社會習慣稱其為越南新娘，因有歧視意味現已改稱新移民／新住民，而新移民多來自南部省分。會出現這樣遷移趨勢是與台灣和越南兩地的政治經濟制度因素有關，「北移工」部分留待後文詳述，「南新娘」現象則與活動於南部胡志明市及周邊省分的台商，介入跨國婚姻仲介網絡有關，有興趣者請參考：王宏仁、張書銘（2003）；顧玉玲（2010：35-45）。

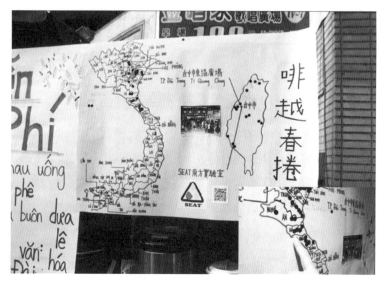

圖1-4　活動海報中呈現的「北移工」現象

圖1-5　東協廣場內（左）與周邊（右）的越南「海洋」餐廳

南亞四國。台灣與東南亞地區之間的跨國移工現象，不僅是因為台灣產業經濟發展對勞動力的高度需求，其實也與東南亞四國將勞動輸出作為國家的發展政策有關。新古典經濟學在討論跨國遷移時，以E. G. Ravenstein、Eugen M. Kulisher及Everett S. Lee等人的推拉理論（push-pull theory）最具代表性，新古典經濟學認為不同國家之間的勞動力、資本和土地等生產要素並不相同，這些不同的稟賦構成遷移的基礎，遷移往往是從土地短缺、資本稀少、工資低、就業機會少的地區，向土地充足、經濟機會多和勞動需求高的地區移動。推力包含人口成長、低生活水準、缺乏經濟機會與政治壓迫；拉力則有對勞動需求、土地可利用性、充分經濟機會和政治自由。其途徑是個體的和非歷史性的，它強調個人本身對於遷移行為具有決定性因素，個人會基於留在原居地或遷移至其他地區兩者的成本利益去做理性比較（Castles & Miller，2008：30），如Borjas（1989：461）所言：「工人，會尋找能使其福祉最大化的國家居住」；人們認為移民總是能夠向那些可以提供個人收益最大化的地方遷移。只是，移民的實證研究不斷地對推拉理論提出質疑，其認為每個國家有關人口的社會、經濟等方面的差異，不能單以推拉模式來分析與解釋當前國際遷移的潮流和型態。由於推拉理論忽視市場中遷移資訊取得不易的現實，以及過於龐大的分析概念使得遷移的原因被過度機械化（非結構的和非歷史性），無法解釋實際發生的遷移流動（Massey，1988；Sassen，1988；Boyd，1989；Portes & Rumbaut，1996）；也就是說移入的拉力（台灣端有勞動需求）容易推論出相對地移出的推力（東南亞四國有移工供給）。

曾嬿芬（2007：93-97）談到台灣移民社會學研究的限制時，引用Andreas Wimmer與Nina Schiller提及的「方法論的國族主義」（methodological nationalism）指出台灣移民研究者在研究焦點上：一是，偏重於移民在移入國的生活與適應相關議題；二是，關注婚姻移民而較少從事移工研究。方法論國族主義的限制是將移入國社會視為一個形狀固定的容器，至於容器的形成過程則存而不論，只聚焦分析容器內的結構究竟如何影響著移民。方法論

國族主義的討論點出台灣移民研究的盲點，只是如何克服並不容易。雖然，跨國主義（transnationalism）和跨國社區（transnational community）提供了一個可能突破的觀點（Glick-Schiller et al.，1992；Portes，1995；Portes, Guarnizo & Landolt，1999；Fouron & Glick-Schiller，2002；Levitt & Waters，2002；Levitt & Jaworsky，2007），但在研究方法上仍存在諸多操作執行上的難題，例如局外人、語言溝通和移動成本等；以致於目前台灣的移民研究，僅有少數採取跨國主義作為研究方法。方法論的國族主義說明台灣現有新移民與移工研究的困境，無論是在研究議題或研究方法上都產生了逐漸領域化（territorialization）的傾向。此外，台灣許多研究者在界定新移民女性議題時，與主流論述中將她們視為家庭的附庸並沒有保持太大距離。而且，檢視這些主題之後會發現與主流論述中將她們社會問題化、風險化的傾向有相呼應之處（曾嬿芬，2007：98），這些或許都是研究者始料未及之處。該如何理解日趨複雜地跨國遷移現象？移出國視角提供了一個思考與檢視的方向。

「遷移過程」（migratory process）涵蓋了移出、移入國兩地與國際政治經濟因素的各種組合，這個過程發展的本身具有著複雜的動力。遷移是一種由社會變遷（social change）而產生的集體行動，影響著整個移出和移入國社會。移民在移入國的生活經驗，也時常讓他／她們改變原本遷移的初衷，因此離開原生國時的想法，多數都是一種初步的規劃與構想（Castles & Miller，2008：30）。以越南逃逸移工為例，他／她們離鄉背井來台工作，許多人在出國工作之前就已經預先支付一筆高額仲介費用，在還未實現淘金夢之前為何要逃？學者研究提出的解釋是台灣的移工引進制度缺失所致：第一是客工計畫，因為政府對移工管價（薪資）又管量（人數）的規定，產生仲介業者剝削移工以及移工為競租份額採取的冒用身分策略。第二是禁止轉換雇主，移工沒有其他工作機會，在遭遇不平對待時只有隱忍或被遣返一途（藍佩嘉，2006；

顧玉玲，2013）。只是這樣的解釋觀點仍是以移入國的制度設計爲限，[10]而且目前移工期滿出境與禁止轉換雇主規定都已大幅修正，[11]未來逃逸現象會如何發展仍值得觀察。在此要強調的是「遷移過程」所涵蓋的移出和移入兩地社會的概念，當我們將越南移工擺放在台灣社會結構的容器中進行研究分析，極有可能忽略原生社會的地方脈絡對遷移的影響，以及移動到台灣後對原生社會產生的作用。

因此，本書即是以移出國的視角來理解這樣的跨國移工遷移現象，越南的勞動輸出政策不僅是國家經濟發展的重要策略之一，其背後隱含著濃厚的社會發展意涵，這當然與越南作爲社會主義國家強調公正與分配的意識形態有關。尤其是作爲少數僅存的社會主義國家，政策的推行不全然是由上而下地受國家所支配，而是有其地方脈絡的特殊性。對於移工個體而言，他／她們並沒有實踐國家政策的義務，換句話說，鉅觀的國家政策究竟是如何成功地實踐於微觀的移工個體？在此研究問題上，我將以共同體與社會的理論基礎，採用移工原生社會──農村──的日常政治（everyday politics）作爲概念分析工具，進一步討論勞動輸出政策作爲一項政治資源的形構以及爲移出地帶來的地方發展型態，並從田野經驗資料中找尋出可能的適切解釋。

---

[10] 王宏仁與白朗潔（2007；Wang & Bélanger，2011）將焦點放在討論兩國的移工政治與跨國仲介網絡，在越南部分討論國營仲介公司與借牌公司間的競合關係，這點是文章著眼於「移出國」的重要貢獻所在；但在討論台灣方面的移工制度設計時，其看法則與藍佩嘉、顧玉玲一致。

[11] 《就業服務法》原第52條規定，移工三年期滿必須出境一日，此規定已取消並於2016年11月5日生效。另外，第59條轉換雇主規定，已從「原則禁止、例外許可」修正為「雇主和移工雙方合議」（外國人受聘僱從事就業服務法第46條第1項第8款至第11款規定工作之轉換雇主或工作程序準則，2017年7月6日修訂）。

第三節　田野，做中學：一門沒有學分的 必修課

　　在社會科學研究方法中，田野調查（field study）、田野研究（field research）和田野工作（fieldwork）大抵指的是同一件事，也就是研究者實地參與被研究者的日常生活。不過，長期的田野工作——民族誌（ethnography），對人類學者來說，具有深刻的學術成年禮意涵；它不只是一種蒐集資料的方法，更具有認識論上的意義（黃應貴，1994：18）。更甚者認為，民族誌是人類學基本的方法論價值觀（methodological values），也是成為人類學者之前的必備訓練（Stocking，1992：282）。如Geertz（2011：5）於1963年還是芝加哥大學助理教授時，第一次前往北非摩洛哥的小鎮塞夫魯（Sefrou），其目的就是替研究生找一個田野調查的落腳處，就像他的指導教授為他所做的那般，只是其他學科鮮少有此類傳統。

　　人類學的民族誌方法為本書帶來許多的啟發與反思，而觀察（observation）和訪談（interview）移工遷移所構成的多點場景，則成為蒐集田野資料的主要方式。Marcus（1995：106-112；1998：98-99；2008）的多點民族誌（multi-sited ethnography）方法跳脫單一地點的研究限制，分析文化事物本身及其意義在不同時空裡的來回流動，其認為要在地方社會中挖掘宏觀體系的現實，此舉將促使研究者放棄固定的田野地點把自己置於世界體系之中，跟隨人、事、物或隱喻的流動從一個地方移動到另一個地方。他鼓勵人類學者超越全球的與地方的具體概念限制，建構「在世界體系之中並且是關於世界體系」的民族誌，如此一來才能促進我們理解體系本身從而檢驗民族誌方法的可能限制。多點中的點（sites）不僅僅是地理位置，也是社會空間、傳播媒體、文件檔案甚至不同地方的人。Marcus建議幾種適合以多點民族誌方法來進行

建構的研究議題，例如：人們的移動；物質實體的流通，如商品、禮物、金錢、藝術品等；符號、象徵和隱喻的傳播；傳誦的故事和寓言；特定的個人或群體的生命史與傳記；衝突；關注地方問題與世界體系間互動的民族誌。這些研究策略建議有些共通點：一是，它們追蹤人、事物、行為和事件的跨國流動，這些流動是受全球資本主義力量所左右，也是為了理解影響自身運作的關鍵因素為何。二是，研究主體的運作系統，是隨處可見於研究對象日常生活裡的意識和行為中；並否認「地方知識」只能在單一的、有地理界線的地方獲得。Clifford（1997：54-58）更指出，在移動和流動的跨國人口中所進行的田野研究，是一種穿梭在場景（scenes）與空間（space）中的活動，而不是侷限在某一地點（sites）或地方（places）。此種場景和空間的出現是因為跨國移動的人們身處其中，並且藉由穿越和圍繞著場景而運作。Clifford甚至另闢蹊徑，建議以一種「深度遊歷」（deep hanging out）場景的方式取代傳統上「居住下來」（dwelling）的民族誌方法。

　　多點民族誌方法可以說是數種追蹤策略的運用，藉由相同事件但不同位置的田野書寫，進一步詮釋背後所隱含的知識，而從人著手（follow the people）也是最常見的方式，特別是當代的移民研究。多點民族誌提供了一種異文化田野的可近性（access），啟發了本書的研究方法，我的田野場景即是跟隨於越南移工的移動式情境，這個場景是構築在移出入兩地——越南與台灣——的國家政策、原鄉脈絡、家庭功能和個人行動的互動基礎上。這不僅僅是研究策略的選擇，也反映了研究者的研究旨趣與學術關懷，也就是說透過在台移工現象進而理解正在發生的重要議題。有如Robert Merton所說的「策略性研究素材」（strategic research materials）概念，發展移民社會學作為理解台灣社會的其他重要面向（曾嬿芬，2007）。

　　以下，我將描述與討論在台灣和越南兩地的田野經驗，它雖然不是一個有系統的方法論，卻是我實際從事田野研究的現身說法，大部分是有關研究者與研究對象之間的互動關係。因為對移民研究來說，研究者與研究對象之間關係

的建立是進入田野場景的第一步。我在台灣的田野形式大多是以訪談為主，訪談地點遍及雇主家中（有時也會在門口）、速食店、便利商店、公園和醫院等。有些移工受訪者看起來像是刻意打扮、有些則與平常穿著無異；有的人初次見面惜字如金，再見面卻口若懸河；有些人說到傷心處潸然淚下。有時訪談會出現不可預期的情況，現在想起有些好笑，但當時的情境卻讓我有些不知如何是好。記得某次約訪移工阿梅，[12]在約訪過程中，她表示可以在雇主家受訪，當天只有她和被照顧的阿公在家，我再三確認是否方便進入雇主家訪問，不然改日約在外面也可以。阿公年紀很大，坐在輪椅上感覺氣若游絲，原本訪談都還算順利，突然間阿公精神一振，聲音宏亮地指著我說：「你是誰？你來做什麼？出去！」我趕緊起身，並說明我的來意。阿梅卻叫我坐下，說：「不用理他，他就是這樣，沒什麼！」當下為了避免尷尬，我則是打算趕緊離開，此時剛好阿公就讀大學的孫女從樓上下來，在了解我的來意之後，便允許我繼續進行訪問。這件事情除了讓我對以後訪談的環境更加敏感之外，也對移工和受照顧者間的關係感到訝異，我心裡原本刻板的主僕關係，完全被阿梅的反應打破！

　　另外一位逃逸移工阿蘭，敘述在雇主家遭受的不平對待時，氣憤地說：「有一天，老闆娘（女雇主）和她的妹妹還有三個朋友來家吃飯，飯菜是我做的，炒菜的時候，她們說：『阿蘭啊，你們家在越南，沒有油是不是？為什麼放這麼多油！』好像說我們在越南很窮，才會用這種話說我。還說我來台灣三年了，還是這麼笨，竹筍皮都削不好！我要洗十四個人的衣服，還規定我不能用洗衣機，只能用手洗；好像我來台灣工作，一分鐘都不能休息，不能浪費時間。每次我做錯一點事情，老闆娘的妹妹就會打給仲介公司罵我，然後仲介就打電話給我說：『阿蘭啊！，你要回家嗎？』（威脅遣返）她還跟我朋友說，為什麼我在她們家都沒有笑容？因為我沒有時間笑啊（一直在工作）！」

---

[12] 書中所有訪談人名，均以化名呈現。

　　還有幾次，我前往工廠和醫院的女性移工宿舍進行訪談（請參考圖
1-6），也更進一步認識她們在台生活的細節。有時訪談，雇主會陪同在旁，
說到與雇主有關的話題還會跟移工搶著回答，分享自己是如何善待移工的經
驗，這對我來說簡直是反客為主。這些因不同受訪地點或受訪者所產生的田野
場景，很多時候是出乎研究者的預期之外而且帶有複雜、混亂的感情色彩，如
果沒有面對面或親臨現場是無法感受移工所要表達的情緒，以及他／她們與台
灣人／台灣社會的那種階級和種族關係的張力。

圖1-6　越南移工宿舍及門上警語

　　關於研究者與被研究者間的關係有許多面向，這裡要提出來討論的是信任
的建立與互動。研究中的信任關係很難言明，而且也非研究者一廂情願或短時
間就可以建立起來，加上現在研究者與被研究者間的關係被要求建立在學術倫
理的框架之內；在某些情況下，導致兩者間的信任必須快速地建立在「知情同
意書」的契約關係之上。雖然知情同意書的目的是為了保護受訪者，但是受

訪者如何在短時間內掌握研究主題並且信任研究者等技術性問題，這些都會直接或間接地影響到訪談資料的品質。而且，建立在契約之上的研究關係，也很有可能不假思索地結束於訪談之後；因為書面的告知形式，不僅使受訪者產生戒心，也會對研究者形成壓力，使得雙方的研究關係是建立在一次性契約之上而非累積式的信任。在經濟社會學的討論中，鑲嵌（embeddedness）是一個重要概念，意指人們的經濟行為鑲嵌在社會關係之中，最經典的研究便是Granovetter（1976）的《*Getting a Job*》，他討論人們如何在求職的過程中運用所擁有的人際關係，對於那些後來成功得到職位的人來說，人際關係確實扮演著重要角色。爾後，社會資本（social capital）的概念被大量地引用在研究概念中，討論的關鍵核心即在於信任關係。以經濟社會學來說，社會資本得以運作在經濟活動之中，是因為信任關係可以降地交易成本與風險（當然也可能造成損失，不過那是另一個議題）。

在我的研究經驗中，信任關係不僅可以減少田野研究的成本（時間）與風險（安全），還可以提升移地研究的品質。研究者與被研究者間的信任關係可以分為「先存」和「後置」兩種，兩者的區分原則是以研究者出現在田野的時間作為依據。舉例來說，如果研究者在進入田野之前已經認識了研究對象，那麼此類信任關係即為先存的；反之，即為後置的。例如：我的堂嫂就是來自越南的新移民，我也曾因為研究需要因而請求她的協助，並前往她位在越南的娘家拜訪，這樣的關係就是先存。先存的信任關係在田野中比較容易處理，通常只要表明彼此的關係（親屬、同事、同學）就會被歸類為「自己人」，免去因陌生所產生的研究成本與風險。在沒有介紹人的情形下，與受訪移工第一次見面的信任關係就是後置，雙方的信任關係的起點有賴於共同認識的第三人，這時候通常需要花費一番唇舌向受訪者解釋研究目的，加上某些學術用語隔閡所產生的溝通障礙，這些都會增加研究的成本。當然，此處所指田野中信任關係的先存與後置，並非絕對的二分，信任的後置也可以藉由交往累積轉變為先存。像書中關鍵報導人之一的阿春，在2005年來台從事看護工作，經人介紹

訪談後即與她建立起友誼關係，我與阿春的信任關係一開始即為後置，後來才轉變為先存。剛開始認識阿春時，她時常幫我介紹同鄉移工作為訪談對象，偶爾我會打電話給她詢問近況或是聊天，這麼做目的並非全然出於找尋其他訪談對象的需要，而是希望透過與阿春的熟悉（intimacy）互動中，達到研究者自我揭露（self-disclosure）的用意，試圖建立一種平等互惠的關係。自我揭露的實踐過程，在感情上、有時是身體上變得脆弱的一種意願（willingness），藉此與田野中的個人建立起強有力的連結。披露自己和我們的背景在某些方面會加強我們與他人的關係，進而促進我們和受訪者分享某些訊息，否則他們是不願意透露自己的訊息。這樣的理解是社會知識的基礎，其原則意味著我們真正理解他人的立場（Hume & Mulcock，2004：xx-xxi）。個人的披露在田野工作中有時候是建立某種「共鳴」（resonance）或是「移情理解」（empathic understanding）必要的一步（Telfer，2004）。

　　另外，對於移地田野研究而言，會使用當地語言是一項很重要的溝通能力，雖然我學過兩年越南語，但一週三小時的課程學習成效其實有限，加上沒有持之以恆，時間一久很快就會淡忘，只記得一些問候語。語言確實是一種有利的研究工具，但對田野場景的觀察能力也同等重要；而且從訪談經驗來說，許多時候更深入的問題都是來自於田野現場的觀察。對我而言田野的訪談比較傾向是一場旅程，即使事先有關懷的研究問題，也可能因為在研究過程中受到訪談內容的啟發進而修正和調整（吳嘉苓，2012：35）。至於我是如何克服語言溝通的障礙呢？最有效直接的方式便是找一位值得信賴的嚮導，猶如攀世界最高峰登珠穆朗瑪峰的登山好手，仍舊需要一位熟悉山上氣候瞬息萬變與崎嶇險惡地形的雪巴人（Sherpa）擔任嚮導，依賴其在地經驗判斷出攻頂的最佳路線。

　　Marcus（2007）指出人類學者經常與訪談對象結為朋友以便調查研究得以順利進行，「合作」（collaboration）一直是田野方法的本質，可是在1980年代以前卻都沒有受到民族誌方法論應有的重視與討論。當然，合作關係也是

田野故事的發展核心和田野工作的浪漫動力，只是研究計畫從來都不是以合作為前提來進行設計的，而且合作經常也只是被視為一種為了取信於人的資料獲取方式。對於傳統民族誌來說，透過局內人合作者觀點從事研究分析是其主要途徑；但與過去不同，他強調更重要的是：局外人與局內人的合作關係如何被情境化而建構。這種合作方式的田野調查研究，是基於人類學者與其知識夥伴之間的協商，藉以形成民族誌的主要原始材料。Marcus把這種核心關係定義為「共謀」（complicity）關係，藉以區別過去人類學者與其研究對象之間為「和諧」（rapport，亦有譯為親密）關係的主流論述。共謀，代表著人類學者在進行田野工作時亟欲追求的知識類型的變化，研究者希望從研究主體中獲取地方性知識，但很多時候得到的卻是各種焦慮的結合。這種焦慮不安是因為人們受到預設之外的事物影響，而且對於其中的具體關係又不知如何解釋；這種焦慮產生於研究者和研究對象之間，也是彼此互相吸引的共謀關係形式。所以，與過去傳統民族誌田野工作標準——土著觀點（native point of view）——不同的是，合作的知識生產形式承認了知識夥伴也是研究主體，他們用自己話語所產生的知識與民族誌具有同樣的價值。

　　一位適合的夥伴攸關整個移地田野的品質與成敗，我從2000年開始接觸越南研究，在幾次的移地研究中多是麻煩越南友人充當嚮導。很幸運地，在2008年認識了博士論文研究的田野嚮導阿志。阿志是一位越南出家人，在越南就讀中文系，大學畢業後前往中國的佛學院進修，回越南後申請赴台灣就讀華語班，再申請進入台灣中文系研究所碩士班，目前在台就讀博士班。與阿志結識是因為同時接受某位老師的約聘助理工作，阿志是擔任翻譯工作，我則是編輯校訂。因為工作緣故需要時常與阿志保持聯繫，兩人便建立起工作上的往來關係；而我在研究上若有越文翻譯問題會向他請教，相同地他若有中文翻譯問題也會向我詢問。之後，有段時間我為了重新學習越南語，每週會到外縣市找他學習越南語，同時也認識了許多他的越南朋友。也是這段時間，我跟阿志兩人也才更認識彼此，成為學業和生活上的好朋友。阿志在田野中的嚮導角色不只

有翻譯，還帶有一種引領外人進入越南農村的許可意義，如果沒有阿志，我想我連村子口都進不去（請參考圖1-7）。

圖1-7　農村主要聯外道路出入口（村子口）

　　雖然越南農村給人和平靜謐的感覺，但一位外國人出現在村子裡很快就會引起注意，如果沒有地方人際關係的引領或保證，外地人其實很難在村子裡活動，更不用說到處去拜訪移工或移工家人了。因為阿志的出家人身分，我也獲得一些額外的「好處」，所謂的好處是指「人身安全考量」和「免除受訪者疑慮」。我們都知道「入境隨俗」，但真的遇到狀況發生在自己身上時，又該如何「隨俗」？田野工作是一種視覺的探索、一種深刻的經驗，有時很不舒服、甚至令人精神崩潰，但收穫卻很豐碩（Keesing，1989：25）！因此在越南田野期間若有當地人邀約，只要沒有生命安全之虞，我都樂於嘗試，因為我們永

遠不知道研究問題的答案會不會就在下一段旅程中。雖然越南各地對佛教和出家人的認識不一，但大部分人仍是抱持較為尊敬的態度，而且出家人給人的印象就是無害的。在越南農村地區，許多越南男性喜歡喝酒，大白天走在村子裡，迎面而來的就是臉紅紅醉醺醺的樣子；此外，到一般家庭作客，他們也喜歡拿出酒來作為招待。喝酒，或許是當地農村的一種文化，但我擔心的是酒後可能發生的突發狀況。許多人喝完酒後，照常騎車、開車，對其危險性毫無警覺；況且有時，我就是被載的那個人！因為阿志的身分，多數人不會勉強他喝酒，我也因此有了酒精豁免權的好處。另外，因為鄉下地方住宿難尋，我們也曾借宿田野地點的佛寺數日，透過佛寺師姐協助介紹當地村中的移工或移工家庭，其中有許多人都是佛寺的信徒，我跟阿志得以前往拜訪。不論是出國工作返鄉的移工或是沒出過國的村民，甚至是村中的領導人，在回答我透過阿志所提問的問題時，幾乎是知無不言、言無不盡。

還有一點可以說明阿志猶如雪巴人角色的比喻，那就是訪談問題尺度的拿捏，在越南的田野現場，我會事先知道訪談者的背景，有些人與阿志熟識甚至是親戚好友，這時他就會告訴我什麼都可以問！在得到這樣的訊息時，通常我就會比較直接地切入問題（快速通過）。但有時，若訪談題目有些敏感，阿志會示意我略過；或是當天情況不適合訪談拜訪（農忙或特殊節日）等，阿志都也會讓我知道，建議其他的替代方案（繞道而行）。在田野過程中，我和阿志的關係也會有緊張的時候，但在移地田野的情境下，即便我不認同某些作法，也不會立即地表現出來。我會這樣說的原因是：「因為這裡是越南！」研究者所身處的是一個異文化的環境，有些異文化的互動不能以慣有的思考模式去理解，即便我當下心想：「為何阿志不按我的意思去問受訪者呢？或者阿志為什麼這樣做呢？」這些疑慮，通常我會在訪談後與阿志溝通，而他通常也會有所解釋或修正。正如登山者與雪巴人的關係，遇到困難甚至是危急的時候，當下要相信嚮導的專業判斷，等到抵達安全的環境後，彼此再互相溝通意見，這些是我實際從事田野研究的心得，也是以田野安全和品質為原則的體認。

第四節 扎根於田野：資料的蒐集與分析

　　觀察和訪談移工所構築的多點場景，是本書蒐集田野資料的方式。通常，我先在台灣尋找越南移工作爲訪談對象，接著再移動到他／她們的原鄉進行觀察與訪談；或是透過幾位關鍵報導人，直接在越南尋求訪談對象和拜訪移工家庭。在台灣的田野部分，一共訪問四十二位越南移工、一位越南官員和兩位台灣仲介公司負責人。越南田野部分則是利用2013年的寒暑假，前往越南中部廣治（*Quảng Trị*）、順化（*Huế*）、義安（*Nghệ An*）；北部河內（*Hà Nội*，含原河西*Hà Tây*）、泰源（*Thái Nguyên*）、北江（*Bắc Giang*）、北寧（*Bắc Ninh*）、海防（*Hải Phòng*）和海陽（*Hải Dương*）各地，拜訪四十八位已經回國的移工、十一個移工家庭（因移工仍在海外工作）、九位勞動出口公司管理人員、十四位政府機關和地方基層幹部、一位台灣官員和一位在移工原鄉投資設廠的台灣商人等等。此外，亦參考過去協助龔宜君教授執行國科會專題研究計畫的訪談資料。[13]訪談對象並不侷限於移工及其家庭，而是研究者跟隨移工情境作爲行動者，像是訪談中唯一一位在越南投資設廠的台灣商人，她是返國移工所任職工廠的老闆，透過她的訪談可以了解當地工人的情況，以及她對工廠中幾位曾去過台灣工作的工人的評價；這麼做的目的，是爲了盡力描繪勞動輸出政策與農村社會發展的完整圖像。

　　其次，田野的資料分析與理論發展則師從扎根理論（Grounded Theory），扎根理論主要是一項方法，而不是理論。英文的ground是地基、基礎的意思，grounded的字義是強調建立在某種基礎上，在此指的就是建立在資

[13] 我曾參與或協助國立暨南國際大學東南亞學系龔宜君教授，執行國科會專題研究計畫「移工的道德經濟學：印越在台女性勞動者之研究」（2008年8月至2010年7月）以及「帶希望回家？：來台越南移民／移工的回匯與原鄉發展」（2012年8月至2014年7月）的移地研究和訪談工作，特此感謝龔宜君教授慷慨分享田野資料。

料之上；強調依照此方法建立起來的理論，就是把根扎實地滲入田野資料中，並在此基礎上發展理論（藍佩嘉，2012：64）。古典的扎根理論與早期社會學中以理論爲導向二者最大的差異在於，他們認爲理論應該扎根於來自田野的材料，特別是要扎根於人們的行爲、互動和社會過程之中（Creswell，1998：56）。扎根理論說來是一套研究方法，如何處理研究資料是其重點，在研究過程中研究者發展了對資料的分析與解釋，並關注進一步的資料蒐集，對這些資料的使用反過來強化完善他們的理論分析。Charmaz（2000：509-511）也補充將扎根理論視爲一種建構主義方法（Constructivist Methods），認爲建構主義的扎根理論重視經驗世界的第一手資料，假定多重社會現實的並存和相互影響，認識到研究者和被研究者共同創造知識，研究的目的是對研究主體意義的詮釋性理解。

　　扎根理論重視資料的分析策略更甚於蒐集方式，但它也一再地強調質化研究者應該用濃密的描述蒐集大量豐富資料作爲前提，訪談是扎根理論最常採用的資料蒐集方式。本書的訪談資料蒐集與分析作業流程，大致可以圖1-8爲說明；實務上，我的研究對象多半是從身邊認識的人開始以滾雪球方式尋找。有了訪談對象，便需要一個適合訪談的地點，如果是初次見面的研究對象，而且對方沒有指定地點的話，我認爲地點選擇在公開場合可以降低受訪者的戒心；相對地，也是保護研究者自己本身，像是連鎖速食店、咖啡館等是個不錯的選擇。確定對象、時間、地點後，可以將受訪者的已知訊息筆記起來與預先準備的訪談問題相互對照，或許有些可以省略的問題就可以刪除，也可以作爲進一步提問的資訊。在開始正式訪談前，研究者應先表明身分與來意，告知此次訪談的目的以及訪談內容會作怎樣的處理並留下聯絡方式，如果有任何問題可以與研究者聯繫，這就是訪談進行前的「開場白」。[14]訪談進行時，訪談的內容

---

[14] 目前，台灣學界要求以訪談方式進行資料蒐集的研究必須通過Institutional Review Board學術倫理審查，此處的「開場白」就是所謂IRB要求的「知情同意」，通常以書面形式爲之。只是從既有的經驗來看，發生重大瑕疵的學術倫理爭議幾乎都不是人文社會科學學科，以原先爲醫學人體實驗研究的規範標準（即便後來有所修

圖1-8　田野資料蒐集與分析過程

即為主要的分析資料；拜科技發達之賜，錄音機、錄音筆和數位照相機取代了過去常用的速記和素描，可以詳實地記錄所有資料，不過行前還是要測試一下功能和電力是否都正常。訪談結束後，則將錄音內容轉譯為文字稿，原則上採逐字輸入，行有餘力的話可以將訪談時較為特殊的情境加以描述，例如：語氣遲疑、大笑、有旁人干擾等等。

　　此外，在越南田野期間，即要求自己每天撰寫田野日誌，日誌除了是備忘錄外，也是田野期間的資料索引。日誌內容以時間順序為寫作軸線，這份日誌

正）來審查所有的學科其實是會產生許多問題，光是取得書面的知情同意書這件事，就會對研究者與研究對象間關係產生衝擊，至少是不同於過去人類學者的田野經驗。如果學術倫理審查是必要的，那為什麼目前只存在於申請科技部研究計畫案時才需要呢？無須政府經費支持的民間研究，為什麼不需要倫理審查呢？又，發生重大瑕疵的學術倫理事件，難道沒有通過倫理審查嗎？這些實務操作上與倫理學相互矛盾的現象，恐怕是以同一套標準進行審查，而無視於所有學科間的差異所致。

的書寫重點著重在記錄當下的觀察和想法，這些觀察與想法是以研究主體的
情境為發展形式。尤其是一些比較特別的個案和現象，在這裡也可以使用編
碼的方式特別標記，方便日後研究需要的查找。影像、錄音和文件的整理也
以數位建檔為主，數位資料夾建檔以日期加上地區或受訪者作為檔案名稱，
例如：資料夾名稱為「20130806-0810@海陽」（田野期間+地點），錄音檔名
是「2013080704_VNF01阮○○」（訪談日期+當日序號+身分別代號+移工姓
名）。當寫作需要田野資料的時候，就可以先瀏覽日誌作為田野資料索引，以
此索引開始去連結寫作所需要的資料。

　　資料的編碼（coding）是扎根與眾不同的地方，其實編碼就是對資料進行
定義和分類，研究者透過逐行檢視訪談資料，進行初步概念化並指導進一步
的資料蒐集。這樣做還可以防止研究者將外部理論或自己的一些信念強加給資
料，這種編碼形式幫助我們尊重研究對象自己對於現實的看法，而不是假定大
家擁有相同的觀點（Charmaz，2000：515）。逐字稿因此成為編碼必須的事
前工作，有了逐字稿，編碼工作就會相對輕鬆許多。所謂的編碼，就像是一個
概念化的標籤，也就是研究者自己的符碼（藍佩嘉，2012：68）。本書的編
碼工作大多是從基本資料開始，像是年齡、性別、教育、婚姻、原鄉地區、收
入、家庭成員等基本資料。透過檢視基本資料的描述統計，有時就可以察覺某
些差異，例如：這些受訪移工為何大多來自越南北部的省分（北移工現象）？
有了初步的研究觀察，再去查找相關的文獻資料，試著找出共通或差異的因
素；然後，進一步透過比較北部和南部地區對勞動輸出政策的宣傳和推動。在
這分析田野資料的過程中，我分別將北部和南部省分對於執行勞動輸出政策的
差異進行編碼，像是「地方幹部推動」、「銀行優惠貸款」、「勞動出口公司
宣傳」、「工業區位」等，而這些符碼也都是影響南北差異的自變項。

　　在編碼的過程中，有時會察覺某種現象或言論一再地出現，這類現象或言
論（也是符碼）或許可以成為理解研究問題的切入點，這類現象就必須被命
名，使其具有理論發展中的概念性地位，成為可以被處理、分析的對象。命名

的來源有二：一是由受訪者口中所說的名詞，眞實地反映了他們的狀況；二是由研究者對該現象命名，用一個抽象層次的名詞來說明該現象（徐宗國，1996：61-63）。以本書的扎根方法爲例，用來分析的概念命名，其步驟比較像是編碼的進階版，編碼是以資料中所呈現的既有範疇與類型去做歸納，而命名則傾向從這些已編碼的標籤中進一步演繹所得來的。其實，這也是扎根分析資料的技術——拆解（break down）和組合（put together）的運用。像是書中所討論的鉅觀的國家政策如何連結微觀的移工個人，透過田野觀察和訪談資料得到勞動輸出政策中兩個非常重要的運作機制，一是「勞動出口公司」，[15]二是「基層代理人」。勞動出口公司的命名，便是來自於受訪者的口述；而基層代理人的命名，則是透過資料和訪談從中分析發現地方基層的越南共產黨、人民政府和群眾組織的幹部，對於國家推動勞動輸出政策扮演重要作用，因此將之命名爲基層代理人。透過勞動出口公司和基層代理人這兩個命名策略，使得研究分析在操作上有比較具體的概念工具，除了進一步聚焦之外，也可以摒除複雜和與之無關的社會現象。

　　研究的經驗告訴我，「田野」是一門「做中學」（Learning by Doing）的學問，「做」是方法，「學」爲知識。說得再多還不如親身實踐（practice），如此研究者才能貼近研究對象的生活世界，才有理解研究主體的可能。走入田野，成爲獲取移民研究經驗資料的有力途徑，這與扎根理論強調田野資料的重要性不謀而合，研究者的田野場景變成了一種附隨在研究對象身上的移動式情境。做中學，其意涵有如Charmaz（2000：523-524）所說的建構主義的扎根理論，研究者與研究主體之間形成互動並賦予其意義，這層意義是表現在研究主體的生活之中，研究者成爲了被觀察的一部分而不是與後者分離。

---

[15] 中文「勞動出口」爲越南文*Xuất khẩu lao động*的直譯，越文縮寫爲XKLĐ，本書寫作上與勞動輸出互用。

第二章　社會變遷下的越南移工

第一節　國際遷移與發展議題

一、跨國移民與匯款

　　候鳥遷移是因為氣候變遷等外在生存條件變化，致使原本生活的棲地不適合居住因而遷移到其他地方，待原棲地回復既有環境條件後隨即回返；但有生物學者認為這是物種的自私基因作祟（Dawkins，1989）。兩種觀點截然不同，一種是受外在環境影響；另一是由內含基因決定。不論是外在影響或內含決定，其遷移行為都與生存演化息息相關，因為遷移的成本與風險過高，也可能使物種傾向留在原棲地形成不同的演化策略，這也說明為什麼有些鳥類沒有遷移行為。從遷移的成本與風險來說，人類應該要「安土重遷」才對，那遷移又是為了什麼呢？過去歷史上大規模的遷移因素不外乎天災人禍，也就是人類賴以維生的物質基礎——土地、財產、法律等制度——遭到破壞，不得不離開原居地謀生。不過，當代快速發展的全球化使得跨國資本、技術、勞動力在世界各國之間流通，以致於人們遷移的原因與過程也愈加複雜。

　　國際社會對於國際遷移與移民身分等議題的共識，是在聯合國（United Nations，簡稱UN）與國際移民組織（International Organization for Migration，簡稱IOM）的主導下產生了界定標準。1953年，聯合國經濟與社會事務統計局（Department of Economic and Social Affairs Statistics Division）曾就如何進行國際移民數據統計提出標準化的建議，主要是以非當地原居民的永久性移民（包含已入籍和未入籍者）為界定標準，此文件指出這類人員包含兩類：一是，以長期居留為目的並且已在國外住滿一年以上；二是，原居民中的長期外移者，包含那些居留國外並已在國外住滿一年以上。這是首次以聯合國名義提出，以在「外國居住一年以上」做為國際移民的標準。聯合國亦於

1988年提出《*Recommendations on Statistics of International Migration*》作為移民統計的操作型定義，雖然學界對國際移民的概念定義有些許不同的看法，但在統計操作上仍是以建議書為據。另外，國際移民組織對國際遷移和移民的定義則是：國際移民係指離開原籍國或慣常居住國人們的遷移，目的是在他國永久或臨時居住下來，因此需要穿越國家邊界。綜合上述的聯合國與國際移民組織針對移民的定義，國際移民的界定大致如下：國際移民係指任何一位改變慣常居住國的人，但不包含因娛樂、度假、商務、醫療或宗教因素等原因於短期出國者；並將國際移民分為長期移民和短期移民，長期移民指遷移到原籍國以外的國家至少一年以上。

在國際移民組織和聯合國共同出版的《*World Migration Report 2000*》報告書中，對國際遷移的成因概略分為兩大類：自願遷移（voluntary migration）和被迫遷移（forced migration）。自願遷移包含了以就業（移工）、就學（留學生）、家庭團聚（婚姻移民）或其他個人因素為目的而向國外遷移；被迫遷移則是因各種天災人禍的壓迫（氣候難民／戰爭難民），導致其生命、自由與生計的損害而遷移。國際移民組織也承認在國際間上尚不存在一致的移民定義，但普遍理解自願遷移是出於「個人意願」（personal convenience）自由做出遷移的決定，為了提高物質生活或社會條件，改善個人或其家庭的發展前景而遷移至其他國家或地區。因此，廣泛地來說「移民研究」（migration study）的研究主體即為跨越國家邊界移動的人，在研究議題與移民類型包含了：遷移工人、留學生、婚姻移民，當然也包含受壓迫向外尋求庇護的難民；而本書主要的研究對象就是越南的跨國遷移工人。2015年，全球約有2.44億的移民人口，自1990年代以來全球遷移人口呈現穩定地增加趨勢（請參考圖2-1），約占全球人口3.3%，其中二十至六十四歲人口約占72%，二十歲以下約占15%，六十五歲以上約占12%，其中男性占52%，女性則為48%。據統計2.44億的移民人口中有將近一半出生於亞洲，三分之二居住於已開發國家約有1.57億人，其餘均居住於開發中國家（IOM & UN，2018：15-17）。

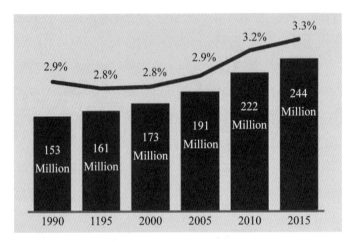

圖2-1　國際遷移人數與占全球比例趨勢（IOM & UN，2018：16）

　　全球化的過程與現象不只是資本與商品的大規模流動，也包含了人們，
涵蓋了所謂的全球公民（global citizens）的專業人士以及低度發展國家的技術
和非技術工人。國際遷移的地區特徵有兩大類：一是，低度發展國家向已發
展國家遷移；二是，發展中國家之間的遷移。對移出國而言，勞動力和技術
知識的流失是可以透過日益增加的匯款藉以平衡（Ko，2010：80-81）。跨國
主義觀點討論遷移與發展之間的關係時，討論的焦點即在於「跨國行動者」
（agent）身上，這些人包含了移民、流散人口（diaspora）和跨國社區裡的人
們。就像當前的世界銀行和各國政府組織在地方、國家和全球層級上的各種發
展合作，都必須仰賴這群跨越邊界（cross-border）的行動者擔任執行工作。
這種藉由個人或群體地理上的跨界連帶，就是各種國際組織評估發展合作計畫
的重要著眼點。Faist和Fauser（2011：2）指出在討論遷移與發展的關係可以
有許多面向，例如：知識網路、流散人口的和平發展協議、移民組織與跨國商
業活動等方興未艾的跨國活動，它是與整個社會變遷鑲嵌在一起的。基於遷移
與發展間的關係，有必要做兩點釐清：一是，距觀結構層次的討論是與政策密
不可分；二是，中層現象的跨國行動者或團體的移動結果往往是超乎預期的，

而且匯款是觀察的重點。Schiller與Faist（2010：2）則認為近年來許多學者將「遷移—發展」作為一組分析工具、概念架構與政治話語，這其實反應了遷移與發展議題的日漸重要性。移民被視為是國際金融機構、聯合國、歐盟和非政府組織發展計畫的關鍵行動者，移民僅需花費很少（甚至無需）的成本即可增進當地的經濟產出，對移出國而言遷移多半會帶來好處，最直接的表現形式就是將海外薪資所得匯給家庭成員。因此，遷移的效益會如同匯款被用來消費那般產生外溢效應；除了增加當地工人的工作機會，更重要的是受到來自海外觀念影響的行為變化，例如：將婦女從傳統角色中解放出來。

遷移與發展的討論方式將經濟發展的惱人問題，加入新的元素轉變成為解決方案，其重點聚焦在國際移民是如何促進發展，特別是匯款所帶來的效益。例如，墨西哥和菲律賓就有為數眾多的海外移工，據估計菲律賓約有七百萬人在海外工作，占總人口數的10%，農村勞動力的20%。移工的匯款是菲律賓最大的外匯來源，2003年就貢獻約七十億美金給國家經濟，因此菲律賓移工被國家稱譽為「當代國家英雄」（modern day national heroes）和「國際共享人力」（internationally shared human resources）；現今她們的角色又從「海外移工」（overseas filipino workers）轉變為「海外投資者」（overseas filipino investors）。墨西哥政府也開始把在美國境內工作的國民稱為「英雄」（heroes & VIPs），以感念他們每年寄錢回國，其總額與菲律賓移工匯回的金額數目相當，一年約為六十億至七十億美元。同樣地，印尼政府也承認海外移工匯款對國家經濟的重要幫助，而將其宣揚為「外匯英雄」（*pablawan devisa*）（Weekley，2004：352；Stalker，2002：135-136；藍佩嘉，2008：77）。

根據世界銀行（World Bank，2017）的調查研究報告指出，在歷經2014-2015年全球經濟景氣波動影響下，流入開發中國家（low- and middle-income countries）的匯款金額連續兩年些微下滑，但在2016-2017年間成長4.8%，匯款總額達到四千五百億美金。匯款增加趨緩的現象一方面是因為美國、俄羅斯

和歐洲等經濟體才剛開始呈現復甦，另一方面是很多地區出現對移民政策的緊縮和反移民的情緒，這些都限制了匯款的成長。像是國際油價的持續走低和石油輸出國的減產決議，導致波灣地區國家削減財政支出而停止招募移工；加上反移民爭議正在各個地區發生，例如：2016年的英國脫歐和美國大選結果普遍被視爲與移民議題爭議有關；歐盟面臨難民議題的挑戰；泰國和馬來西亞加強查緝境內無證移工，並開始納入監管措施；從巴基斯坦返國的阿富汗難民等。這些停止招募移工、查緝無證移工、緊縮收容難民等作法，都可能造成大規模的移工返國現象，對移出和移入國社會形成衝擊，從而限制了匯款的金流，特別是透過正式管道的匯款部分。

　　2015年，全球發展中國家所接收匯款金額排名前十位的國家中，東南亞地區就占了三個：菲律賓排名第三，金額爲二百九十七億美金；越南排名第九，金額爲一百二十九億美金；印尼則是第十，金額爲一百零五億美金。其中，越南有二百六十萬人移出人口，匯款金額約占GDP的6.4%（World Bank，2016）。以發展中國家接收的匯款金額來看，幾乎是它所接受的官方發展援助（official development assistance，簡稱ODA）的三倍，而且較外人直接投資（foreign direct investment，簡稱FDI）和私人投資商品（private debt & portfolio equity）的金流不易受全球經濟景氣波動影響（World Bank，2017）（請參考圖2-2）。在印度，2008年匯款總額突破五百億美元，超過所有官方和私人資本流量；在墨西哥，匯款總額大於FDI總額；在海地，匯款總額超過GDP的一半；而另有二十三個國家的匯款占GDP的比例超過10%（Ratha，2009），即便是經濟衰退時期，匯款仍是持續穩定地從海外匯入（Ratha，2003；Mohapatra et al.，2011）。在某些情況下，當移出國地區發生自然災害或出現經濟衰退的情況，所接受的匯款金額不降反增（Clarke & Wallsten，2003；Kapur，2004），顯示移民可能會因爲宏觀經濟動盪而匯出更多金錢回鄉，幫助親友度過難關。在1997年金融危機後，因爲菲律賓披索貶值10%，反而促使移民家庭海外匯款增加，也使移民家庭的貧窮率降低0.6%。由於海外

圖2-2　發展中國家接收匯款趨勢與推估（World Bank，2017：1）

移民的金融轉帳行為連帶促進了經濟的活絡，匯款對那些沒有海外移民的家庭也產生了積極的外溢效應（positive spillover effects）（Yang，2004）。

　　學者的實證研究普遍支持匯款對於減少貧窮具有積極的作用，特別是匯款直接從移民匯到親友手中，對於提高移民家庭收入、消費水準以及降低貧窮的效果十分顯著（World Bank，2006）。Page與Adams（2003）針對七十四個發展中國家的研究顯示，移民人口每增加10%，貧窮人口就會減少1.9%；而匯款占GDP的比例每增加10%，貧窮率就會降低1.6%。許多國家的移民來自農村地區，匯款對農村地區減少貧窮的作用則是更加顯著（Taylor et al.，2005），在賴索托，匯款占農村家庭收入的比例高達80%（Koser，2007：45）。而這些數據也可能低估了遷移所帶來的實際收益，透過比較移民和非移民的福利差異，移民在海外高收入國家的收入是較低的——亦即「同工不同酬」，這反映了高收入國家的高物價生活水準，或者說購買力平價（purchasing power parity）更高。然而，移民將在高收入國家的所得以匯款方式寄回家中就不用考慮購買力平價的調整，因此家庭的收益其實超過購買力平價的收入漲幅

（World Bank，2006：59）；簡單說，移工在海外吃一餐需要一美元，可是匯回家鄉的一美元卻可以讓兩個人吃一餐。

　　此外，移出國政府對於匯款的積極態度與政策也是一項重要因素，如越南在1997年取消徵收海外匯款的5%稅率，透過官方管道的匯款金額隨即大增。而菲律賓也發現，在取消匯率管制之後，當年官方匯款收入就成長三倍之譜（Buencamino & Gorbunov，2002）。匯款除了直接挹注國家經濟外，還可以提高國家的信用評比，進而加強該國從國際資本市場融資的能力。像是巴西、墨西哥、薩爾瓦多和哈薩克等國家的商業銀行已將未來的匯款流作為抵押，因而以較低利率獲得數十億美元的長期融資。更重要的是，匯款能減少貧窮，降低風險（作物歉收、失業或生病），有益於農業和微型企業的資金調度，引導家庭增加教育、創業和衛生健康的投資，既便是花在消費上也能增進就業，這些領域對發展議題都具有重要意義（World Bank，2006；International Organization for Migration，2005；United Nations，2006）。

二、移出國的政府角色

　　遷移並不是自然而然發生的，而是被製造出來的；遷移現象不只是個人決定的加總，而是被既存的政治經濟體系所形塑、模式化的過程（Sassen，2006：188-189）。在台移工均來自東南亞地區的印尼、菲律賓、泰國和越南四國，其中印、菲、泰三國在第二次世界大戰後，大致上均經歷了進口替代與出口導向的經濟發展與工業化階段，輸出勞工成為1970-1980年代政府解決國內失業人口、舒緩贅餘勞動力並可賺取外匯的國家發展政策之一。目前，印尼和菲律賓仍是移工輸出大國（IOM & UN，2018）；而泰國在1980年代成為波灣地區移工的主要來源國，但1990年代泰國經濟快速成長，開始產生了遷移上的轉變。泰國的建築業、農業和製造業工作吸引了鄰近的緬甸、孟加拉、印度

與寮國的大量移工，估計在2000年時境內已約有六十六萬五千名外國勞工，而其中只有十萬三千人是合法居留（Castles & Miller，2008：215）。2012年，泰國境內保守估計已有高達兩百萬名無證移工，泰國政府祭出鐵腕計畫強制驅離不受登記監管的移工，此舉並引起國際勞動組織的關切（Financial Times，2012）。而越南作爲目前全球少數僅存的社會主義國家，以契約形式對外輸出勞動力是在革新開放（đổi mới）後的1990年代才逐漸興起，其特徵是與社會發展政策相結合。東南亞四國的國家角色對輸出勞工的過程都具有一定作用，但各自的歷史發展和社會結構仍存在差異。

　　移出國政府多會透過勞動契約規範來保護自己國家的移工，例如：菲律賓、印尼和斯里蘭卡，針對各種職業內容預先擬定工作條款和條件與移入國政府簽訂共同契約（Abella，1997）。貧窮移出國與富裕移入國之間的經濟落差，必須透過組織化的招募、新殖民連帶、政府雙邊協定等機制而被活化啓動，進而形成個人遷移的有效推力。在亞洲，如菲律賓和印尼，已建立特別的政府單位來針對這項重要的「外銷產品」，進行管理、招募、訓練工作，並積極與接受國政府協商，促使該國的勞工受到國際勞動市場的青睞。而輸出國政府也可以從中獲得好處，它們希望海外勞工持續保有原國籍，而不是歸化成爲他國國民，原因不只是爲了維繫象徵性的國族認同，更是基於財政的考量。很多輸出國政府投注心力來確保海外國民的忠誠，以吸納穩定的外匯（藍佩嘉，2008：57-58）。而政府的直接介入是亞洲遷移體系的主要特色，這也與北美、西歐等地區的遷移性質不同。這些輸出勞工的國家政府，鼓勵移工透過銀行儲蓄，使得這些匯款能使用在發展與投資計畫上（Massey et al.，1998；Taylor，1999：71）。全球化下跨國移工榮景，就是藉由世界銀行、聯合國、國際移民組織等國際性組織的研究與宣傳，使得匯款成爲發展的工具和指標之一，其經濟指標地位被提升到與國際援助和外人直接投資相同位階，成爲移出國政府亟欲收編的經濟資源。以菲律賓移工的例子來看，世界上有許多國家與菲律賓一樣處於全球經濟的半邊陲地位，可是它們並不像菲律賓一樣爲全球提

供再生產的勞動力，其中最重要的因素還是政府作為移工經紀人的積極角色作用（Rodriguez，2008）。

菲律賓政府在1974年啓動「勞工出口政策」，宣稱這是個可以舒緩失業問題且帶來外匯的權宜性政策，不過事實證明它已成為「永久的暫時性」政策。1978年政府推動私有化，將大部分的聘僱作業轉移至私人仲介手中，但仍藉由海外就業署（Philippine Overseas Employment Administration）和海外勞工福利處（Overseas Workers Welfare Administration）扮演規範和監督的角色。1986年後，政府持續肯定並掠奪海外菲律賓移工的經濟貢獻，政府官僚雖沒有強制移工匯款回國，但轉而利用更細微的措施來壓榨移工，例如：提高移工攜帶回國物品的進口稅（藍佩嘉，2008：73）。菲律賓政府在勞動輸出政策所採取的鼓勵移工輸出（減少資本移動障礙）、控制匯款管道（保證金融系統健全）、官僚階層決策（菁英治理）以及強調市場裡的個人自由、自主和責任等方式，都顯示出國家的新自由主義（neo-liberalism）意識型態。自由主義是一種對國家干預的反對立場，但近代新自由主義的崛起，國家所做的一切是要創造有利的「企業環境」，替資本累積營造最佳條件，卻不論對經濟或社會福利可能造成的後果為何（Harvey，2008）。因此，Weekley（2004）批評在新自由主義的意識型態下，國家或非政府組織塑造移工個人成為創業者（entrepreneur）的形象前往海外工作，使其更習於資本主義的運作方式，目的在於將結構問題轉由個人解決，企圖讓移工產生一種利益攸關者（stakeholders）的意識，因為移工最終必須為自己的失敗負責，即便這不是最初所希望的。

印尼政府自1970年代末，就開始經由國家指導的勞務仲介輸出女性到海外國家擔任女傭，國家輸出契約勞工的目的是為了解決國內失業和貧窮問題，並且增加國家外匯收入。在1997年金融風暴後，印尼國內失業率攀升，政府於是推出第七個五年計畫（1999-2004年），大幅提高契約勞工的輸出目標為二百八十萬人，遠超過前一階段的一百二十五萬人。1980年代起更制訂許多

勞動輸出的相關政策：例如：成立與移工相關的專責機構、開放私人勞務仲介公司、放寬移工年齡等資格規定、提供銀行優惠貸款等（Asyari，2008；龔宜君，2014：101-102）。Silvey（2007）則是指出印尼政府於1999年在雅加達蘇卡諾國際機場（Soekarno-Hatta International Airport）設置第三航廈，作為國家管理返國移工的政治空間。首先，第三航廈並非真正的航廈建築而是一個創造出來的空間，它的目的是在返國移工與一般旅客間畫出一條界線，區分出所要排除／納入（exclusion/inclusion）管理的對象。其次，政府官員透過訓話與監控對移工進行身家、健康、匯款和銀行存款等調查，美其名為保護，實際上是刻意地對返國移工的身體和所得進行再國族化（renationalised）和再屬地化（reterritorialised）；也就是說在移工返國踏入國門的那一刻起，國家得以重新宣稱這些返國移工的勞動力是屬於國家所有的。

　　越南在東南亞地區屬於人均所得較低的國家，並被認為具有充沛勞動力以及因為歷史上戰爭所帶來的勞動遷移壓力。越南的勞動輸出政策作為一項重要和長期的發展策略，是有助於國家的工業化和現代化，因此在政府全力推動政策下，海外勞工的數量不斷成長。隨著國際勞動力市場的發展，越南政府允許勞動出口公司在勞動輸出政策上扮演更為積極的角色，除了可以解決大量失業人口問題外，也可增加強勢貨幣（hard-currency）的匯款流入和國家稅收（Hardy，2002；Dang，2008）。越南實行革新開放政策不過二十餘年，國家歷經從蘇維埃式的計畫經濟轉型為越南特有的「社會主義定向市場經濟」（*Kinh tế thị trường định hướng xã hội chủ nghĩa*）。若就移工人數與地方發展來看，越南政府的勞動輸出政策推動頗具成效，但越南作為一個社會主義國家，是如何成就這樣的經濟表現？其勞動輸出政策與印尼、菲律賓和泰國三國有何不同之處，具有哪些特徵？它又是如何實踐於移工個體呢？

第二節　移出國的社會變遷

一、遷移與社會變遷

　　Portes（2010）認為遷移本身即為社會變遷的一種類型，但也可以理解為變遷的動力，亦即遷移這件事會導致移出國和移入國的變遷。移民與社會變遷的關係有著多種聯繫的特質，但也因為研究者著迷於社會變遷的鉅觀理論普遍性（social change is ubiquitous），造成實證研究中操作的困難，必須先對底下所要討論的社會變遷概念有所釐清。研究社會事物的學者們針對社會變遷的概念，主要分為兩派：一派主張秩序穩定（stability and order），另一派主張變革／轉型（transformation）。基於學者們對於社會變遷的討論，可以整理出以下幾點：（一）穩定與變遷同時存在，雖然說變遷是無所不在的，但如果沒有有形的物質基礎，也就沒有可供改變的結構，變遷是不會發生的。（二）變遷的起因是多樣的，並不侷限在社會系統內部的辯證。（三）變遷的影響也是多樣的，可以從微觀層面看變遷對個人及周遭環境的影響；從中層（meso-processes）看變遷對社區和地區的影響；從鉅觀層面看變遷對國家和全球秩序的影響。（四）各個層面都必須同時考慮到「發生於表面」（at the surface）和「革命性的」（revolutionary）的變遷過程：發生於表面可見的變遷通常只會對社會秩序產生微不足道的影響，反而是發生在日常生活話語核心系統之中的變遷才被認為是具有革命性的。（五）穩定性是與社會生活可察覺的部分有關，存在於制度和社會組織之中也是其構成的基礎，穩定的社會變遷重要過程恰好是將其後果給制度化了。接著，Portes分別採用「文化」和「社會結構」因素來說明社會生活中不同層次的因果關係影響，文化觀點強調移民對價值觀（values）或價值觀標準具有潛在的轉變影響，結構觀點則是強調移民對人口

和經濟的意義。這些文化和社會結構的不同因素可以依照其因果影響（causal influence）分類爲「深層」（deep）和「表面」（surface）因素：深層因素，通常隱藏在日常生活或社會組織之中，這些因素並不明顯可見卻無所不在；而表面因素，則是較深層因素更加多變，也更顯而易見（Portes，2006；Portes & Smith，2008）。

　　文化的深層因素是價值觀，價值觀不是規範（norms）；價值觀是代表一般的道德準繩，而規範是具體的行動準則。價值觀形塑了人合乎規範的行爲（什麼該做、什麼不該做），也是個人和集體的行爲背後的推動力。但社會結構不是由道德觀或價值觀以及油然而生的行爲準則所組成，而是社會地位或特定的社會階層所賦予個人或集體特有，且由不同的能力所構成的。某些人或集體擁有促使他人依照其意願而行事的能力，這就是「權力」（power）的範疇，與「價值」的領域一樣，位處社會生活的「深層」，但「權力」總是能較「價值」產生更多樣的結果。這些擁有權力的角色會排除其他人獲取資源的可能，藉由重塑價值觀來尋求地位的穩固，進而讓群衆相信既有秩序是公平的。因此，合法化的權力變成了權威（authority），從屬於其下的人也就默許他們的地位。如價值觀體現在規範中，權力的差異會產生社會階級，有資源和沒有資源的人則因生命機遇和能力有所不同，各自影響了事件的過程（如遷移的可能與過程）。階級的有效與否並非源於成員的主觀認定，而是社會中人們的等級畫分，端視他在面對阻礙時有多大能力去實現目標。階級位置通常與財富有關，但也跟其他提供權力的資源相關，例如：專業知識以及和他人有恰當（right）的聯繫。正如Pierre Bourdieu強調的，具優勢的階級通常集各種資源於一身：包含了財富、具有影響力（社會資本）以及極高的知識和品味（文化資本）。深層權力的特徵其實很少出現在社會表層，因爲擁有者是爲了取得統治的同意而在價值體系中將其合法化；出於相同原因，事實上階級位置也非清晰可辨，但經實證研究證明擁有不同資源和生命機遇的個人通常不會是孤立出現的，而是以作爲社會組織一份子的附加角色身分出現。無論是經濟組織還是

其他組織，都是社會角色在日常生活中的棲身之處，也是深層權力結構的表層
展示場所。「制度」是一套治理社會組織角色間關係的正式或非正式規則，像
是家庭和學校；也包含其他社會生活的主要領域，像是政治、經濟、宗教、資
訊和休閒。無疑地，制度很重要，如同Granovetter所言：制度通常與鑲嵌問題
有關，也就是制度會試圖控制與引導人們，相對地人們對制度也是如此（請參
考圖2-3）（Portes，2010）。

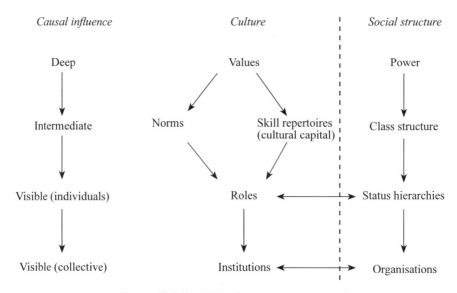

圖2-3　社會生活因素（Portes，2010：1549）

　　根據Portes（2010）針對移民類型與社會變遷關係的分析，短期循環的遷
移（契約移工）對移出地社會可能產生的社會變遷特徵為：（一）匯款和投資
對地方經濟的穩定帶來貢獻；（二）發展的潛力取決於治理制度的良莠（請
參考圖2-4的虛線方框）。這兩項特徵可以作為我們觀察越南移工對原鄉社會
帶來何種社會發展，並且從具體的社會變遷中──出國工作──，進一步分析
移出國社會生活的文化和社會結構，文化是價值觀、認知架構和知識累積的範

	Migration flow	
	Short-term (cyclical)	Long-term (permanent)
Sending society	· Remittances and investments contribute to the stabilisation of local economies. · Developmental potential depends on the quality of governance institutions	· Possible depopulation of sending regions · Transnationalisation of local culture · Economic remittances alleviate poverty, but help buttress existing structures of privilege · Potential political transformations via migrant mass voting from abroad
Receiving society	· Surface-level social and political adaptations · Major effect is to meet labour needs in various economic sectors, thereby contributing to growth	· Emergence of working-class settlements and enclaves · Increasing ethnic diversity in the working-class and, exceptionally, among local elites · Some social and political transformations to accommodate diversity · Emergence of specialised institutions to handle marginalised groups

圖2-4　移民類型及其社會變遷可能（Portes，2010：1556）

疇，社會結構則是受到不同權力支持的個人和集體利益的領域。Portes亦指出對移出國社會而言，在很多情況下遷移實際上會加強或穩定既有的政治社會秩序，而非改變這種秩序。例如向國外遷移如果能在經濟上提供一個安全閥（economic safety valve），則可以減少社會普遍存在對菁英們不滿所帶來的壓力並默許他們保留特權，如此就可以對社會政治秩序產生強化作用。其次，當匯款金額夠多，就可以解決長期存在的國際收支問題（balance-of-payments problems），甚至可以作為獲得外國貸款的抵押保證。在這種情況下，不可否認地移民對移出國而言具有「結構的重要地位」（structural importance），只是最主要的影響還是強化既有的階級結構，而不是去改變它。這也是為什麼許多出身移民移出國的學者們抱持著反對大規模移民國外的原因，他們認為這是低度發展的象徵，更是國家長期落後的原因（Delgado-Wise & Cypher，

2007）。而移工屬於短期遷移型態，在某些情況下短期的循環流動不但不會導致社會變遷，反而會強化移出地既有的社會結構。例如：移工的收入（匯款）有助於原鄉地方生產結構的發展，因此強化了這種結構的長期存在能力（Stark，1984）。

二、文化與社會結構分析

越南於1986年所召開的共產黨第六次代表大會上，決議實行一系列革新（đổi mới）措施採取市場開放政策，此刻距離1975年美越戰爭結束不過十年時間。越南在確立革新之後的工業化與都市化發展過程中，農村與農業部門人口不斷向都市和工業部門遷移。鑒於1986年革新之前，已有將勞工輸出東歐的經驗，勞動輸出遂成為解決國內過多勞動力與賺取外匯的發展途徑，其內涵也逐漸擴大為兼顧經濟成長和社會發展的國家政策。從農村社會轉變到工業社會的過程中，社會組織發生了本質性的重組，在這社會組織的重組過程中並非每個人或每個階級的機會都是相同的（王振寰，1993：5）。就過去研究東歐或中國等社會主義國家的市場轉型理論而言，顯示市場轉型的獲益者幾乎都是共產黨幹部、菁英或特定階級。[1]而越南的勞動輸出政策則直接指向生產者，也

---

[1] 在市場轉型理論中對主要獲益者的討論大致可分為兩類不同看法。一類是菁英轉變命題，例如：Ivan Szelenyi 研究匈牙利家庭農場在共產主義施行的最初十年，富農及其子女的生活機會受到集體化政策的嚴重損害，但是到了1980年代的家庭農業政策發展以後，那些早期受到不公平對待的中大型土地所有者得到補償，他並預測這些重新取得優勢的一群人將成為新的菁英集團。而原先從事家庭農業的幹部，其農業產出高於其他人，原因在於幹部身分使其更容易進入高度集約化的生產。另位代表學者為倪志偉（Victor Nee），他提出市場權力、市場刺激、市場機會三個命題，市場權力命題認為市場轉型會導致權力的下放而不利於再分配者（官僚或掌權者）；市場刺激命題認為直接生產者在市場中獲得更多的議價能力，從而激發直接生產者積極性提高生產率；市場機會命題則認為市場化的改革會創造出新的流動管道和機會結構，使企業家身分成為一種可以替代官位的東西。不過倪志偉後來也修正他的看法，認為目前中國（其主要實證國家）的主要經濟整合機制仍是再分配而不是市場，所以再分配者依然可以從市場轉型中利用其權力、地位謀取利益，但是相對於直接生產者而言，他們的優勢並不明顯。另一類的看法是菁英持續命題，主要代表學者為Elemer Hankiss與Jadwiga Staniszkis，兩人都認為在市場轉型過程中，權力的作用不會一下子消失，那些原本擁有權力的幹部利用其政治職務將自己重構

就是這些投入海外勞動市場的農村勞動者，市場開放的經濟利益不再僅限於特定階級，因此緩解了政治經濟轉型可能所造成的不平等，進而強化了越南共產黨和政府的統治基礎。

根據越南當地報導：「河靜省宜春縣春蓮社（*xã Xuân Liên, huyện Nghi Xuân, Hà Tĩnh*）原本是一單純農村，[2] 現已勇敢地推動勞動出口政策，因爲出口勞動正是農民高收入的原因，協助提高人民生活水平；2000年的時候，春蓮社貧窮家庭比例已從46%降到17%。近年來，爲了實現人民與國家協力的方針，春蓮社完成了九公里的混泥土道路和兩個水庫（*Đồng Bàn* 和 *Chợ Thòi*）的建設，春蓮社已成爲河靜省消除貧窮的模範社。除了那些出口勞動人數較多的社，如宜春縣的鋼間社（*Cương Gián, Nghi Xuân*）、甘祿縣的天祿社（*Thiên Lộc, Can Lộc*）、麒英縣的麒寧社（*Kỳ Ninh, Kỳ Anh*）等，春蓮社也被公認爲是打破單純依賴農業耕作傳統，正確地採取新經濟發展方向的學習榜樣。目前，春蓮社約有七百人在海外工作，收入遠比家鄉勞動者高。林旺村（*Lâm Vượng*）原是社裡的貧窮村之一，因爲出口勞動兩百餘人，移工每個月都匯款回家庭發展經濟。如今，村民的生活條件有明顯的提高，有十餘座高層樓房、沒有窮戶，較有錢家庭占了將近80%。春蓮社政府主席黃文吉（*Hoàng Văn Cát*）說：『透過各組織團體，我們鼓勵人民勸子女參加出口勞動，同時協助貧窮家庭貸款並出口勞動。幾年前，春蓮社人民生活條件還很辛苦，人民主要以務農爲主，少數人以捕魚爲生。現在，社政府已把出口勞動視爲消除貧窮計

爲「攫取財富的階級」（propertied class）。也就是說，Szelenyi和倪志偉認爲市場轉型中的獲益者會因爲新的機會出現而創造出新的一群菁英，這些人就是民間企業家。而Hankiss與Staniszkis則認爲就菁英主體而言，改革前後並沒有發生根本性的變化，就是同一批人。不過就Szelenyi和倪志偉所謂新的菁英來說，仍有其路徑依賴和社會資本做爲支撐。例如Szelenyi所指稱的被中斷的資產階級後來取得優勢，也是來自之前的私營農場。而在倪志偉的實證資料來源地區中，像是中國江蘇基於一種較強的地方統合主義，藉由地方社團組織（公會行號或宗親會等）形成國家、市場和鄉鎮企業結合成新的混合經濟型態，福建和廣東的的外貿發展經驗則得益於海外華僑的資金和網絡（Nee，1989；Rona-Tas，1994；Nee & Cao，1999；何曉斌，2002）。

2　越南的地方單位層級複雜，按位階依序爲：省／城市（*tỉnh/thành phố*）；縣／郡／市社（*huyện/quận/thị xã*）；鄉村地區的社／市鎮（*xã/thị trấn*）和城市地區的坊（*phường*）；村（*làng/thôn/xóm/ấp*）。依據越南憲法明定的地方政府層級爲三級制，其中並未包含「村」這一層級。

畫中的努力目標，社政府已鼓勵人民互助聯合募款讓子女出口勞動。各組織團體有婦女會、青年團、退伍軍人協會等出面協助會員貸款出國，所以很多家庭有五、六個成員參加出口勞動。』從一雙空手出發，在出口勞動回來之後，村民黎海棠、黎條兩人已有發展經濟的資金；很多屬於政策家庭也靠著出口勞動而脫離貧窮，陳進力是個傷兵，也勇敢貸款給四個小孩出口勞動。河靜省勞動—榮軍—社會廳工作勞動政策處處長阮春通（*Nguyễn Xuân Thông*）說：『春蓮社在出口勞動活動中有值得學習之處，社政府知道如何推動勞動出口活動的每個環節，以協助和指導各個家庭發展經濟的新方向。』」（MOLISA，2006b）。

　　從上述越南勞動—榮軍—社會部（*Bộ Lao động-Thương binh và Xã hội*；英文名稱爲Ministry of Labour, War Invalid and Social Affairs，簡稱MOLISA）的宣傳報導爲例，可以得知勞動輸出政策是越南國家近年來大力推展的新經濟方向。其內容描述了出口勞動在農村所呈現的繁榮發展景象，包含了高收入與高樓房以及地方發展基礎建設的成果；但更重要的是，針對地方消除貧窮的社會發展意涵。另外，所謂勞動輸出政策中每個環節的推動，不只依循中央政府的規劃與鼓勵措施，也必須仰賴地方政府幹部（上述報導中的社政府主席、勞動—榮軍—社會廳工作勞動政策處處長）以及群眾組織（上述報導中的婦女會、青年團、退伍軍人協會）的宣傳與動員。透過媒體報導和田野經驗，可以肯定地說春蓮社的發展不是一個特例，許多村／社的經濟發展乃是受惠於移工的海外匯款；因此，移工匯款所帶來的地方發展，遂成爲國家勞動輸出政策的最佳宣傳寫照，該如何解釋這樣看似完美契合的政策實踐呢？

　　首先，文化是人們用來管理複雜日常世界的意義系統；其次，文化是影響人們如何處理和排序周圍的社會和政治身分的基礎。文化是一個架構，用來組織世界、定位自我與他人，讓行動具有意義爲利益分析提供基礎，它將集體身分和政治行動連結起來並鼓勵人們和群體共同行動。在研究分析上，爲了有用起見，文化不能定義得過於空泛包含所有的行爲、信念和制度，較

適合的做法是考慮特定領域中的文化尺度。並且為了充分理解文化在政治生活中的作用，有必要探討文化影響與利益（interests）和制度的互動。對許多人來說，文化讓證據問題複雜化，甚至讓嚴謹分析的期望變成「不過如此」（just so）的描述，而這種描述不能滿足普遍認可的科學解釋觀念。在文化分析中，利益是根據脈絡化（contextual）和互為主體性（intersubjectively）來定義的，而追求利益的策略被理解為是取決於脈絡的。文化分析的核心是詮釋（interpreation）概念，對特定政治意義的詮釋來自對群體和個人的努力，讓自身的政治和社會世界變得更有意義的描述，這通常也是令人著迷的故事。這就是行動者所共享的互為主體性，也是社會科學觀察者亟欲理解並努力傳達給他人的研究意義（Ross，2000：39-41）。

　　文化連結了個體和集體身分，共享文化情感的人們擁有某種共同經驗，它有利於將群體身分融入人們的自我意義之中。文化界定了身分群體，它也明確涉及群體內部及相互之間的聯繫模式，社會群體的文化定義——無論是透過血緣、年齡或性別，還是共同利益——通常暗示著人們會如何行動的預期（Ross，2000：45）。Anderson（1999：10）認為即使是世界上人數最少的民族的成員，也不可能認識大多數的同胞，互相見面甚至聽說過彼此，然而他們相互連結的意象卻活在每一位成員的心中。民族，是一種想像的共同體，並且被想像為本質上是有界限的（limited），同時也享有主權的共同體。Geertz（2008：95）將文化定義為：「從歷史所遺留下來並存在於符號中的意義模式，一套以符號形式表達、傳承的概念系統，人們藉此交流、鞏固和發展他們對於生活的知識和態度。」這個觀點強調文化是公共的、共享的意義：行為、制度和社會結構不被理解為文化本身，而是文化建構的現象。只是Scott（2007：2-5）指出在這樣的具有共享的意義和身分系統中，並不意味著不同個體和群體（如窮人與富人）之間所相互理解的事實，其存在意義能被所有人所接受。意義和身分控制著符號和儀式，但是如果將一種詮釋強加在環境之上，反而經常會遭受超乎預期的抵抗，人們爭論的不是價值觀本身，而是這些

價值觀適用的事實：如窮人為什麼窮？富人為什麼富？誰吝嗇？誰偷懶？意即人們所主張的共享價值觀遭到背離。共享一種文化並不代表人們對於具體事情一定能產生共識，而是意味著他們對世界如何運作擁有相似的理解。

　　Portes（2010）分別採用「文化」和「社會結構」因素來說明社會生活中不同層次的因果關係影響，以及遷移對移出地社會引發的社會變遷有二種可能：一是匯款和投資對地方經濟的穩定帶來貢獻；二是發展的潛力取決於治理制度的良莠。Portes的第一種推論，前文在國際遷移與發展議題部分已經討論過，透過國際組織的統計資料和專家學者的實證研究，在多數情況下匯款確實可以為移出國社會帶來各種層面的經濟發展，特別是改善移民家庭的收入、教育投資和健康衛生。至於第二種社會變遷可能，觀察的重點在於治理制度的良莠，這也可以解釋為什麼有些移出地社會就是發展的比其他地區好。從這個觀點來看，越南勞動輸出政策的成功若可以歸因於治理制度的完善，那其中的運作機制是什麼？又，隨處可見的農村繁榮發展景象，究竟為移出地社會帶來何種社會變遷（微觀、中層或鉅觀）？這些問題的討論，我將以共同體與社會的理論為基礎，從移出國社會──越南──的文化與社會結構角度來分析，它是如何有益於勞動輸出政策的成功推動。

第三節　共同體概念的討論

一、Tönnies的共同體與社會理論

　　書本一開始提及：該如何理解越南社會或者是說越南人呢？以越南人自己的觀點來說，越南人是以血緣為樞紐藉由語言、風俗文化結合成民族，民族成員是由京族（*người Kinh*）和眾多少數民族構成，[3]民族也是越南社會文化最高層單位。越南社會包含所有境內各種社會團體，以及眾多越南人的家族、家庭、商店、工廠、農場等，形成複雜龐大的越南群體。越南社會形成的因素可歸納為以下：（一）源於各民族意識的結合：越南人在歷史生活過程中不斷地移轉與流動，無論原先認不認識在新居住地的異地相逢，都在彼此心理上自然產生一種親切感、同胞愛、同類意識、同心相連，樂於接近趨於結合。（二）由於文化傳統的結合：越南人受到共同文化傳統的薰陶，彼此在思想、行為、語文、生活、習慣方面趨於一致，自然易於共處形成一體。（三）出於保護國家獨立需要的結合：同處於一個社會環境中，除了面對天災之外，在歷史上也曾面對中國、法國和美國的外侵勢力，越南人為求生活、工作與安全上的保障，都感到團結合作的必要，自然相互聯繫結集一起。（四）由於家族觀念（血緣）的結合：如各姓宗親會。（五）由於鄉土觀念及地區關係的結合：如各省、各縣的同鄉會。（六）由於職業關係（業緣）的結合：如商業會、學校教育團體。（七）由於政治信仰的結合：如越南共產黨、胡志明共產青年團等政治組織。（八）由於宗教信仰的結合：各種宗教團體，如佛教、道教、天主教、基督教等團體。（九）由於志趣關係的結合：各種俱樂部，如園藝

---

[3]　京族（*người Kinh*）又稱為越族，為越南的主要民族，約占總人口的87%，其餘為五十三支少數民族（World Bank，2009）。

會、水族景觀會。（十）由於利害關係的結合：各行業的協會，如中醫會、律師協會。（十一）由於同情與互助精神的結合：各種公益慈善機構，如孤兒─殘疾協助會、橙劑／戴奧辛受難者協會。這些團體的連結成為越南具有各民族、階層、階級、族群的社會；在此社會中，個人是最基本的成員，然後是家庭、家族。越南傳統文化涵蓋世界大同理想、傳統倫理精神、語言文字、生活習慣等，這是越南社會存在的基本因素，也是越南社會生活行為的最高準則，成為一種共同的越南文化的力量使社會得以維持發展。若沒有越南傳統文化，便沒有所謂的越南社會；越南社會若失去了越南文化，也稱不上越南社會了（Nguyễn，2013）。基於上述對於越南人和越南社會的說法，我們可以大致掌握越南文化裡的群體特徵，以及社會結構中團體和組織的重要性；也就是得到在越南的文化與社會結構中，個人是從屬於群體的這樣一個初步觀察。

　　在社會學的討論中，時常區分出兩種不同性質的社會，一種並沒有具體目的，只是因為在一起生長而發生的社會，一種是為了要完成一件任務而結合的社會。用Ferdinand Tönnies的話說：前者是「共同體」（Gemeinschaft/Community），後者是「社會」（Gesellschaft/Society）。[4]好比生活在共同體裡的農民被土地所圍住，平時所接觸的是生而與俱的人與物，猶如我們的父母兄弟那般並不是由於自己選擇得來的關係，是先於個人而存在的生活環境（費孝通，1948：5）。以Tönnies的共同體類型來說，它主要是建立在自然基礎上的群體（如家庭和宗族）中實現的；它也可以在小範圍的、歷史形成的聯合體（如村莊和城市）以及思想的聯合體（如友誼和師徒）裡實現；不過，它也可能涵蓋整個人類。人的意志在很多方面都處於相互關係之中，所有這種關係都是一種相互的作用，只要這種作用是由一方所為或給予的，而另一方是遭受或

---

[4] 費孝通（1948：5）在引用Tönnies的「共同體」與「社會」概念時，認為以Émile Durkheim的話說：前者是「有機的團結」（organic solidarity），後者是「機械的團結」（mechanical solidarity）；用他自己的話說：前者是「禮俗社會」，後者是「法理社會」。但是對於Durkheim的部分顯然為誤植，Durkheim認為Tönnies的共同體有機概念應為機械的團結，這部分留待後文討論。

感覺到的。這種關係是多數裡的一致，或是一致裡的多數，它是由促進和有效的方式所組成，成員間相互往來被視為是意志及其力量的表現，透過這種積極的關係而形成族群，其間的人或物通常會一致地對內和對外發揮作用。這種關係的結合類型有兩種：一是被理解為實在的和有機的生命，這就是「共同體」的本質；二是被理解為思想的和機械的型態，這就是「社會」的概念。我們通常認為一切親密的、隱諱的、單純的共同生活，人們在共同體裡與同伴一起，從出生起便休戚與共，如此即是被理解為是生活在共同體裡；而社會是公眾性的、是世界，人們走進社會裡就如同走進他鄉異國。其間的差異，猶如人們會被吸引到宗教的共同體裡去，但是宗教的社會就有點像是有目的性的教會；還有，很重要的商業公司組織，儘管主體之間也有某種親密性和共通點，但是人們幾乎不會說他們是商業共同體。共同體是永續的和真正的共同生活，社會反而是暫時和表面的共同生活；因此，共同體本身應該被視為一種充滿生機的有機體，而社會則是一種機械的聚合和人造物（Tönnies，2010：43-45）。

又，共同體的核心是以血緣關係（親屬）而發展，進而衍生為地緣共同體（鄰里），又發展為精神共同體（友誼），此種關係在相同的方向上和意義上互相作用與支配；共同體有其自己意志，它是一種具有約束力的思想信念——默認一致的共識（consensus）——，把人作為一個整體的成員並團結在一起的特殊的社會力量與感情（Tönnies，2010：58）。Tönnies認為Max Weber將社會學定義為：「社會行為的科學」，但必須進一步將「行為」理解為一種理智的活動。因為人的行為不僅具有一種主觀意義，而且與他人的行為相互聯繫，也就是說行為是某種意願的表示，沒有意願就不會產生行為。這種意願的想法在性質上包含了「目的和手段」的相互關係，基於目的和手段的相互關係，Tönnies建構出「本質意志」（der Wesenwille/essential will）與「選擇意志」（der Kürwille/arbitrary will）的區別，本質意志受價值觀所影響通常具備良知與理智，而選擇意志則不論善惡帶有強烈目的。而只有人和人之間結合體的各種正面關係，才會用社會生活本身的課題來加以設想，在這種關係裡以學

會認識為前提的相互認識才會趨於正面；以此為基礎，才能從熟悉成為友誼。這也是Tönnies所說的本質意志和共同體的相互作用，以及選擇意志和社會的相互作用（Tönnies，2016：6-14）。

　　在實踐和理念上，各種對象物只要受人們所珍惜和愛好，它們就具有某種價值；社會的價值就是以某種實體本質為前提，也就是說至少兩人（以上）間的固有觀念中存在某種相互關係，有一種能被他們所感覺到的共同價值，進而想要擁有它、保護它。社會的價值，有一部分是經濟的價值、政治的價值、精神思想（道德）的價值，這幾種價值在內在上是相似的，而且可以互相滲透和轉化。基於經濟的價值，共同渴望某一樣物品這件事，既可以建立在互相敵視的感情上，也可以建立在社會公益的感情上。在社會生活的複雜現象中，正是追求同一種價值會使人彼此不和，因為分配不公正（不管是不是事實）而產生分歧，也因此萌生認為他們遭受不公正的待遇。這種對於物質價值和經濟價值的享用，其性質是個人的和排他性的，很多時候人們會透過權威來解決爭議但通常時效有限。那該如何解釋「私有財產」（eigentum/property；指擁有物，不只是貨幣上的意義）的存在？從事實或法理上來看，財產屬於某人，是由於某種社會意願的有效適用，大家都願意承認而且有足夠的權力來貫徹執行和解決爭端，此即社會準則或社會規範。整體財產和私有財產之間的不同比例關係，是以人們之間以及他們自身與整體之間的不同相互關係為據，只要彼此在本質上具有共同歸屬性，大到國家、小至家庭，都會視自己本身為組成的一部分。這就像是一份未被分割的遺產，即便後來瓜分這份遺產成為兄弟姊妹的私有財產，但整體財產的理念被保留下來，作為共同歸屬的手足情誼意願也因此而保留下來。這一種感情不僅產生於共同性質，如血緣關係；也可能是透過某種共同性質的制約而產生，如共同居住的鄰里關係以及共同勞動的友誼關係、夥伴關係、同志關係。在這些關係中，私有財產的強烈排他性卻被多方包容，透過無償借用或餽贈各種日用品；這種密切的相互關係，除了有經濟價值的物品外，在保有共同感情的共同物品裡，甚至在大的民族之內也有這類的感情。

成為唯一的民族兄弟，並感到有必要和有義務共同捍衛祖國，及保衛共同居住的土地，儘管這片土地上的私有財產僅僅是全民財產中的一小部分。這種為達成某種意願而形成的感情就叫本質意志，它是建立在人們的心靈以及生活一起的人事物相互關係本質上。本質意志的要素有三：一是「愛好」、二是「習慣」、三是「記憶」。即使這片土地或國家是由祖先所創建而非出於自己，只要承認居住在土地上的人擁有共同的歸屬性，視其為故鄉並熱愛它，他們就會認為它是一種社會的價值（Tönnies，2016：129-135）。

Tönnies（2016：198-217）將社會準則或社會規範區分為：「秩序」、「法」和「道德」。在所有的共同生活中，因為需要會自動形成某種秩序，也就是透過默認一致的共識會產生某種秩序，秩序會因為外在環境而產生變化。共識，它不會受到社會組織或團體概念的制約，不以團體的概念為條件，共識源於習慣、慣例和實踐並且作用於習慣法。法律法和習慣法有著相同性質，雖然習慣本身作為社會意志的一種原始形式具有更廣泛和深刻的意義；只是在社會準則的發展過程中，法律法變得占有優勢。在法的發展領域裡，有關於權利與義務的自然法討論的出現引人側目。[5]在共同體的自然法裡，各種主題的權利無法與各種義務清楚地區隔，每個人各得其所都有自己的權利與義務；但在社會中，個人相互之間並沒有普遍都有的權利（是以互相的利益為基礎的），除了那些建立在自己的契約和協議上的權利之外，例如雙方訂定的合同即是一方的權利與一方的義務（債務）相對立。基於自然法，土地和其他作為共同生活與勞動的手段和資料，為了不讓人假公濟私都要共同管理和使用，其目的在於公正地分配共同勞動的收益，雖然最簡單的原則就是平均分配，但是這種平均由於一些事實必然會進行修正按比例來分配。這些適應事實的不平等

---

[5] 自然法（natural law）具有習慣的特點，包含一些把準則與描述結合在一起的、普遍適用於各種社會形態的原則，它也是解釋性科學法則概念的主要淵源。人們了解到人類的社會組織與存在形式並不能窮盡一切美好的或可能的存在狀態，因此必須接受帶有形而上（宗教）的宇宙觀與其有關的高級法（higher law）概念的自然法則，藉以挪用其普遍性的效力和客觀性的標準。自然法直接的政治意義在於，能夠提供一種用於評價國家法和限制政府能力的普遍性準則（Unger，2008：62-68）。

是由貢獻和能力的不同而分化出來的，基於共同體的自然法並出於一種人的理智狀態，將會克制自我以利於某種理念，維繫人與人以及人與物之間和平的秩序。而將公正（justice）的理念應用到行為和秩序上，公正和自然法是密不可分的；依照Aristotle的區分，對於社會的自然法而言，公正是「交換的公正」（Kommutative Gerechtigkeit/Commutative Justice）。在共同體的自然法中，「分配的公正」（Distributive Gerechtigkeit/Distributive Justice）居主導地位，亦即在共同的占有和享受的共識內，實現分配的公正。「誠實」是（社會的）交換公正的內涵，只要是努力得來的東西他就應該擁有，除非事後能夠證明他是以不誠實的手段取得，他才不應該獲得。因此，自然法對於共同體和社會的理念區份是與道德概念之間具有相關特徵的，交換的公正是從（共同體）外部走向社會的相互關係，在各種意志的一致條件和正確認識契約的情況下，滿足了公正的要求；而分配的公正則是關係到各種對象物本身，這就是共同體生命的先決條件。因此，現代社會的自然法理念有意地與道德分道揚鑣，只要各種主體（如法官）是公正的，其所追求的是一種和平的非暴力生活；而非共同體所嚮往的，是由善意和互助所實現的共同生活。

二、對共同體概念的評論與補充

Émile Durkheim曾撰文評論Tönnies的《共同體與社會》一書，雖然他不認同Tönnies對共同體的有機論述，反而認為它是一種「機械的團結」（mechanical solidarity），可是Durkheim大致上是可以接受Tönnies有關共同體的描述和分析，兩人主要的歧見是來自於對社會的不同看法（Durkheim，2003：334）。Durkheim（2008：42、89-91）之所以認為共同體為機械團結的原因，並不是說它是透過機械方式或人工手段生產出來的，而是將其比喻為黏合物質的牢固凝聚作用。在機械團結中，社會成員平均具有的信仰和感情的

總和,構成了他們自身明確的生活體系,可以稱之爲集體意識或共同意識。這種意識的基礎並沒有一個構成的單獨機制,它是作爲一個整體散布在整個社會範圍之內的。個人意識不僅完全依賴於集體類型,它的運作也完全追隨它的主人那般,個人簡直成了社會所支配的物;此種機械團結是建立在個人相似性的基礎上,也與人格的發展背道而馳。而現代社會才是一種「有機的團結」(organic solidarity),在此社會裡的個人是依賴於構成社會的各個組成部分(不同於共同體的直接從屬),是個人透過社會的某些特別又不同的職能彼此結合的關係而構成的系統,亦即社會分工(非Tönnies所說的契約)。與機械團結建立在個人相似性的基礎不同,它是以個人的差異爲基礎,這樣集體意識就爲部分個人意識騰出空間,使集體無法規定的特殊職能得到確立,這種自由發展的空間越大,團結所產生的凝聚力就越強。一方面,勞動越加分化,個人就越貼近社會;另一方面,個人的活動愈加專門化,他就越成爲個人。

再者,Durkheim與Tönnies對於共同體與社會概念的差異,除了上述的各種看法之外,也表現在對其評價之上。Durkheim認爲初級群體的共同體,其社會關係具有強制性和缺乏彈性,結果不見得都是正面的。在簡單的社會裡,傳統總是高高在上將所有事物納於其下,所以可能連最不起眼的習俗也會憑藉著慣例的力量變成一種強制性義務。例如:在越南北部(*Tonkin*),有很多常規是不能違犯的,而違犯者所受的懲罰有時比嚴重損害社會的犯罪還要嚴厲。[6]事實上,共同意識的成形與完善過程是非常緩慢的,要想形成普遍化的

---

[6] Durkheim書中所稱的東京(*Tonkin*),爲今天越南北部舊稱。關於書裡所說「違犯者所受的懲罰有時比嚴重損害社會的犯罪還要嚴厲」,雖然是在描述越南十九世紀以前的社會情況,但我在越南也有類似的田野經驗。在農村地區,狗肉被視爲是食補與宴客的佳餚,因此一般農民家中豢養的狗遭偷盜時有所聞。我在作客移工家進行訪談時,因爲他們家有養狗,便聊起農村吃狗肉的習俗,他說以前家裡還有另外一條狗,但無緣無故消失了,懷疑是被狗肉販子偷抓走,如果他當場看到一定把偷抓狗的人打死,一定打死!當時他的表情與態度是很氣憤與堅定的,可見得不是一種開玩笑的態度。「把人打死」是他對於「偷狗」行爲相對應表現出來的企圖,我說是不是把偷狗的人抓起來交給公安處理就好,爲了一條狗而殺害一個人,這件事不符合現代國家法律的比例原則。他卻回答說:沒關係,以前別的地方也發生過一樣的事情,頂多罰錢或坐幾個月牢就好,他願意!事實上,他所言不假。請參考以下報導:「數百名越南北江省(*Bắc Giang*)協和縣(*Hiệp Hoà*)的村民十六日(2013年9月)挺身而出,連署承認參與動用私刑,殺害兩名偷狗賊。越南把狗肉視爲美味佳餚,使得農村

行為模式或信仰，就必須經歷漫長的時間，相同地想要捨棄也不是一蹴可幾，共同意識幾乎完全是過去時代的產物。過去遺留下來的東西往往受人尊敬，人們遵循的慣例也有很高聲譽，反過來說也因此不敢逾越它了。由此來看，集體意識的權威大多數都是由傳統權威造成的，當共同體逐漸消逝的時候，這種權威也必定會日漸沒落（Durkheim，2008：120、248-249）。另外，社會的演化有可能以有機特徵為起點，而以純粹的機械形式告終嗎？這兩模式存在連續性的中斷，這令人無法理解兩者如何屬於同一發展線索，如果社會原本是一個自然事實，那它最終依然如此（Durkheim，2003：335）。

　　Tönnies對人類社會進化所採取的兩種典型——共同體與社會——，在比較基礎上系統性闡述的共同體理論直接影響了後來的共同體研究。共同體的概念迄今仍存在著廣泛與模糊的討論，也沒有明確的指涉，它極具吸引力但在使用上則必須格外謹慎（Day，2006：1-5）。在Tönnies與Durkheim之後，對於共同體的討論就愈加多樣與複雜；因此也有人認為它在嚴謹的社會分析中不具價值，甚至是應該儘量避免使用這個概念（Stacey，1969）。Delanty（2003：3、15-21）認為共同體這個詞，實際上不僅指稱一種特殊的社會現象，也指涉一種歸屬的觀念，它所要表達的是「對意義、團結和集體行動的尋求」。它也是社會思想和政治運動中失落感問題的核心，就本身而言，共同體常被視為社會的對立面，並備用來描述現代社會的某種隱憂。Cohen（1985：118）還指出可以的話最好不要將共同體概念實體化，並且避免將它理解為建立在地方性基礎之上的社會互動網絡，而是將焦點放在共同體對人們生活的意義與其認

裡的寵物狗常被偷走，村子裡的養狗人可說是積怨已久。8月27日，兩名偷狗賊被打死，事後警方逮捕七名村民，引起全村群情激憤，簽署了請願書，聲稱只有七人被捕是不對的！因為『我也有份』。協和縣警方並未表示有多少村民參與連署，但當地媒體Thanh Nien newspaper引用官員的話說，有八百人簽署了請願書。村民這項行動，用意是抗議相關當局從未嚴懲偷狗賊，『因為根據法律規定，偷狗從來不會被以刑法嚴懲。』越南法律規定，只有偷走價值超過兩百萬越盾（九十五美元）才會受刑法懲罰，而這高於大多數狗的價格。當地媒體報導，今年年初以來，至少有十五名偷狗賊被毆打致死」（ETtoday新聞雲，2013）。從這篇報導也可以看出農村傳統氛圍下所呈現出的集體行動，竟有八百人參與連署行動願意共同承擔遭受法律處罰的風險，此種共同意識的形成脈絡即是本書所要討論的主題之一。

同之間的關聯性。像Anderson（1999）的《想像的共同體》一書即爲出色的作品，而且把共同體視爲一種主觀性的想像產物，並不會因此否定了共同體的客觀特徵（Day，2006：5）。

Nisbet（1966：48）將共同體的經驗性質與其所依賴的社會關係結合在一起，針對人類現代社會的異化現象提出批評，他指出共同體已經不僅是單純的地域性共同體。如十九、二十世紀的許多思想所言那般，共同體這個詞語包含了所有形式的社會關係，這些關係具有高度的個人親密性、情感深度、道德允諾、社會凝聚力以及時間的連續性爲特徵。共同體的建立基礎是把人看做整體，而不是看成某個社會角色；它從人們動機深層面而不是從單純的愛好和意志層次獲取心理力量，並在龐雜的個人意志中完善自身，而這種完善若僅僅是出於便利考量和理性同意的聯合體，它是不可能實現的。Calhoun（1980）針對Nisbet的說法，進一步追問：人們在什麼情況下會被視爲整體，而非某個社會角色？過於強調共同體內在生活的特質，而忽略同樣對保持共同體完整性有益的社會連帶和政治制度，會使支持共同體理想的人們低估一個眞正共同體所需要的約束。個人經驗性層面並非與結構性層面無關，對一個共同體的歸屬感是直接建立在社會關係之上；因此，強調共同體必須被視爲可變的（variable），組織是一個關鍵因素，它能使一個共同體（或社會）不再僅僅是人群的聚集。Calhoun所提出的看法，仍與Durkheim以職業團體作爲中介相似，並且Durkheim也認爲社會是一個實在（social facts），它不是從我們手中鍛造出來的，而是一個外部世界，我們想要生存下去就必須遵循著它，正是因爲社會在變化所以我們也必須變化（Durkheim，2008：303）。

Etzioni（2002）則是提出一個有趣的問題：當我們更關心「自己的同類」而不是其他人時，我們是否有正當的理由？於是他以共同體主義者的這種特殊主義道德（particularistic obligations）傾向，並在社會背景中進行討論。他給出了四個具有正當理由的思考方向：一是，特殊主義培育自由的能動性與普遍主義；二是，共同體有助於政府的最小化；三是，特殊的連帶使人們富有人

性；四是，有益於人類繁榮。基於共同體特殊的感情連帶與道德義務，也是這四個理由培育出使人得到良好發展的社會環境，因此能自主行動並約束政府的強制性，並提供不僅有利於特殊主義道德而且也有利於普遍主義道德的同情，使人類過上美好生活。Bauman（2007：1-8）則認為共同體傳達出一種令人愉悅的感覺，我們熱切希望置身其中，但又可能是因為得不到而感到遺憾的快樂。在今天，共同體已成了逝去的天堂，或者說絕不是那個我們自己曾經歷而得知的天堂。而實際存在的共同體，正在試圖具體化要求無條件的忠誠，把任何缺乏忠誠的所有事物看做不可饒恕的背叛。因此，人們為了得到「成為共同體一員」的好處，就必須要付出自由的代價。無論選擇什麼，有得必有失；失去共同體意味著失去安全感，得到共同體意味著很快失去自由。

　　前文大篇幅地介紹共同體與社會的理論，目的是為了理解它們與人們之間是如何相互作用；其次，是從它們的理論觀點來解釋社會變遷。在社會變遷的過程中，社會進步（social progress）的概念在人類思想上具有重要地位但也具有爭議，為社會發展這個客觀範疇增加了價值觀的思想，使我們偏離了科學中立立場進入了規範性討論的領域。進步，代表著一個有方向性的過程，這一個過程一定要使系統達到更好、更有利的狀態，並獲得倫理規範確立的某些價值，例如：幸福、自由、繁榮、公正、尊嚴、知識等。進步觀念通常是根據某一作者或其世界觀，去定義該如何看待世界，這顯然與科學立場不同，科學回答的是：「是什麼」，而非「應該是什麼」；進步觀念主張作為經驗事實，人類歷史必須實現某些價值，社會才能變得更好（無論這一更好代表什麼）。因十七、十八世紀歐洲的啓蒙運動，十九世紀被視為一個進步的時代，人們認為科學和技術可以無限擴展和進步，這樣的學術氛圍也反映在當時新生的社會學領域；如Auguste Comte的實證主義、Herbert Spencer的社會進化、Karl Marx的社會革命、Weber的理性化、Durkheim的社會分工都帶有進步觀的色彩。直到Tönnies的著作出現，我們才首次見到有人懷疑變遷的進步性質，提醒人們注意發展的副作用，他強調早期共同體的美德，但它已經被現代工業和城市社

會所取代，因而產生對進步的普遍失望（Sztompka，1994：8-9、27）。

　　十九世紀被視為成功的現代性時代，[7]但很快地人們發現現代性帶來矛盾的結果，並隨即對資本主義工業社會進行批判，以三類觀點為代表：一是Marx的「異化」（Entfremdung/Alienation）；二是Durkheim的「失序」（Anomic）；三是「大眾社會」（Mass Society）的批評路線。大眾社會的批評路線認為現代社會是「共同體的衰退」，它強調在鉅觀和微觀層面中工業化和都市化對社會瓦解的影響；並依循Tönnies質疑（現代）社會的立場，以及闡述（傳統）共同體的論點。大眾社會觀點批評，因為現代社會運轉的規模有廣大的市場、國家以及超國家組織，在現代社會裡人們才真正失去個人身分，成為員工、職員、選舉人、買方或觀眾等匿名原子集合狀態，因而個體差異與其所屬的特殊群體被忽視了；在這種批評傳統中，重建共同體（包含群體關係、血緣、民族和宗教連帶）的論點特別受到關注（Sztompka，1994：8-9、27、78-80）。

　　本書採取的共同體與社會理論主要是以Tönnies為主、Durkheim為輔，將其視為社會變遷的過程。社會的基礎是個人、個人的思想和意志，在人類的發展歷史上，社會的類型晚於共同體的類型。社會是從共同體裡產生的，共同體是以親情、愛、友誼等自然關係為基礎，社會則是以利益為基礎，因此人類及其意志對於共同體和社會狀態而言是息息相關的（林榮遠，2016：6-7）。Tönnies（2010：269）認為共同體與社會間的社會變遷，可以理解為：從原始的（簡單的、家庭的）共產主義，以及從中產生的或建立在此基礎之上的（村莊的─小城鎮的）個人主義，走向獨立的（大城市─普遍的）個人主義和由此確立的（國家和國際的）社會主義。以個人的、親密的、初級的、自然的社會連帶為特徵的共同體，將轉變為非個體的、冷漠的、次級的、工具

---

[7] 現代性（modernity）指社會生活或組織的方式，大致出現於十七世紀的歐洲，隨後遍及世界各地並產生不同程度的影響（Giddens，1990：1）。

性契約的現代社會。Tönnies對現代社會抱持批判態度，這樣的社會變遷不等
同於進步，反而是與人的需求相對立，從而導致人的處境日漸惡化而非更好
（Sztompka，1994：105-106）。最後，我們將共同體與社會兩者的概念做一
比較（請參考表2-1，整理修改自Sztompka，1994：105）：

表2-1　共同體與社會兩者特徵比較

特徵	共同體	社會
社會關係	血緣／親緣、地緣、精神	經濟／利益交換
共識性質	默認一致	交換一致
意志屬性	本質意志（善）	選擇意志
典型制度	家庭	國家與經濟
個體形象	自我（從屬群體）	公民、市民
財產形式	土地	貨幣
法律類型	家庭法	契約法
中心建制	村莊	城市
社會控制	習俗、倫理、宗教	法律、社會輿論
意識形態	共產主義	社會主義

第四節　農民、農村及其日常政治

一、農村的文化與社會結構

　　越南學者Le（2005）認爲要理解越南人必須從家庭（family）、農村（village）和國族（nation）三者切入，因爲家庭、農村和國族是構成緊密整體社會結構的三個基礎，提供每一個人從出生到死亡穩固的支持。身處台灣的我們，對於家庭制度和國族論述大概都能心領神會，反而對於農村這一層級較爲陌生，更何況是越南的農村！其日常的社會生活呈現出什麼樣的型態？根據文獻所示，傳統上越南王朝所倚賴的並非類似於中國文化裡「家」的社會政治組織，而是「農村」；農村是國家主要的經濟單位，農村組成的單位則是以家戶爲主而非個人。農村組織擁有共同的田地，每戶必須均分勞動耕種以負擔國家稅收，剩下的農產便均分。這種小型的農村普遍存在於越南北部和中部，家庭組織是祖父母、父母和長子同住（Dong，1991；張翰璧，2007）。

　　越南歷史學者潘大允（Phan Đại Doãn）認爲越南農村的變遷史，有三次重要變革：第一次是十五世紀實施均田制時；第二次是十九世紀末，法國殖民統治越南時期；第三次是從1945年八月革命到1954年土地改革。而第三次的影響才真正使農村發生了根本變化，在此之前農村組織變化不大，連法國殖民者也未能使農村解體。潘大允亦指出區分北部、中部和南部農村的差異有其必要，北部平原是首先形成越人聚落的地區，而中部（峴港以南至廣南省）的農村形成較北部晚，至於南部則僅有兩、三百年的歷史。北部平原村莊稠密，主要分布在河流兩岸；廣南以南的村莊分布則較爲鬆散，但在村莊間夾雜著小商業集市。越南的農民和農村經濟有三點值得注意：一是小生產型態；二是小農經濟的手工業、商業和商品經濟爲輔；三是傳統特有的經濟思想。所謂的農民

傳統經濟思想有以下四點：一是重土地、重農業，土地和稻米是最寶貴的財產；二是重農抑商，以農為本輕視工商業；三是重義輕利，此雖源於儒家思想但卻對農村各階層影響很大，形成社會行為規範的道德觀念；四是提倡節儉，反對奢侈並力行縮衣節食，生活簡單是農民們的生活方針。鄉村雖與國家有密切關係，但二者屬於不同的實體；鄉村機制和結構十分複雜，它與近現代的社會結構有很大不同。傳統村社中的階級畫分和分化，在某些地方不像資本主義那樣明顯，階級和等級結構很多時候難以區別；經濟和政治因素相互作用，大大限制了分化的過程，因此要進行鄉村研究還必須將焦點放在各個社會集團和組織上（潘大允，1988）。

越南的農業社會文化即是越南社會文化的特徵，農業、農村和農民在越南社會經濟中占有重要地位，農業社會文化的特徵是稻米文化，稻米文化具有小農性質。越南社會從宗族共同生活到農村共同生活，直到今日的獨立國家是一個漫長演化的歷程。法國殖民以前，越南社會中的皇親國戚與官吏是統治階級，農民則是附屬階級，土地是朝廷和地主的所有物。傳統越南社會的鄉村經濟結構建立於地主與農民的關係，越南社會的階層結構如下：「個人—家庭—宗族—鄉村—地區—國家」，家、族、鄉、國之間難以清楚畫分界線。越南人多從事於農業及小生意，農業社會的活動也是國家經濟的主要活動之一，若無越南農民經濟力量，則社會的各項經濟事業均將無法維持發展，即越南社會將難以為繼。越南人的家庭有兩個亙古不變的條件：一是不與同姓的人結婚；二是祭拜祖先與傳宗接代。雖然家庭思維多少受到儒家文化影響；實際上，傳統越南家庭有自己的飲水思源的道理。鄉村是一個小農社會模式，此小農社會模式需要依賴家庭宗族的基礎力量才能保持社會秩序。每一個鄉村有自己特殊的方言口音及習俗，一個鄉村是一個文化生態環境，個人薰陶在自己所居住的村落文化中成長並延續保存自己鄉村的文化。隨著國家社會的改變，鄉村文化也跟著變遷，越南人在不斷改變中的社會仍然保持一個「農民—農業—農村」的文化平面（Jamieson，1993：28-29；Nguyễn，2013）。從上述對越南農村社

會文化的描述，我們大致可以掌握一些基本特徵：稻米耕作型態、小農模式、農村爲家庭／宗族的擴大、個人從屬於家庭、農村有各自的文化獨特性等。

　　基於上一節對於共同體與社會的討論，在共同體理論的影響下，對共同體的研究形成幾個重要領域，包括：階級、小城鎮和鄉村研究。在鄉村研究中，由於距離的緣故，村莊之間被認爲是相互隔離的，每個村莊都有自己的習慣和傳統。也因爲如此，村民具有強烈的忠誠度、認同感、地方歸屬感和穩定的秩序，這是因爲許多研究都證實並認可鄉村生活具有自然的、少有變化的、穩定的普遍印象。居住在村莊裡的人，擁有共同的習慣、節慶和風俗，每個村莊都和其他村莊不盡相同，而且村民也從未質疑作爲一個群體的整體性質（Day，2006：27、41）。我們可以將共同體比擬爲越南傳統農村的原型，將社會比擬爲革新開放後政治經濟體制轉型下的農村變遷，這也是基於社會變遷的觀點。在全球化資本主義強勢運作下，即便是依循社會主義意識形態運作的越南，我們也無法明確地指稱越南農村是屬於共同體，還是社會？必須先描述，它具有哪些共同體特徵，或是社會的特徵？以及爲什麼有這些特徵？在社會變遷的過程中，又爲什麼有部分因素被保留下來，而其他因素卻不再那麼重要了。因爲越南革新開放後，國家對資本主義市場經濟的開放過程並非是一種全然接受的態度，而是堅持「社會主義定向市場經濟」的改革路線。此外，農村地區因爲革新開放政策帶來變貌，過去傳統的人與人、人與土地之間的關係產生了變化，因爲勞動輸出政策導致家庭成員離家、土地所有權商品化、國際勞動市場競爭以及返鄉移工帶來的種種變化，該如何理解這種源於農村內部與外部的變遷因素呢？根據移工訪談資料顯示，他／她們大多出身農村地區，當「到國外去工作」（*đi làm việc ở nước ngoài*）這件事成爲農民回應社會變遷的方式，該如何理解這樣的變遷過程與成因？農村的文化與社會結構又是如何促進出國工作這件事？

　　James C. Scott的越南農民研究，對於我們理解越南農村的脈絡有相當大的幫助。前文提及越南農業社會文化是以小農（peasent）爲特徵，小農通常指

稱是爲了簡單再生產，而且是滿足自身食物的需要（維持生存）而從事家庭農業的農民。此外，小農也經常被附加了一些預設的特質，如村莊的團結、互惠和平等，以及對以家庭、鄰里、血緣和地緣爲基礎的生活方式與價值觀的認同（Bernstein，2010：3）。首先，我們必須先對越南農村的共同體特徵有一基本描述，[8]Scott（2001：1-15）指出越南存在一種小農特有的規範體制，這種體制源於他們的存在環境——生態環境、技術環境、社會環境——，由於農民家庭不僅是生產單位也是個消費單位，這種存在環境使其發展出「安全至上」（safety-first）的維生經濟邏輯（economics of subsistence）。這表現在農民秩序裡的技術、社會和道德的安排中，如重新分配公有土地目的在於確保最低限度的收入。此外，村莊內部的社會壓力，也具有某種再分配的功能，像是富人要善待窮人，籌辦開銷大的慶典、救助紓困親戚鄰居、慷慨捐助廟宇。把這些社會安排浪漫化、理想化是個嚴重錯誤，它們並不是絕對的平均主義；相反地，其意味著所有人都有權利依靠本村資源而活著，而這種生存的取得通常要以喪失身分和自主性爲代價。最低限度收入的標準雖然與生理學（熱量計算）有關，但也必須重視社會和文化的定義。爲了充分發揮自己作爲鄉村社會成員的作用，每家人都必須達到一定水平的財力，以便履行必要的禮儀習俗和社會義務，同時填飽肚子繼續耕作。可以說前資本主義社會就是圍繞在這一最低限度收入問題所組織起來的，其目的在盡力減少成員由於有限的技術和變化無常的自然條件而必然遭受的風險；傳統形式的保護與被保護關係、互惠主義與再分配機制可以視爲就是由此產生的。生存倫理（subsistence ethic）不僅是農民

---

[8] 在解釋東南亞農業（小農）社會的經典論述中，以Scott（2001）和Samuel L. Popkin（1979）兩人論點最具代表性，前者以道德價值觀和集體團結爲核心，認爲共同的生存倫理（道德經濟）使農民成爲集體，正是這種道德經濟爲所有農民提供了生存所需的保護傘；後者以個體理性和競爭關鍵，認爲越南農民在面臨關係到家庭安全和福利時是一理性決策者，而搭便車現象和競爭則會瓦解集體團結。兩人之間主要分歧在於個人層面的動機和決策的本質，這在理論上是比較社會心理學的一個經驗性問題，除此之外，在針對東南亞小農的社會、政治、經濟制度性質的經驗證據也存在差異。道德經濟的觀點宣稱，這樣的制度有著明顯的共產主義和再分配的性質；但理性小農的觀點否認這樣的主張（Little，1989：4-5、37-38）。本書以Scott的論點爲主，側重在農民與文化和社會結構間的關係，也就是道德經濟的規範體制。

經濟的特定產物，而且具有規範的或道德的意義。

　　生存倫理所提供的是一種視角，一般的農民從這個視角看待同村人、地主或官員對其資源不可避免地要索。重要的是，這也是農民評價這些要索的標準，其根據的不是絕對水平，而是看它們有沒有使自己陷入生存危機之中（不是被拿走多少，而是還剩下多少）（Scott，2001：36）。但這並不表示農民對所有的要索都是逆來順受，因為對社會威權（地主或官員）的表述，也暗示了那些要求社會特權的人應盡義務的規範結構。這些義務通常相當具體，又會創造出行為標準藉以評價不平等的公正性，這些義務若得不到履行就會破壞權力的規範基礎。這表明了農村階級關係中多數都存有某種類型的互惠與權利；農民對這些權利的要求，也就是對控制稀有資源者義務的要求。對任何地位、權力等級制度的認可，也意味著創造了具有道德威力的角色義務，這類權力關係中存在著規範，在更廣泛的意義上不可否認地它們可能是剝削關係；然而，堅持擁有強制性條件所存在的權利與認清強制性條件本身的不公平並不矛盾。對於農民的階層制度而言，應該有可以確立起運作的互惠和公平回報的標準，其邏輯起點是弄清楚菁英階層和從屬階層各自的需要和資源。在農民社會裡，我們不僅要處理財富和權力之間的交換問題，也要梳理接近生存線的農民問題，其間的義務規範很多時候是由下層階層的現實需要所確定的；這裡的互惠準則和生存權利是緊密結合的（Scott，2001：232-233）。雖然Scott是以前殖民時期的檔案文獻為研究資料，但他所提出的生存倫理概念有助於我們掌握越南農民與農村的社會生活情況，它不僅包含了「互惠的、再分配（公正的）」的價值觀與規範，也說明了「貧富關係、地主—佃農、公有地、官府索取」的社會結構特徵。此處的重點在於：共享一種文化並不代表人們對於具體事情一定能產生共識，而是意味著他們對世界如何運作擁有相似的理解。

二、日常政治觀點

　　Benedict Kerkvliet（1991）於1970-1980年代在菲律賓呂宋島中部農村從事田野的過程中，體會到傳統政治研究的不足以及拓展政治概念的重要性。很多學者認爲政治就是關於資源的控制、分配、生產和利用，以及這些活動背後所隱含的價值和理念；特別是有關權力的面向，但是權力只是眾多與政治有關的資源其中之一。傳統的政治學研究多以政府爲中心，側重研究國家和地方政府的行爲與影響政府機構決策的各種行爲，想當然這些政府機構具有濃厚的政治性。因此，很多國家一般大眾的政治觀點也以政府爲中心，並在媒體推波助瀾下不斷地強化人們「政治等於政府」的認知。其次，大眾對於政治的態度通常是負面的，如政治活動中的賄賂。事實上，政治存在於許多地方和多種情境中，並且具有多重道德意涵，它可以是好的、積極的，也可以是壞的、消極的。在傳統政治觀點下，政治研究的內容和方式與政治本身所具有的意義有所出入，因而忽略了很多重要政治意義的事物；其實，資源分配現象普遍存在各種社會組織和機構之中。在Kerkvliet的研究中，以當地人的住房條件爲觀察切入點：爲什麼村民的住房條件會有這麼大的差異？什麼樣的人住什麼樣的房子？針對這些差異，村民是如何評價的？是正面，還是負面？事實上在公開場合裡，村民對於生活條件上的這些差異很少有言語上或行動上的表示，村莊看起來猶如一片政治死寂（politically dead）。但是村民私底下對很多問題卻有著清楚的認識，並且保持高度敏感性（high awareness），例如：誰家有多少土地；誰家的孩子在什麼高中、大學讀書；誰在哪裡做什麼工作、收入多少等。處於不同社會經濟地位的村民之間的關係，構成了村莊日常政治的主要動力；這些對於日常政治的觀察，也同樣出現於越南農業集體化的過程中。日常政治是指人們針對資源控制、生產和分配的規範與準則所採取的「支持」（support）、「順從」（compliance）、「調整」（modifications）或「抵

抗」（resistance）的行爲，這些行爲通常是平靜的、細微的、間接的、私下的、無組織的，具有一定的隱蔽性，就連他們自己也不認爲其行爲具有政治性（Kerkvliet，2009）。

　　Kerkvliet主要是以北部紅河（*Sông Hồng*）三角洲平原的農村爲田野地區，而北部紅河平原與南部湄公河（*Sông Mê Kông*，亦稱九龍江 / *Cửu Long Giang*）三角洲平原的農業和農村情況不盡相同，北部平原是以小農、小生產性質爲主，生產效率、自然氣候和土壤條件均不及南部湄公河平原（潘大允，1988）。2014年，Trần和Nguyễn（2016）以湄公河平原兩個省分的四百八十個農戶爲調查樣本，在二百九十五個擁有土地的農戶中，有73.9%的人是繼承而來、47.1%是購買的、1.4%是開墾來的、3.7%是國家分配的。[9]但是在紅河平原，2009-2010年的調查顯示，只有3%的農戶土地是繼承而來、1%是透過購買取得，而有高達94%是由國家分配。這是因爲1980年代末至1990年代初，北部爲因應去集體化所採取平等主義（egalitarian）的土地再分配，因此地方上對於出售土地這件事均抱持著保留態度；而南部情況不同，早在1990年代，儘管國家三令五申土地屬於國家和集體所有，但私底下的土地交易已悄然進行中。這一事實表明，與南部湄公河平原相比，北部農民擁有非常不一樣的財產權道德經濟（a very different moral economy of property）。Trần和Nguyễn以「開放」（open）農村或共同體來指稱南部平原的農村，這是因爲南部農村地區普遍存在著經濟空間和居住空間分離的「村外農地」（subsidiary farm land）現象，此爲過去國家對南部墾荒的實際需求所致，形成家庭經濟與農村組織彼此依賴有限，這也是湄公河平原土地商品化的主因之一。而北部農村多以竹籬笆爲界，農民如果有能力購買土地者也是傾向在村內購置，除了簡單省事之外，擁有更多村內的土地也可以引起鄰里的側目，是一種地位的象徵。關於越南北部和南部的農村經濟和土地制度安排的差異，並非此處討論的重點。

---

[9]　加總超過100%的原因是許多農戶擁有不只一塊的農地。

在此要說明的是南北之間確實存在某些差異，但移工們多來自北部地區，因此我們著眼於移出地的原鄉脈絡，也就是北部農村與農民的文化價值觀與社會結構對勞動輸出政策所帶來的影響。

　　Kerkvliet（2003）指出要分析越南的日常政治，必須先理解越南特殊的國家與社會概念，只不過要清楚地定義和區分卻不是那麼簡單。社會通常指一個國家人民的總稱，包含形塑其政治和經濟環境的制度和習慣；而國家則是與制訂、實行和推行統治的官員或機構有關，在這當中可以發現國家意識型態貫穿在許多的社會組成之中。Kerkvliet將以往研究越南的政治系統和國家—社會關係概分為三種觀點：一是支配型國家（dominating state）；二是動員專制主義（mobilizational authoritarianism）和國家統合主義（state corporatism），或者是他所稱的「動員統合主義」（mobilizational corporatism）；三是認為國家其實是高度分權（highly decentralized）的，以致於地方和中央當局之間的政策溝通和協商難以順暢，造成社會的組成和進程並不依照國家的計畫去形塑越南的經濟和社會，其影響更甚於國家的政策和行政。像這樣與社會同時存在的弱行政機關現象，有助於理解為何國家所宣稱的總是和實際所發生的有所出入（Thrift & Forbes，2007）。而且社會力量和官方組織也可以影響國家政策，如Beresford（1989：116-118）指出共產黨必須去回應由下而上的壓力，以並承認其政治權力來源中非共產黨群眾的存在。也就是說越南的政治系統必須要在多樣的國家機關和社會主張間進行協商，這第三種觀點可以稱為「對話」（dialogue），而且此種溝通形式在越南通常以間接（indirect）和非真正交談（nonverbal）方式進行。在1980年代初期，在越南北部農村地區的去集體化過程中，這些溫和且未經組織的農民接受黨的大規模改革方案直到1980年代末期，這股非正式和外圍的政治力量對整個國家治理系統的穩定有著莫大幫助，這個過程本質上就是藉由地方官員和農民的溝通來達成（Kerkvliet，2005）。

　　形成前述兩種的支配型國家與動員統合主義觀點，不僅是因為共產黨是越

南的唯一政黨，也是因爲越南共產黨當局拒絕多黨體制和壓制潛在政敵的形象
所致。若按照動員統合主義觀點所說，越南共產黨即是透過各種組織來實現政
府計畫和政策，如1950年代在越南北部，當時的農民組織就曾經協助共黨領導
人實行土地重分配，說服、鼓勵和脅迫村民加入農業合作社。直至今日，越南
共產黨和政府依然會號召地方基層的婦女會、農民會、青年團和勞動總聯團動
員鄰里親友，從事反對毒品、性交易和賭博等有害社會健全的活動。加上這些
群衆組織會互相傳遞訊息、舉辦會議、傳唱愛國歌曲和表演英雄故事等活動來
進行政治宣傳，這也是因爲過去戰爭的影響使得這些宣傳活動無所不在；群衆
組織大範圍和長時間的動員角色，其實也是後來對美國戰爭（1960-1975年）
得以持續的重要因素。如此看來，以支配型國家與動員統合主義觀點來看，越
南國家和社會關係的治理過程並沒有大問題，但是某些證據顯示實際上的政治
運作並不符它們的觀點。不同於支配型國家與動員統合主義觀點，Kerkvliet基
於國家與社會之間「間接的」和「非正式」的對話，提出了「日常政治」的概
念。

　　1954年，越南政府打敗法國後，受到人民信任的共產黨開始興辦學校和農
業集體化試圖爲農民帶來長期福利，在農業集體化初期，很多農民對此態度比
較積極和「支持」，希望透過這種新的集體化模式改善生活。儘管有些農民對
集體化農業的效率以及對其他社員的責任心抱持懷疑的態度，但他們依然參加
了集體化勞動，這就是一種「順從」。他們這樣做的部分原因是出於政府的脅
迫利誘，因爲窮人一旦加入集體就很難退出；即使退出了集體，也沒有可以耕
種的土地。因爲所有土地都在集體的掌控之下，在1960-1970年代的經濟情況
下，農民也很難在農業領域之外找到工作。另外一個原因是戰爭，在飽受戰爭
之苦後，加入集體可能對個人與國家都是種有利的選擇。但自1970年代中期
後，農民對農業集體勞動熱情減退，例如：施肥時不再灑肥，而是將整桶肥料
倒入土裡；稻作犁田時，也不深耕只翻表土敷衍了事；甚至半夜偷偷收割公有
田裡即將成熟的稻穀。事實上，農民並非眞的反對農業集體化，而是急於完成

分配的工作以領取工點（work points），藉以換取食糧貼補家用。久而久之，農民私底下的「調整」和規避行為開始演變為日常「抵抗」，他們直接把肥料倒在土裡，不僅是為了領取工點，也包含了對上級官員腐敗、謀私不公的憤怒。支持、順從、調整和抵抗等日常政治行為，不僅導致了農業集體化政策的轉化，甚至動搖了集體化的基礎。1970年代末至80年代初，集體化已經有名無實，在政府做出政策調整之前很多地方早已開始實施家庭承包制。像是越南北部永福（Vĩnh Phúc）省的省委書記金玉（Kim Ngọc，1917-1979）觀察到同一塊田裡，有一半稻穀長勢飽滿、水渠清澈、田埂整齊；而另一半稻穀卻是完全不同的情況。很明顯的前者是農民私下種的，後者是合作社的公有田地，為此金玉感嘆地以越南諺語來比喻兩種截然不同的景象：一是「大家的老父死了沒人哭」（cha chung không ai khóc），意指合作社的公有地沒人認真工作；二是「領養來的孩子有人疼」（còn con riêng thì riêng những yêu chiều），意思是說雖然公有地名義上是社員共有的，但社員努力耕作的土地卻是私下偷偷領來的孩子，結果是後者（私作地）反而更受疼愛。為此，金玉在永福省推行合作社制度下的家庭承包制，允許農民以家庭為單位承包土地負責稻米生產的所有環節，很快地永福省農業生產回到集體化前的水準，但他本人卻因此受到批判和黨內處分被迫放棄改革。但政府為了維持統治，最終還是推行了土地家庭承包（1981年）迄今，從越南各地在1980年代至90年代期間所實施的重大政策調整過程來看，這些日常政治行為所發揮的作用是不容忽視的（Kerkvliet，2009）。

　　另外，除了農民與集體化政策的例子外，還有許多關於日常政治的觀察，像是許多試圖影響政府的活動是未經允許和不受政府掌控的，非正式的安排會在官方和群眾之間出現，這些活動裡的個人關係在決策過程中是可以被計算、評估和實現的。家庭連帶、親友或可能是同學、軍隊同袍或同鄉的關係，都可以影響官方的言行，有用的關係（connections）使得訴求成為可能。其次，違反政府機構規定的行為屢見不鮮，例如：在國內是不可任意遷徙，但人們也是

無視其存在；多樣的宗教祭典和活動也是違反政府禁令的；數以萬計的城市居民不顧法令的建造或整修房屋等。1980-1990年代變遷加速，大規模違反國家規定的現象促使新的法令出現，國家思考的重點轉向如何確保人民會確實遵守這些法令。換言之，這些處於官方範圍外的無組織形式的社會壓力，也可以形塑國家法令，這符合了統治的對話觀點。再者，群眾也會透過組織活動在官方體制外發聲，像1990年代初期國營和民營企業工人的罷工活動是必須事先報備的，除了爭取較高薪資和工作條件外，罷工者也時常訴求工作場所的民主（democracy in workplace）。在1994年工人採取公開示威活動透過勞動總聯團領導層向國會施壓爭取罷工的權利，因此國會賦予了罷工合法性地位並明定指導細則。接著，每隔一段時間群眾就會出現在政府部門前或走上街頭抗爭，主要是爲了表達自身權利受到損害的不滿，例如：土地徵收（高爾夫球場要蓋在他們的農田上）、不合理的政府稅收、官方濫權、選舉舞弊、貪汙或其他事件（Kerkvliet，2003）。

　　看似威權統治的越南社會主義國家，其實在國家與社會部門間有著非常模糊的界線。最早在1970年代中期，國家政府和共黨的領導人就曾爭論過是否應該取消對國家經濟的計畫和控制；漸漸地，這些參與討論者將焦點轉向開放市場、取消價格控制、開放私有企業、歸還農地給個體農戶等議題。時至今日，這些議題仍在政治權力核心內持續討論，甚至共產黨內部有些人認爲國家是否對開放市場、本國私有企業和外國投資者做出過多讓步。國家的革新政策帶給了個人、家庭和民間企業較多的經濟機會，也就是社會部門蓬勃發展；相對地，國家部門的力量反而逐漸削弱！人們總是可以在某些方面忽略國家的規定，也可以在官方範圍外揭露所要表達的觀點和關心議題，政府再也無法完全地掌控政策的決定和執行。國家觸及不到的社會團體和群眾力量，不僅確實存在而且有時它們透過行動也能影響政府當局的決定（Kerkvliet，2003）。政府由上而下的統治有時並不能帶來符合預期或立竿見影的效果，反而是要採取彈性、迂迴漸進的方式達到治理的目的；國家宣稱和日常政治之間的落差，便是

源於國家和社會間「對話」實作所產生的彈性所致。

　　本書除了以共同體與社會作爲理論知識外，在分析策略上將日常政治作爲概念工具，把「出國工作」這件事視爲一項政治資源，其政治問題即爲：出國工作如何作爲一項資源，形成的背景與過程是什麼？誰可以出國工作？誰有權決定哪些人可以出國工作？又，這些社會條件是如何確立的？這些問題對於農村當地人而言都是重要的政治問題。越南的農民生計與農村發展議題，不僅是革新開放以前政府施政的首要之務，也是革新後與經濟發展同樣重要的國家利益核心，這是爲什麼呢？主要還是人口統治中的廣大農民與其賴以生存的農業生產型態所致。[10]越南國徽中的齒輪和稻穗與共產黨黨旗中的鐵鎚和鐮刀（請參考圖2-5），象徵著共產主義所憑藉的廣大工人和農民無產階級，而在越南革命與國家獨立的歷史過程中，農民始終是最重要的社會群體。雖然越南在1986年底決定採取革新開放政策，但作爲一個社會主義國家，如何在經濟發展過程中照顧農民並兼顧農村和農業發展，遂成爲越南共產黨執政合法性與正當性的考驗。下一章，將描述越南國家的政治與經濟制度變遷，並進一步討論革新開放對農村所形成遷移動力有哪些。

---

[10] 依照越南統計局公布的全國總人口數爲8877.3萬人，居住在城市地區有2835.6萬人（31.9%），鄉村地區則有6041.7萬人（68.1%）；十五歲以上人口爲5258.1萬人，城市地區爲1603.8萬人（30.5%），鄉村地區爲3654.3萬人（69.5%）（General Statistics Office Of Vietnam，2013a）。其中，2012年勞動人口爲5234.8萬人，男性有2691.8萬人（51.4%），女性則有2543萬人（48.6%）；居住城市者爲1588.6萬人（30.3%），鄉村者爲3646.2萬人（69.7%）。在全國產業部門分配上，農林漁牧業占47.4%、製造與建築業占21.2%、服務業占31.4%；生產總值比例以工業和建築業居首有40.24%，其次是服務業38.85%，最後是農林漁牧業占20.91%（General Statistics Office Of Vietnam，2013b）。全國約有將近七成人口居住在鄉村地區（勞動人口的比例也是相同的情況），農林漁牧業占全國產業將近一半，可是生產總值卻只占全國的四分之一，這表示農村地區的生產力與人口數是不成比例的。

圖2-5　越南國徽（左）與越南共產黨旗（右）

第三章　國家的政治經濟轉型與勞動輸出過程

第一節　政經轉型與社會變遷

一、革新：社會主義定向市場經濟

　　1954年在巴黎所召開的日內瓦會議，以北緯十七度為界，將越南一分為二，北部為越南共產黨胡志明（*Hồ Chí Minh*）所領導的越南民主共和國（俗稱北越），南部則是由1955年上台的吳廷琰（*Ngô Đình Diệm*）所領導的越南共和國（俗稱南越）。1960年代起，南北越雙方衝突不斷，由於美軍的加入促使戰爭逐步擴大，1975年北越軍隊占領南越首都西貢（*Sài Gòn*），戰事遂告底定。南北越統一後，越南國家政治體制依循前蘇聯馬列原理（Marxist-Leninism doctrine）的社會主義模式，國家採取的是指令式經濟（command economy，亦稱計畫經濟）生產模式，此生產模式規定經濟為中央主導和國家所有制（public ownership），主要是：公有制（全民性質）和合作社制（集體性質）兩種，其目的是為了向社會主義過渡。從1976年到1986年間，國家承擔了市場的角色，可是國家總是無法有效地管理掌握供給和需求以及商品價格。加上中央計畫經濟強調優先發展重工業和集體農業，而農業是越南的主要產業部門，因此政府強制農業集體化，透過掠奪農業資源來扶植工業。結果這種政策既沒有帶來工業的良好發展，也有損於農業收益，最直接的受害者便是農民。1980年代末期，東歐與前蘇聯共產國家集團面臨民主化與改革開放的壓力，越南共產黨開始意識到持續的經濟停滯將會威脅其政權的合法性（Đặng et al.，2010：3-5；Duong，2011：52）。

　　革新（*đổi mới*），是越南共產黨對其國家的經濟改革和創新的稱謂，這一用語首次出現在1986年越共第六次代表大會，並在1992年和2001年增修的越南憲法中得到重申。革新的主要內涵是從中央計畫經濟向商品和市場經濟

修正，進一步承認所謂的「多種成分的商品經濟體系」，除了原有的國有和集體的經濟型態之外，還包了個體資本（individual private ownership）、私有合資（collective private ownership）和公私合營（私部門涵蓋外資或國內私有資本）的經濟型態，自此私有和混合所有制形式成爲越南經濟發展的基礎。1987年，越南開放農副產品的價格和日用品的零售價格，在80年代初期以前物價是由國家決定的。1988年越南實施了《外人投資法》（The Law on Foreign Investment），明確規定外國在越南投資的條件和範圍，以優惠政策吸引外資。1989年進一步開放工業生產原料和勞動力價格，除了水電、石油、化工和農藥價格仍由國家控制外，其餘由市場決定；完成價格、利率和匯率經濟要素的市場化，實行國家管理下的自由匯率政策，並進一步開放農產品價格，農民可以自由出售自己的產品，也包含稻米。由於開放價格與市場，也一併取消了國家票證和補貼政策。1991年與中國關係正常化；1995和美國關係正常化，同年加入東南亞國家協會（ASEAN）。1996年，重新頒布更加優惠的外人投資法。2000年美越兩國簽署貿易協定。2007年正式成爲世界貿易組織（WTO）的會員國（Le，2003；Vu & Nguyen，2003；Duong，2011）。

　　革新，有一個很重要的內涵是「社會主義定向市場經濟」（*Kinh tế thị trường định hướng xã hội chủ nghĩa*，英文意爲market economy under socialist direction），一般理解爲市場社會主義（market socialist）但有其獨特含意。[1]與東歐改革不同的是，越南革新政策避免激進的改革方式，強調的是改革的漸

---

[1]　社會主義定向市場經濟中所謂的「定向」（*định hướng*），在中文語意下比較接近「指導」。杜淮南（*Do Hoai Nam*）是越南共產黨第八、第九和第十屆中央委員會委員，擔任越南社會科學研究院（VASS）院長多年，他在河內接受中國記者訪問時，對「社會主義定向市場經濟」做出更細緻的表述：「越共從九大開始強調，要通過市場經濟的方式建設社會主義。中國做的是社會主義市場經濟，我們做的是社會主義定向的市場經濟。何謂『定向』？首先是確定發展市場經濟，而不是發展資本主義經濟，發展市場經濟是爲建設社會主義創造基礎；其次是界定市場經濟的社會主義目標，即多種經濟所有成份的參與，多種形式的所有經濟成份是不相衝突的，而是互動的。國有經濟和集體經濟占據主導作用，同時強調私人企業以及外國直接投資，是我們建設社會主義定向的市場經濟的不可缺少的一部分；再其次，經濟增長要與社會公平還有社會進步緊密結合，每個階段都有具體的措施以及目標」（21世紀經濟報導，2008）。

進性和政治的穩定性，著重經濟結構調整優先於私有化，革新政策的目標是向地方分權和全球市場開放（Duong，2011：53）。具體內容在2008年1月30日由第十屆越共中央委員會第六次會議上做成第21-NQ/TW號方案，旨在進一步推動社會主義定向市場經濟，並在同年9月23日由政府頒布第22/2008/NQ-CP號決議以落實黨的方案。在實施革新以前，越南共產黨從制訂國家路線、政策到日常生活，可以說黨介入到所有社會經濟領域之中，而且國家行政機關的權力非常大，議會通常只是作為名義上存在的機構而已。從生產、流通到消費等環節，各式各樣的社會生活都被緊緊置於國家的領導和管理之下。革新之後，越南領導層提出了要明確黨和國家職權的分立，以及在各種國家機關之間實現立法、行政和司法三權分工（而非分立）的方針。也就是說，黨應該致力於決定有關國家和社會的管理及運行的基本方針和方向，而對於其具體措施和實行則委託給國家各種機關，擺脫以往的「黨治」和「人治」改由依據明確的法律進行管理，建設所謂的「法治國家」。革新政策代表著對於生產、流通和分配等社會環節，也要改革原來的計畫式管理體系以建立適應市場原則的相應制度。在此過程中，國會的立法職能得到加強，各種法律文件被制訂並公開，積極討論國營企業改革問題和刺激民間經濟等。但這並不意味著越南共產黨的領導地位被國家自發性的活動所取代，並且退出管理國家和社會的實踐活動；同樣地，這也不代表各式各樣的社會活動已經從越南共產黨和政府的領導中獲得了完全的自由。「黨負責領導、國家進行管理、人民是主人」（*Đảng lãnh đạo, Nhà nước quản lý, nhân dân làm chủ*）的政治理念，明確的寫在1992年憲法的前言中。國家機關或群眾組織的領導幹部仍然多為共產黨員，對於各種國家機關的工作，共產黨仍以領導和監督的名義用各種方式介入，社會上雖然承認或鼓勵民營經濟的存在，實際上卻非如此。在2001年第九屆黨代表大會上正式採取「社會主義定向市場經濟」用語之前，越共的領導層將越南應發展的經濟體系定義為「定向社會主義，在國家的管理下，按照市場機制運行的多種成分的商品經濟體系」，一再強調「國家的管理」這一要素。在越南的官方文件

中，「國家」和「社會」有時會並列使用，此時的國家和社會並不具包含的關係，而是被定義爲不同的範疇。國家是社會的管理者，社會是人民勞動和生活的場所，或者是進行勞動和生活的人民整體。根據憲法第四條的規定，越南共產黨是領導國家和社會的力量，國家處於越南共產黨的領導之下並對社會進行管理；祖國陣線以及加入其中的群衆組織受越南共產黨和國家的領導，並與其合作參加社會的管理和群衆工作（白石昌也，2006：1-3），其間關係請參考圖3-1。

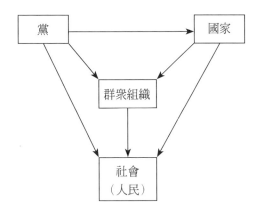

圖3-1　越南的國家和社會關係（白石昌也，2006：3）

二、經濟機會的出現與戶籍制度的鬆動

　　問老人家説：革新開放後，感覺最大的改變是什麼？老人家回答：「生活變好了，以前沒有好吃的東西，吃東西還要排隊，現在去商店裡只要有錢都買的到！」

　　1976年南北越統一，國家採行第二次五年計畫（1976-1980年），計畫

實際開始於1977年，但直到1978年底連續兩年的年度計畫目標均未達成，農業、工業成長衰退。有感於經濟持續惡化的危機，加上對柬埔寨和中國的軍事支出負擔，共產黨在1979年9月的黨中央委員會會議提出新經濟政策，特別是放寬農業部門的行政規定以及提供物質上的誘因，因為回復農業生產——糧食的確保——是安定民生促進經濟活化最根本的問題。新經濟政策的重點在於透過自行調度物資、有效利用贍餘勞動力、准許部分的自由市場等辦法，試圖改善因為國家的物資供給不足而造成的生產低落，或是行政規定所形成物資流通的障礙；此政策效果在農業部門的糧食生產上特別顯著，但是在工業部門效果不彰。此時，國家的價格體系呈現雙重價格機制，國家收購的農業和工業製品的價格（生產→流通）是以與自由市場連動的方式而有所提高，但對國營企業生產財的販售價格和都市居民的配給價格（分配→消費）卻仍以固定價格為主。結果就是使從前的固定價格機制中，有一部分被廢除，但是有一部分卻還繼續保留，因此造成矛盾；國家所負擔的差額（收購價格和販售之間）急遽增加，造成國家財政虧損擴大。為了彌補財政困難只好向國家銀行借款，也就是增加通貨發行量，此舉必然造成惡性的通貨膨脹。通貨膨脹形成勞動者的勞動意願減退，因為實質工資裡的名目工資（現金）所占比例逐漸減少；當時勞動者的收入，是以領取現金的名目工資和領取配給物資（國家以低價的配給價格供給）兩者所構成。但在通膨的情況下，配給物資以自由市場市場價格換算時的金額越來越高，但以現金結算的配給價格和名目工資卻是固定的，結果配給物資占了實質工資的大部分。最後造成了勞動者收入中，名目工資所占比例大幅減少；而勞動者只要確保對維持生計具有重大意義的配給權利後（維生經濟邏輯），在工作單位上的表現也就消極以對（白石昌也，1994：158-166）。

　　此時，在國營經濟部門中，勞動關係主要是國家與勞動者之間建立起的直接關係，勞動價格不是供需的市場關係而是行政命令關係而且幾乎是終身聘僱，勞動價格由國家決定端視其財政的能力，因此國家通常以較低工資和平均分配的原則實行人人有工作的政策。雖然失業問題未被政府提出討論，但失業

是一個普遍存在社會和經濟領域的問題。各地區之間、各行業之間的勞動遷移和調動完全由國家決定；因為勞動的遷移和調動牽涉到極為複雜的戶籍制度等行政程序。各農村地區之間或者是從農村到城市的遷移可能，完全取決於國家的項目計畫；前往國外的勞動遷移則僅限於與國外所簽訂各種協議，前往的國家主要是「經濟互助委員會」（Council for Mutual Economic Assistance）的成員國，屬於以蘇聯為首的社會主義國家經濟合作組織。在此時期的各種勞動關係明顯受到計畫式經濟體制的影響，處處限制勞動力的調配與效率，使得社會最重要的生產要素未能充分發揮（Đặng et al.，2010：104-105）。

　　1985年6月，國家為了改革價格、工資制度，國家展開了民意宣傳工作，開始介紹地方試點實施廢除配給制度的成效，最早嘗試試驗的是南部的永隆省（Vĩnh Long）。該省從1980年代開始廢除配給制度，在商品分配到消費的過程中，不像過去採取固定價格機制而是全部以金錢工資支付；此試驗雖然起初受到中央官僚組織的抗拒，但在83年後試驗擴及其他省分，並取得生產增加的實績。1985年9月全國各地實施廢除配給制度，卻沒想到陸續引起國家經濟與社會的混亂，根本的原因在於支撐經濟實體的物資不足，造成部分配給制度死灰復燃。革新後，1987年8月黨中央委員會會議中再度確認，配給制度基本上廢除（除稻米外），同時也調高勞動者和公務員薪資，對於部分保存的配給物資，也在89年後完全廢除。在解決失業問題方面，延續過去將人口密度高的大都市和紅河三角洲農村的志願者，遷移到人口稀少的新經濟特區政策；1987年，將原有的青年先鋒隊予以活用，透過招募想要前往新經濟區的移民和青年先鋒隊，吸收特定地區和組織的多餘勞動力減少失業人口。另外，允許獎勵私營經濟、家庭副業的政策，[2]使失業者或勞動者能在住家附近尋找到個人新的賺錢機會；試圖透過個人的生產活動補給地方物資，從供給面改善供需不均現

---

[2]　私營經濟是指不屬於社會主義部門的公民，及其家庭所從事的個人經營；所謂家庭副業則是指，屬於社會主義部門的人（包含公務員、國營企業勞動者、合作社員，及其家人等）在勤務時間外所從事的副業經營（白石昌也，1994：188-189）。

象。1988年7月共產黨中央政治局（*Bộ Chính trị*）頒布有關管理非國營部門的第60號決議，所謂非國營經濟部門包含：集體經濟、公私合營經濟、私營經濟、家庭副業經濟，放寬國家規定的限制承認經營自主權；這些經營型態的地位，以前是動輒以市場管理為由而成為取締的對象，革新後它們已成為國民經濟結構中正式組成的一部分（白石昌也，1994：172-189）。

　　1990年代，越南的貧窮人口中有將近90%居住在農村地區，財富相對集中在都市地區，由農村向都市遷移的人口壓力逐漸出現在全國各地區，像是南部的胡志明市、北部的河內和海防均吸引著周邊貧窮省分的勞工遷移。在革新初期的90年代，人們開始透過家庭、親友和開放市場的社會網絡途徑尋找工作、住所和經濟機會。如此一來，處於國家控制範圍之外的社會網絡提供了可靠的資源，進一步弱化了對官方的依賴。雖然中央計畫仍持續控制某些重要經濟部門，但是國家也意識到市場經濟所帶來的變化，不再強迫勞工及其家庭遵循國家的勞動調度和居住分配等規定。以1986-1993年關於都市地區人口遷移的統計來看，有45.5%的流動人口來自農村地區，39.3%來自小城鎮，只有15.2%的比例是都市間的遷徙。在革新之前，國內遷移的主要原因大多是國家工作的調派；但統計資料顯示革新之後，因為國家調派工作的遷移只占6.1%，反而是依親（33.3%）和前往非國家部門工作（32.1%）為主因。革新之前，在國家部門工作的遷移人口占58.4%，在非國家部門工作者占41.6%；革新之後，人數互有消長，在國家部門工作的遷移人口比例下降為33%，在非國家部門工作者上升為67%。因為向市場經濟的修正導致職業分布結構產生變化，大量從國家部分轉移到非國家部門，這包含了私有部門、家庭經濟和非正式部門，顯示革新措施在國家部門之外創造許多新的經濟機會（Le & Khuat，2008：39-54）。

　　此外，雖然憲法第六十八條規定：「公民在國內有居住和遷徙的自由，有依法出國和回國的自由。」但實際上在國內的遷徙自由，仍然受限於戶籍（*ho khau*）制度，戶籍始於出生或變動於婚姻關係，一般人想要前往非戶籍地居住則必須向移出和移入兩地地方政府提出申請，經許可後審核暫居（*Tam Tru*）

許可才能合法居住（請參考圖3-2）。雖然戶籍制度攸關票證和補貼政策，一般人只能憑藉家庭為單位的戶籍制度，獲得國家提供特定的食物和日常必需品，還包括子女教育和社會醫療等社會福利。但革新後，1989年國家取消補貼政策，降低了戶籍制度的重要性，連帶削弱國家對於人口遷徙的控制，雖然戶籍制度仍然存在，但它對於人們遷徙求職或是取得日常必需品已經不再具有約束力了。

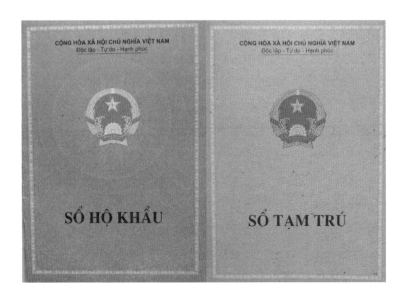

圖3-2　戶籍簿（左）與暫居簿（右）

第二節　農村的遷移動力

一、土地所有權的商品化

　　革新對農民和農業制訂了一系列的政策並產生重大影響，主要是農業政策從集體化調整爲家庭承包責任制（household responsibility system），農民在完成國家生產配額後，他們所生產的產品可以作爲商品進行交易（Duong，2011：54）。1981年共產黨的「把產品承包至小組和勞動者」第100號決議（Directive 100 CT/TW）引進農業合作社（collective farming cooperatives）的生產承包制度，准許農戶社員自由處分承包制賸餘的農作物，此爲打破集體所有制的重要政策。1981年實施的所謂家庭承包，具體內容是把農業生產過程分爲八個環節，將其中的播種、管理和收穫三個環節承包給農民，土地耕種、育苗、灌漑、施肥和除蟲等五個環節仍由合作社負責，承包時間爲五年，可是農民利益並未得到充分保障，農業生產發展緩慢。直到1988年4月，共產黨中央頒布改進農業生產承包制的「農業革新管理」第10號決議（Resolution 10 NQ/TW），把八個環節全部交給農民，承認農戶家庭是農村的基本生產單位擁有自主經營權，國家只徵收土地稅賦，土地承包期限爲十五年，他們的子女還可以繼承土地的使用權。此第10號決議造成合作社和集體組織的解體，以及被認定爲農業經營單位的農戶家庭的土地再分配在全國迅速展開。雖然北越的土地改革在國家主導下於短時期內得到實施，但是土地改革從理論上來說卻是爲資本主義創造條件；此次全國性土地再改革在地方進行，合作社的解體在社會福利和社會保障的體系尚未完善的情況下就已經施行了。按照憲法和土地法規定，越南的土地仍是全部歸人民所有並由國家管理。但在經濟市場化的過程中，實行了實質上土地私有制的轉換，也就是說土地雖然是國家的，但擁有使

用權的所有人可以將使用權轉讓予他人。1988年1月與《外人投資法》（Law on Foreign Investment）同時實施的《土地法》（Land Law）保障私有型態的土地使用權。爾後，在實際的土地使用再分配過程中，出現了土地規模、種植條件等的不公平分配和各級幹部領導的違法情況等，發生多次土地糾紛事件，而且重新分配的小土地，在幾年後又開始出現再集中的傾向。1993年《土地法》的修改，國家對土地使用權年限延長爲二十年，並給予農民對該土地的交換、轉讓、租賃、繼承和質押等權力，透過承認實質上的土地私有制，促使農業走向資本主義化的道路（白石昌也，1994：161-162；藤田和子，2003：50-51）。

越南現行《土地法》爲2003年修訂頒布，土地仍屬由國家代表全民所有，國家所有制爲唯一的土地所有制度，但個人和集體可以享有使用權，也就是前文所談的承認「實質上的土地私有制」。土地的分配，規定以經營爲用途者必須收取土地使用費，反之則否；而對於出租土地依性質不同則按年或一次性收取租金。國家可以基於國防安全、國家利益、公共利益和經濟發展的需求目的進行收回土地，在條件許可的情況下，國家收回土地應給予補償。土地價格的形成有三種方式，一是國家定價，二是使用權的拍賣，三是轉讓或出租時由使用者和相關人員協議定價（Cổng thông tin điện tử bộ tư pháp，2003）。

Tönnies（2016：136-137）指出在文化和歷史發展中，鄰里關係引發的親密關係的結合，村社發展成爲取代家族、宗族成爲占主導地位的社會聯合體。村社由於從事農耕活動，所以人們與村社的公有地有種特殊的相互關係，公地是合作社的共同財產，除了農業耕地外還包括森林、水域和荒地等；這些未耕地的經濟價值雖比農耕地低，但確較耕地更好地和更容易地作爲社會的價值，作爲共同的財產在意識裡保留下來。十九至二十世紀以來，由於國家的立法，耕地共同體處於快速瓦解過程中，發展成爲一種純粹的土地財產私有制，並在經濟史上被視爲是社會制度進步和發展的重要特徵之一，現在土地財產私有制度普遍地稱爲資本主義的社會制度。這種作爲資本的財產，按照起源與性質而

言是一種貨幣財產，它與作爲天然的、一般的土地財產是不同的。「實質上的土地私有制」代表著使用權的商品化，往好的地方想，農民或許可以透過土地交換集中耕地，進行較大規模的機械化耕作藉以提高面積產量，但透過田野觀察和訪談所得到經驗並非如此。依田野經驗顯示，農村中雖然也有少數如耕耘機等農業機械，不過數量屈指可數，農忙時根本難以調配，而且平時的保養和維修也是一個問題。農村的土地分配情況不一，按土地法規定住宅用地與耕作用地是分開管理的，耕地可以向政府申請免費使用，可是這類分配而來土地不如繼承來的土地肥沃，且距離村莊中心較遠，生產效率不高，也不值錢。多數耕地無法向銀行借貸，只有住宅用地可以質押借款。農村裡的稻米種植仍是以勞力密集的精耕型態爲主，從插秧、施肥、除草等環節大多以人力爲主，只在收穫階段由合作社或社／村政府協調農戶彼此互相支援。

　　革新政策對農村土地使用和農業經營型態產生帶來劇烈變化，產量雖大幅成長卻也存在著限制。土地分配的方式因歷史發展過程有著不同階段，因此田地品質有好有壞、距離有近有遠。每一農民戶只有四千至六千平方公尺的農業土地，卻被分配到七至九塊面積不同的田地；也就是說，越南約有一千兩百萬農民戶，但卻使用著八千萬塊大小不一的土地。與法國殖民時期相比，越南全國僅有一千五百塊土地，可以說當前的農業土地與生產極爲零碎與微小。雖然某些地方爲了實現大規模種植而往田地集中的方向發展，嘗試說服農民彼此交換田地以減少零碎土地現象，然而此項工作未能獲得農民廣泛支持。況且，水利與耕作的機械化程度不足，僅能在耕地面積較大的地方與某些耕作環節實施（如耕耘、抽水、收割）。而大部分的農業活動，尤其是在高山、偏遠及人口稠密地區，每個農戶持有土地比例仍低，農作仍是以手工的體力勞動爲主（Đặng et al.，2010：221-223）。

　　2007年10月，在越南國會第十二屆全國各地代表舉行的工作總結會議上，幾位代表分別對農民和農業問題發表以下看法。在全國性議題上，阮玉培代表表示，在經濟發展過程中必須關注農民生計，因爲農民是最容易受損傷的

階級；目前很多地方都發生農民土地被徵收來作爲建設工業區和都市計畫用地，可是因爲徵收過程產生糾紛因而走向法律訴訟，但法院審理程序曠日廢時，農民無法耕作卻沒有相對應的補償辦法。范明纂代表說，政府必須加強在農村與農業上的投資，因爲貧富與城鄉的差距越來越大，稍有不愼社會階層對立將日益加深。在地方性議題上，南定省（Nam Định）代表阮友董則表示對於政府的農業和農村政策仍感到非常模糊不清，他認爲政府應該將農村建設焦點放在強化灌漑渠道上，這樣才能滿足農民的需求。清化省（Thanh Hóa）代表黎文郭認爲農業人口所占比例仍高達百分之七十以上，耕作方式主要還是手工勞動，所以生產效率低。某些地方的農民一天收入僅幾千越盾，如果沒有自然災害和病蟲害發生，耕一分地約得四萬至五萬越盾；但是如果遭遇像剛剛過境的颱風那樣，對農民來說遇上這樣的天災，結果就是「破產」。因爲，在復耕期間農戶必須耗費多達三十種的項目支出，許多農村的勞動者被迫離開家鄉、離開田地，前往大城市或南北經濟發達地區謀生（Mai，2008：58-59）。

Scott（2001：1-15）認爲在西方殖民主義來到越南前，越南存在著一個基於土地和農作的道德經濟體系，這是因爲農業經濟的脆弱性所造成。越南固有的農作型態是長期經驗所累積的成果，並且透過土地共有、耕作分工和交易互惠等方式，形成特有的農民道德經濟。一個家庭的稻米生產量，部分取決於運氣；但種子的品質、耕作技術和施作時間的地方傳統，則是歷經數百年的試驗和失敗才形成的，使得在特定環境下能有最穩定、可靠的產量。這些都是農民發展出來的技術安排，用以避免「使人陷入滅頂之災的細浪」（ripples that might drown a man）。這些基於農村生活的共同經驗所衍生的道德經濟，這一切就是圍繞在Scott所說的保障最低限度收入的問題上，反映出來的是越南農民所處於生存線邊緣的狀態。雖然現在農村還可以觀察到互惠傳統，例如集體收割、公有地與保留地（優先且低價出租給貧窮、傷兵、烈士遺族或長期患病等弱勢者）、天災減免稅賦、春節慰問和優惠貸款等措施，可是在土地使用權

商品化後，反而可能加速或升高農民土地的喪失。一個受訪移工家庭表示，女兒到台灣工作是為了償還家中八千萬越盾（約台幣十二萬）的欠款，至於為何為欠下如此多的錢呢？

有位移工說：「因為家庭生活太困難，不夠過活，工作不夠吃，擔心孩子以後不能讀書，所以決定把土地賣掉，然後再跟別人借錢才可以出國工作。」

兩位受訪移工的母親說道：「女兒的父親因為身體不好，肺有毛病，常常要到大醫院檢查，來回就是一整天。雖然社裡面有醫療站，但他們對於這類重症只能轉介或開些止痛藥給我們，什麼也不能做！政府的社會醫療保險，雖然繳交費用不高（越盾三十萬），但也不是每個人都有能力支付。每次看病仍須負擔百分之三十的醫療費用，況且醫護人員對於我們這種沒錢的人，都是叫我們在旁邊等，有錢的人（指私下送紅包）先看病。如果要跨區到大城市看病，自負額比例就會提高到百分之七十，天還沒亮就要出發，坐好幾個小時的車，有時候真得沒辦法還是得騎車去，對她父親的身體也是一種折磨，住院費用根本負擔不起，當天就得回家，回到家都已經很晚了。你說，不跟人家借錢怎麼辦！？他父親身體一不好，家裡的田也沒有耕作，租給親戚，收入只有一些。陸陸續續跟人家借了好幾次，後來先生去世，家裡沒有能力償還，女兒才會說想要到台灣工作，幫忙家裡還債。」

「家裡原本就是單純的農戶，也沒什麼存款，大兒子、二女兒都已成家立業，大兒子住在附近，二女兒嫁到外地，子女的生活也一般般，只剩小女兒跟我們夫妻兩住在一起。每年收穫差不多六千萬越盾，情況好一點就七、八千萬，扣掉稻苗、肥料、農藥等生產成本，所賺到的錢真的不多，就是只夠自己吃。前幾年，河水氾濫淹沒稻田，快收成的稻子一無所有，只好跟人家借錢重新買稻苗、肥料。後來還不出錢，便將一部分田地轉讓給別人。後來，小女兒有機會說要出國工作，反正在這裡也找不到什麼好工作，只好答應小女兒。」

我們可以從訪談經驗中得知，所謂的處於生存線邊緣的狀態就是一種經不起考驗的生存環境，自然的災害和身體的病痛就會讓農民與其家庭陷入困境。

越南時常有颱風侵擾，除了強風會吹垮農作外，沿海省分地勢低窪河道遍布，
更會受潮汐影響伴隨海水倒灌引發大水災淹沒農田（請參考圖3-3）。只要一
發生自然災害，農作物就會歉收，不僅該年收成沒有著落，之前投入的資金和
成本也一併付諸流水。這類突如其來的風險，在革新之前還可以依賴傳統農村
生存倫理的互惠原則或是社會福利的救濟系統，緩解因為社會變遷所帶來的不
利處境和不確定感。但在革新之後，實質上的土地私有制，促使農業走向資本
主義化，土地在可以交換、轉讓、租賃和質押的情況下，土地使用權的出讓卻
成為壓垮駱駝（農民）的最後一根稻草，加速土地的商品化以及進一步造成無
地農民的出現。此外，土地的商品化也可能造成土地價格的升高，條件較佳的
精華土地與偏僻貧瘠的土地價格也會呈現兩極化發展，更加深農民的不平等處
境，一般農民買不起耕作條件好的土地，市場條件差的土地也賣不出去。

圖3-3　颱風過後遭淹沒的稻田

二、長子繼承制的傳統

　　Harbison（1981）認為家庭具有經濟生產和資源分配的功能，在複雜的遷移過程中家庭扮演個人和社會的中介機制，所以必須優先處理家庭在遷移過程的角色。由於大多數移民者是年輕人因此需要家庭的資源協助，家庭也是社會構成的主要單位，含括親屬、風俗、價值和責任等個人立足於社會等社會化功能，它也可能有益於遷移，像是長子繼承制規範了只有長子具有繼承土地的權力，因此其他家庭成員便會被鼓勵遷移。另外，根據Abramitzkyab等人（2013）針對歐洲前往美國的移民（1850-1913年）實證研究，顯示家庭的財富狀況會影響移出地家庭成員的遷移決策，但並不是指有財富的家庭就會有較多的經濟支援而有助於遷移，很多情況反而是窮人比較傾向遷移。在挪威某些地區，兄弟姊妹之間的長幼順序確實會影響家庭財富的繼承，但普遍的情況是在那些擁有土地的家庭中，擁有較多兄弟（而非姊妹）的人會更容易傾向遷移，而對沒有土地的家庭則沒有影響。這種模式與兄弟間相互競爭家庭資源的情況是一致的，因此那些繼承較少財產的兄弟，就會傾向遷移。

　　從Harbison和Abramitzkyab等人的觀點來看，長子繼承制的傳統會有利於其他成員的遷移。越南的家庭傳統中也有長子繼承制的習俗，尤其是農村家庭。如果家庭有兩名兒子以上，通常土地多由兒子均分，不一定是長子獨得，但不會是由女兒繼承，最多就是身後留些錢財給女兒。這種主要由男性繼承土地的農業傳統，某種程度上也是為了確保土地的生產效率；因為家庭人口越多，維持運作的支出就越高，人口越多，農田的邊際效用遞減，無益於農業生產效率。長子繼承制使得人口數越多的家庭是越有可能鼓勵遷移的，其目的在於分散風險。越南歷史上受中國儒家影響，長子繼承制還有傳宗接代，以及男尊女卑和兄友弟恭的階序文化意涵，雖然越南憲法規定男女平等，可是一般社會上（尤其是在農村地區）男尊女卑的想法依然存在（Liljestrom，1991）。

　　幾位受訪女性移工說：「我已經結婚了，算是嫁出去了，父母不會留土地給我！」

　　「我想，以前是有重男輕女觀念而且很重，現在還是存在。但是漸漸減少，因爲大家走到社會，也有比較多的接觸，所以（重男輕女觀念）越來越少，可是現在還存在。」

　　「我們家沒有重男輕女的觀念，男女平等，爸爸、媽媽對我和哥哥、弟弟都一樣好。（問：如果父母不在，以後土地由誰來繼承？）…只不過以後房子和土地還是會留給哥哥，因爲如果爸媽去世了，哥哥要負責祭拜他們。」

　　「我父母完全沒有重男輕女的觀念，對小孩子的愛都是一樣平等的，我哥哥和弟弟也都要幫父母做家事，當然我也要。不管男生女生，小小年紀的時候就要幫忙家裡。我跟哥哥都是高中畢業，弟弟還在讀書，我比很多朋友都要幸福，父母特別讓我讀書；每個家庭的情況不一，在我家鄉有的人讀完國中就沒有繼續讀書，出來賺錢幫助父母。（問：如果父母不在，以後土地由誰來繼承？）…現在家裡的土地和房子是由父親所有，如果父母去世，當然是屬於我哥哥的。因爲哥哥要管理很多事情，我也不希望是我的，我父母説我家鄉的土地較少，我哥哥工作繁雜，所以應該是屬於他的。」

　　其中，後兩位受訪者的回答是令人玩味的，一開始她們都不認爲父母有重男輕女的觀念，可是在土地和財產繼承上，卻都認爲兄長才有繼承權利並不覺得自己有權利繼承。這顯示男尊女卑的觀念是根深蒂固於越南的社會制度中，即便現行越南民法（第六百七十六條）規定子女不論性別，享有同樣的法定繼承權，她們還是認爲土地和房屋應該給兄長。

　　另一位非家中長子的男性移工說：「我有五個兄弟姊妹，我排行第五，大哥書讀很高，在順化的高中教化學，同時也是學校的副校長。我高中畢業就去縣裡學剪頭髮，學成後就在村子裡幫人剪頭髮，父母除了種田之外，父親以前還會跟人出海捕魚。…家裡也不需要我幫忙種田，所以我就想出國賺錢。一剛開始是弟弟先去馬來西亞工作，然後介紹我去，我去馬來西亞三年存了一些

錢，回越南後再找勞動出口公司介紹去台灣。」

　　所以我們大致可以歸納出幾項長子繼承制與遷移的特徵，在越南農村因為長子繼承制的傳統，長子必須負起祭祀祖先延續香火的責任，且婚後仍必須與父母共居，使得非長子的男性和女性都面臨著離家的壓力，而出國工作成為可能的選擇之一。其次，因耕作土地呈現小面積的零碎型態，農地收益也因為邊際效益遞減，造成家庭人口數越多維持日常運作的壓力也越大，因此成員的遷移可以分散風險；基於相同理由，長子繼承制也有益於耕作土地的完整性。婚前的女性，因為家庭情況的不同，遷移的目的大多是為了分擔家計，這也與非長子的男性的遷移原因相同；而婚後，因為從夫居的社會傳統，使得女性必須離開原生家庭。

第三節 勞動輸出的歷史過程與現況

　　其實越南的勞動輸出並非是新近的現象，早在1980年越南政府已將勞工輸出到前蘇聯集團和中東國家，並用來支付其債務（Beredford & Phong，2000：79）。根據越南官方文件（第362/CP號決議）的內容，當時勞動輸出的目標有二：一是，解決戰後部分青年工作問題；二是，爲勞動者培訓、提高技術能力，使其回國後有更好的工作技術來建設祖國（MOLISA，2006a）。1980年代的勞動輸出是由當時勞動部底下的國際勞工合作處（Department for International Labor Cooperation，簡稱DILACO）負責。1986年底，越南國家實行革新開放政策，但隨後蘇聯與東歐政治局勢變動導致越南對外勞動輸出幾近中斷，直到1991年由部長會議（*hội đồng bộ trưởng*）公布第370/HĐBT號議定（Cổng thông tin điện tử bộ tư pháp，1991），確立了契約勞動形式的勞動輸出方式，自此勞動輸出日漸發展並在1999年之後，移工移入地區由前蘇聯和東歐地區轉向東亞等新興工業國家（請參考圖3-4）。

　　越南中央主管海外移工的機構爲勞動—榮軍—社會部（*Bộ Lao động-Thương binh và Xã hội*；英文名稱爲Ministry of Labour, War Invalid and Social Affairs，簡稱MOLISA），按勞動—榮軍—社會部組織法，下轄兩個專責海外移工事務的單位：海外勞動管理局（*Cục quản lý lao động ngoài nước*；英文名稱爲Department of Overseas Labour，簡稱DOLAB）和海外勞動管理委員會（*Các Ban Quản lý lao động ở nước ngoài*，英文名稱爲Management Boards of Overseas Labour），實際事務多由海外勞動管理局負責。地方則由人民委員會主管，省級設勞動廳、縣級設勞動處負責管理。海外勞動管理局依照勞動—榮軍—社會部第1012/QD-LDTBXH號決定（MOLISA，2013b），規定其相關的職能、任務、權利和組織機構等，爲隸屬於勞動—榮軍—社會部的轄下單位，

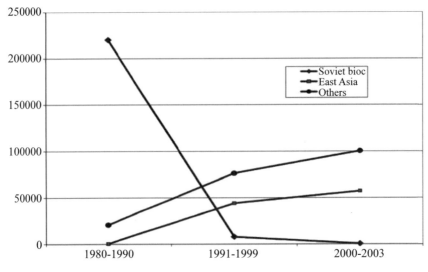

圖3-4　移工輸出地區趨勢，1980-2003 年（Dang，2008：4）

責任是協助部長依法律規定和契約，進行出國工作者的國家管理職能。[3]越南
共產黨的權力核心中央政治局於1998年公布的第41-CT/TW號指示（*Chi thị*）

---

[3]　海外勞動局主要任務有：①進行研究並向勞動─榮軍─社會部報告政策建議，諸如：a.各種有關越南出口勞動
者法律的擬定和推行；b.有關出口勞動的計畫和預算等，以及對越南出口勞動者的政策等；c.越南與各國和國
際組織之間出口勞動的文件協議、談判工作等。d.主管領域中有關勞動出口供應服務活動中的標準、規程、技
術等。②根據勞動─榮軍─社會部的分工對越南按契約出口勞動者，透過通訊藉以普及相關法律規定。③指導
與檢查有關實現國家和勞動─榮軍─社會部對越南勞動出口工作的規定。④研究、指導與實現穩定發展海外出
口勞動市場的辦法。⑤審核並呈報勞動─榮軍─社會部頒發、換發或沒收各家出口勞動公司對出口勞動服務的
執照。⑥指導出口勞動活動的契約登記和報告，監督出口勞動公司、個人與組織對出口勞動的活動。⑦建設與
指導實行培訓出口勞動的計畫，包含培訓內容指導和外文培訓；呈部頒行為出口勞動者進行教育與培養必要知
識的計畫；管理依照法律規定為出口勞動者培訓必要知識的活動。⑧保護勞動者合法的權利和利益，嚴格處理
有關越南出口勞動者的問題。⑨參加專門為從事出口勞動領域的（黨）幹部、公職、人員、勞動者進行專業培
訓。⑩徵收、管理與使用出口勞動活動帶來的收入。⑪實現對出口勞動領域的專業審查職能。⑫為海外出口勞
動市場進行宣傳、介紹、廣播，擴大勞動來源與越南勞動供應的能力。⑬據勞動─榮軍─社會部的分工，建立
資料庫統計管理對象。⑭對勞動─榮軍─社會部各機關代表進行專門業務指導，與越南外交機關、海外越南機
關合作。⑮依法律規定管理出口勞動領域中的各企業、協會與非政府組織。⑯建立出口勞動領域中的幹部、公
職參與研究的政策制度。⑰主持配合幹部與組織，建立勞動出口工作職務與內容。⑱實行出口勞動領域中與國
際合作的任務，並進行科學研究。⑲主持與配合計畫財政，指導有關協助海外工作基金會專門業務。⑳對出口
勞動活動進行初期、總結和定期報告。

中，指出勞動輸出是一項促進社會發展的經濟活動，可以增進人力資源、創造就業、提高收入、爭取外匯以及加強與其他國家間的國際合作。就長遠來看，勞動輸出政策所培訓出來的勞動力，是國家在實現現代化與工業化過程中所需要的人力資源；它也是強化國際合作的一種方式（Đảng Cộng sản Việt Nam，2006）。勞動輸出政策在獲得黨和政府的大力支持後，各級地方的黨政幹部莫不全力配合，2002年和2006年所修訂的《勞動法》中，均有增設勞動輸出相關條文，直到2006年國會通過《越南契約勞動者出國工作法》（*LUẬT Người lao động Việt Nam đi làm việc ở nước ngoài theo hợp đồng*，以下簡稱出國工作法），該法即成為規範勞動輸出領域的最高律法。

　　越南的移工人數從2000年開始大幅增加，到2006年起每年輸出約八萬名移工，這些是官方的正式統計數字，還不包含與鄰近國家（柬埔寨、泰國、寮國和中國雲南）的邊境流動人數（Ishizuka，2013）。勞動—榮軍—社會部曾在2008年訂定該年度勞動輸出八萬五千名移工為目標，並計畫在2010年將年度數量增加達到十萬名，為達成目標政府也積極拓展海外勞動市場（Phung，2008：9）。從1992年至2017年，越南國家已輸出超過一百五十六萬多人次勞動者前往國外工作（請參考圖3-5與表3-1，歷年人數趨勢與主要移入國）。在總體人數趨勢上，可以看到1992年的人數統計只有八百一十六人；相隔十年後，2001年輸出的人數就激增到三萬六千一百六十八人；在2007年之後，每年維持約八萬勞工的輸出；2014-2017年每年都超過十萬人以上。主要的移入國家以台灣、日本、韓國和馬來西亞最多，其餘的以非洲和中東地區為主，台灣在1999年開放引進越南移工，自此人數穩定成長累計達六十二萬多人次，至2017年底在台越南移工人數則是將近二十一萬人。

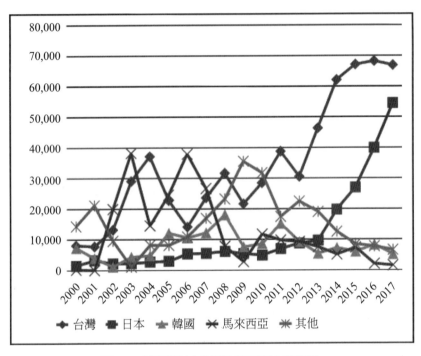

圖3-5 越南移工主要輸出地區與人數趨勢

表3-1 越南移工人數與主要移入國

年/國家	台灣	日本	韓國	馬來西亞	其他	總計
1992	0	210	56	0	550	816
1993	0	285	1,352	0	2,339	3,976
1994	37	257	4,378	0	4,562	9,234
1995	87	723	5,674	0	3,566	10,050
1996	122	1,343	6,275	0	4,921	12,661
1997	191	2,250	4,880	0	11,148	18,469
1998	196	1,926	1,322	7	8,746	12,197
1999	3,969	2,250	6,029	1	9,561	21,810
2000	8,099	1,497	7,316	239	14,349	31,500

年／國家	台灣	日本	韓國	馬來西亞	其他	總計
2001	7,782	3,249	3,910	23	21,204	36,168
2002	13,191	2,202	1,190	19,965	9,574	46,122
2003	29,069	2,256	4,336	38,227	1,112	75,000
2004	37,144	2,752	4,779	14,567	8,205	67,447
2005	22,784	2,955	12,102	24,605	8,148	70,594
2006	14,127	5,360	10,577	37,941	10,850	78,855
2007	23,640	5,517	12,187	26,704	16,972	85,020
2008	31,631	6,142	18,141	7,810	23,266	86,990
2009	21,677	5,456	7,578	2,792	35,525	73,028
2010	28,499	4,913	8,628	11,741	31,765	85,546
2011	38,796	6,985	15,214	9,777	17,526	88,298
2012	30,533	8,775	9,228	9,298	22,486	80,320
2013	46,368	9,686	5,446	7,564	19,091	88,155
2014	62,124	19,766	7,242	5,139	12,569	106,840
2015	67,121	27,010	6,019	7,354	8,476	115,980
2016	68,244	39,938	8,282	2,070	7,762	126,296
2017	66,926	54,504	5,178	1,551	6,592	134,751
總計	622,357	218,207	177,319	227,375	320,865	1,566,123

資料來源：統計數字均來自MOLISA；1992-2010年資料轉引自Ishizuka（2013：8），2011-2014年轉引自 IOM（2017：22-23），其餘請參考VAMAS（2011a）、VAMAS（2012）、MOLISA（2013a）、 DOLAB（2016）、DOLAB（2017）、DOLAB（2018a）。

第四章　製造團結：勞動輸出政策的形構

第一節　中央的勞動輸出制度

一、法律與行政命令

　　越南現行《勞動法》（*LUẬT Lao Động*）歷經1994年、2002年、2006年和2012年四次修法，最後一次修法是第十三屆國會於2012年6月18日通過，生效日爲2013 年5月1日。《勞動法》是規範所有勞動行爲的基本法，在序言中揭示了勞動對於越南國家的重要性：「勞動是人類創造社會物質財富和精神價值的最重要活動。有效率、高質量、高效益的勞動是國家發展的決定性因素。勞動法規定勞動者和勞動使用者的權利和義務，規定勞動標準、勞動使用和管理原則，有助於推動生產，因此在社會生活和國家法律體系中占有重要地位。」勞動法中有關政府協助創造就業機會的政策，特別是針對勞動輸出方面，可見於第十二條第四項：「協助雇主及勞工尋覓並發展海外就業機會。」以及第一百六十八條第一項：「政府鼓勵企業、機關、組織以及個人，尋覓及開拓海外就業市場，俾將越南勞工輸送海外工作。赴海外工作的越籍勞工，應遵行越南法律及海外所在國法律規定，惟越南參與履行國際條約另有規定者除外。」並於第二百三十六條規定國家管理勞動之權責：「政府對全國勞動領域進行國家統一之管理。勞動—榮軍—社會部負責執行政府對勞動領域之國家管理工作。各部會、部級機關在其任務及權限範圍內，負責與勞動—榮軍—社會部配合，對勞動領域執行管理。各級人民委員會負責執行轄區政府勞動管理工作。」

　　其次是，2006年11月29日越南在第十一屆國會第十次會議上通過了《出國工作法》，其法律位階與勞動法相當，於2007年7月1日起生效。此法規定了契約勞工出國工作的活動、權利與義務；各有關企業、組織和個人的權利和

義務。《出國工作法》第一章為總則，其中第三條第一項解釋了何謂契約勞動者：「契約勞動輸出勞動者是指在越南居住的公民，符合越南法律和接受勞動者對象國各項法律規定的條件，並按照本法規定出國工作的勞動者。」並且在第三條第二、三、四、五項中一再強調勞動契約的書面協議，可以看出法定的契約形式是國家所承認的出國工作方式，也就是說出國工作這件事必須透過白紙黑字的書面契約，載明相關者的權利義務和所有的工作內容，在國家的監督與管理下才可以進行勞動輸出活動，這也是政府的政策立場。反之，若非透過契約形式的勞動輸出，都不在國家所許可的範圍之內，也不受國家保護。第四條規定勞動輸出的活動範圍與內容，例如：簽訂契約、挑選出國工人、外語和必要知識的培訓、履行契約義務、管理並保護出國工人的合法權益等。第五條則揭示了勞動輸出政策的國家責任，例如：為具備出國工做條件的越南公民創造便利的條件；保護出國勞工和勞動輸出事業單位的合法權益；投資開發新的勞動輸出市場；協助培訓管理幹部及向勞動者傳授技能和外語知識；對勞動輸出的相關社會政策實行優惠貸款政策；鼓勵輸出具專業技術的工人前往高收入行業工作；鼓勵出國勞動者在海外的越南企業、組織或個人所投資或承包的各項工程經營單位工作等。

　　《出國工作法》所規範行為主體主要有兩類：「勞動輸出企業和事業單位」以及「移工」，分別見於第二章（第八至四十一條）和第三章（第四十二至六十條）。有關勞動輸出企業和事業單位部分，明定取得經營勞動輸出許可證的條件、方式、經營等，對仲介費、服務費、保證金和權利義務均有詳細規範。移工部分則詳列其各種權利義務，像是繳納海外移工基金、支付仲介費、服務費、強制培訓、提供優惠貸款、安全保險等。第四章（第六十一至六十五條）規定教授技能、外語和必要的培訓知識；第五章（第六十六至六十八條）規定出國工作扶助基金（*Quỹ hỗ trợ việc làm ngoài nước*，就是一般所理解的海外勞動基金）的設立與管理。第六章則是明定國家對勞動輸出的具體管理事項，例如：第六十九條明定國家有制訂勞動輸出計畫和政策之責；制訂和實施

勞動輸出相關法律，並進行宣傳普及和教育；規定出國勞動者必要培訓知識的課程和教材；指導管理勞動輸出活動的機構，並對組織幹部進行培訓；勞動輸出領域的國際合作；頒發、更換和吊銷勞動輸出許可證等。第七十條是各級單位的職權責任，大致為由上而下的官僚系統分層負責，中央機構為勞動—榮軍—社會部，地方則由各級人民委員會負有責任，依照政府的分級對勞動輸出採取管理；第七十二條為對勞動輸出的監督。第七章（第七十三至七十六條）為有關爭議的解決和違規行為的處理；第八章（第七十七至八十條）為實施條款。出國工作法共計有八章八十條，於2007年7月1日起生效，一切與《出國工作法》相牴觸的規定一律廢除（第七十九條）。

　　前述的《勞動法》與《出國工作法》規範了勞動輸出活動的定義、範圍與行為人的權利義務，但在勞動輸出活動中，所涉及的各種活動仍需要更詳細的規範與說明，政府為此也公布了一系列相關的行政命令和指導細則。以下列舉了：有關〈出國工作法指導細則〉（第126/2007/ND-CP號議定）、[1]

---

[1]　越南政府另於2007年8月1日頒布第126/2007/ND-CP號議定（*Nghị định*），進一步說明與指導出國工作法的實施。以下摘要重要內容，第一條明定出國工作所禁止的區域、行業和工作，第二條獲頒勞動輸出許可證的企業是依法設立，並擁有100%註冊資本的越南組織和個人。第三條勞動輸出活動企業法定資本額為五十億越南盾。第五條勞動輸出企業所繳納保證金為十億越南盾，若企業在勞動輸出活動中不履行義務，海外勞動管理局局長有權使用企業保證金來解決因此產生的問題。第八條明定勞動—榮軍—社會部的責任：「①根據契約管理國家出國工作人員並向政府負責。②制訂勞動輸出策略和計畫並指導實施。③配合有關機關制定有關勞務輸出法的各項規範文件、政策和制度，並呈報有權頒布的權力機關或按其權力頒布，指導出國工作法及其實施指導文件內容的宣傳和普及。④與有關部門配合，研究並發展國外勞動市場。⑤根據有關締結、加入並履行國際條約的法律規定，與有關權力機關協商或建議有關權力機關締結勞動方面的國際條約；依照法律締結、履行國際協議的規定。⑥制訂輸出勞動資源培訓的計畫並指導實施，規定勞動者出國前必要知識培訓的內容、課程和應具備的證書；組織勞動輸出工作幹部和出國工作勞動者管理幹部的培訓。⑦規定許可證格式、決定許可證的頒發、變更和吊銷事宜。⑧組織和指導企業勞動輸出契約和個人出國工作契約的簽訂事宜，對企業契約履行的情況進行監督。⑨依法解決涉及勞動輸出活動的申訴、檢舉事宜。監督和檢查勞動輸出活動並處理有行政違法行為的組織和個人。⑩組織和實施勞動輸出活動的專門監察。與外交部配合組織和指導對出國勞動者的管理工作並處理相關問題；與越南勞動者的國家和地區的外交部、內務部配合，設立隸屬越南駐外領事館的勞動管理委員會。規定企事業單位向國家管理機關定期或不定期報告的制度並指導實施；組織越南出國勞動者的數字化管理。每年向總理報告越南的勞動輸出情況。」第九條明定外交部的責任：「①與勞動—榮軍—社會部及各有關部門及相關行業配合向政府提出有關越南勞動輸出的主張和政策。②指導越南駐外領事館做好下列工作：依越南法律、所在國法律以及越南和該國為成員的國際條約規定，對出國工作的越南勞動者進行領事保護及合法權益的保護，與國內有關機關配合處理越南勞動者在國外工作所發生的相關問題，研究並提供訊息以開

〈刑事責任〉（第09/2006/TTLT/BLDTBXA-BCA-VKSNDTC-TANDCT號聯席通知）、²〈契約擔保與結算〉（第08/2007/TTLTBLDTBXH/BTP號聯席通知）、³〈必要知識培訓課程〉（第18/2007/QD-BLDTBXH號決定）、⁴〈培

發勞動輸出市場，與勞動—榮軍—社會部及相關部門配合，規劃舉辦促進國外勞動市場的各項活動。」第十條明定公安部的責任：「①依法給勞動者簽發護照。②指導各級公安部門掌握勞動輸出的組織和個人的情況，以便及時發現、制止和處理違法行爲。③配合越南駐外領事館與勞動—榮軍—社會部，指導主管機關依法對犯罪的情形進行查處。④會同勞動—榮軍—社會部與越南駐外領事館，接受被勞動接受國驅逐出境或按出國工作法規定強制遣返的勞動者。⑤依法調查並起訴在勞動輸出活動中有違法行爲的組織和個人。」第十一條明定衛生部的責任：「①規定醫療機構爲出國勞動者進行健康檢查和出具健康證明的條件；配合財政部、勞動—榮軍—社會部統一規定出國勞動者健康檢查費用。②組織並配合勞動—榮軍—社會部、外國主管機關，依據不同的勞動市場要求，規定越南出國勞動者的健康條件及標準。③配合勞動—榮軍—社會部，定期評估檢查越南出國工作人員健康狀況。④指導、監督和檢查醫療機構對出國勞動者的健康檢查工作，依法處理有關違法行爲。」第十二條明定財政部的責任：「配合勞動—榮軍—社會部及相關部會、部門制訂越南勞動輸出領域的財政制度。第十三條明定越南國家銀行的責任：「①組織並配合勞動—榮軍—社會部及相關各部門，向政府申請或在縣級職權範圍內頒布屬於社會優撫政策申請對象的出國工作人員的優惠借貸政策。②組織並配合勞動—榮軍—社會部，指導各金融財政組織爲出國工作人員提供貸款。」第十四條明定省和中央直轄市人民委員會的責任：「①國家對本地出國工作人員進行管理。②指導各專門直屬機關和下級人民委員會：a.宣傳普及國家關於越南勞動者出國工作的主張、政策和法律；b.有計畫地培養勞動力資源，推薦組織紀律觀念並嚴守法律的勞動者參加出國工作招聘；c.配合企事業單位在本地招聘出國勞動者，並管理在國外工作的本地勞動者；d.依法確定和認證出國勞動者的各種證件；e.依法解決涉及勞動輸出活動的組織和個人的申訴和檢舉事宜；f.監督和檢查本地企業的勞動輸出活動，及時處理違法行爲；g.指導出國工作人員和企業，透過派遣海外實習的方式，藉以提高職業技能的契約簽訂事宜。③向勞動—榮軍—社會部定期或不定期報告本地出國工作人員的情況。」最後，基於保護移工的立場列舉出禁止從事的工作項目，像是接觸有毒物質等不安全的工作環境。政府第126/2007/ND-CP號議定不僅明定主管海外移工的中央機關勞動—榮軍—社會部的權責，更指出外交部、公安部、衛生部、財政部、國家銀行和省／直轄市地方政府的相關權責，顯示了勞動輸出政策是一項政府部門積極動員的政策。

² 此聯席通知（*Thông tư liên tich*）主要內容爲追究勞動輸出活動中有違法行爲者的刑事責任，2006年8月4日由勞動—榮軍—社會部、公安部、最高人民檢察院和最高人民法院所共同頒布。聯席通知共分爲五個重點：（I）對有強迫勞動者違法滯留外國行爲的組織追究刑事責任。（II）追究非法滯留外國勞動者的刑事責任。（III）追究勞動輸出活動中違法行爲人刑事責任的權限和程序規定。（IV）勞動—榮軍—社會部、海外勞動管理局與其他職能機關之間的配合。（V）實施效力。

³ 此聯席通知主要內容爲有關契約出國工作人員的擔保內容與結算等若干問題的具體指導，2007年7月11日由勞動—榮軍—社會部和司法部所共同頒布。

⁴ 第一條：「頒布勞動者出國工作前的必要知識培訓課程。」即爲此決定（*Quyết dinh*）的主要宗旨，由勞動—榮軍—社會部於2007年7月18日所頒布。第二條：「海外勞動管理局、各省及中央直轄市勞動—榮軍—社會廳負責指導、檢查勞動者出國工作前，必要知識培訓課程和培訓時間的落實，並依法處理違規行爲。」第三條：「勞動—榮軍—社會部辦公廳主任、海外勞動管理局局長、派遣勞動者出國工作的企業、事業單位、對外投資組織和個人及各有關單位領導，都有責任執行本決定。」所謂必要知識培訓課程包含四個部分：（I）目標、（II）課程大綱暨時數表、（III）課程內容、（IV）實施細則。

訓課程相關規定〉（第19/2007/QD-BLDTBXH號決定）、⁵〈出國工作扶助
基金規定〉（第144/2007/QD-TTg號決定）、⁶〈仲介費和服務費規定〉（第

⁵ 此決定爲勞動─榮軍─社會部依海外勞動管理局局長的建議，於2007年7月18日所頒布，有關勞動輸出活動組
織機構和勞動者出國工作前必要知識培訓專責機構的規定。以下摘要規定重點，第三條：「出國工作法第九
條第二項所述的勞動輸出活動企業機構包括：a.勞動輸出中心（獨立運作）或勞動輸出業務部門（附屬於企
業）；b.培訓學校或培訓中心；c.國外勞動監督管理分支機構；d.承辦勞動輸出業務的分支機構。」第八條：
「勞動者必要知識培訓的專責機構有以下任務：a.直接組織培訓工作；b.培訓課程內容管理，師生上下課時間
的管理；c.執行與必要知識培訓的契約；d.教材的編撰；e.管理學員；f.舉辦期末成效驗收，並在學期結束後頒
發證書。」第十一條：「海外勞動管理局，各省及中央直轄市勞動─榮軍─社會廳有責任監督本規定的執行，
並依法處理違規行爲」。

⁶ 此決定爲政府（總理）在勞動─榮軍─社會部的建議下，規定出國工作扶助基金的設立與使用範圍。以下摘要
重要內容，第一條規定設立出國工作扶助基金：「①在重組勞動輸出扶助金（出國工作扶助基金的前身，按政
府總理於2004年9月8日頒布的第163/2004/QD-TTg號決議成立）的基礎上設立出國工作扶助基金，以發展和擴
大國外的勞動市場，提高人力資源素質，幫助解決勞動者和企業的虧損。②出國工作扶助基金由勞動─榮軍
─社會部管理，在國家銀行開設帳戶屬非營利性質、免稅並獨立核算，具有法人資格。上一年的結餘可留到
下一年使用。」第二條規定基金來源及捐獻額度：「①勞動輸出扶助金（出國工作扶助基金的前身）結餘。
②企業的捐獻：《出國工作法》第八條規定勞動企業每年都要從勞動輸出收入中提取1%作爲出國工作扶助基
金。③勞動者的捐獻：出國工作人員按每人每契約十萬越南盾納入出國工作基金。④特殊情況下，按政府總
理的決定由國家財政撥款。第3條規定基金的使用：「①幫助擴大和發展國外勞動市場：a.至多30%的基金用
於對新勞動市場的考察、了解和加強、發展傳統勞動市場的支出；b.至多50%的基金用於國外勞動力資源的宣
傳活動。②勞動力資源的培訓以提高其質量：a.給予出國工作勞動者以技術、外語及必要知識的培訓；給予勞
動者免費提供外語、必要知識培訓教程的材料；給予傷兵、烈士及享受優惠政策、制度的貢獻者子女或貧困、
少數民族勞動者援助技能、外語、必要知識的培訓學費50%；b.對向技能、外語要求較高的市場輸出勞動者的
提案，實行的前期給予勞動者援助技能、外語培訓學費的20%。③協助解決勞動者及企業的意外：a.在下列意
外情形扶助勞動者：勞動者在國外工作期間內死亡的，扶助其親屬一千萬越盾；勞動者按契約在國外工作期間
內遭受勞動事故、意外獲病，不能繼續工作需提前回國的，最多可扶助五百萬越盾；由勞動─榮軍─社會部部
長根據基金管理大會的建議決定，其他客觀意外情形下最多可扶助五百萬越盾。b.企業須派人到國外解決勞動
者在國外工作期間內死亡事宜的情形下，給予企業從越南到勞動者工作國的單程機票的扶助。④在大眾媒體上
宣傳越南國家關於勞動輸出政策、主張，以提高社會意識、普及勞動輸出的有效模式給予援助。援助標準按照
經濟契約制訂，保證合理原則。⑤由勞動─榮軍─社會部審核批准基金管理大會和執行處的活動費用並給予援
助。」第四條規定基金管理組織：「①出國工作扶助基金由勞動─榮軍─社會部透過基金管理大會和執行處進
行管理：a.基金管理大會由勞動─榮軍─社會部部長聘任和解聘，由五位成員組成，包含：勞動─榮軍─社會
部副部長、海外勞動管理局、勞動─榮軍─社會部隸屬的計畫處與財政處、財政部隸屬的對外財政處、越南勞
動出口協會等機關的負責人。」第五條規定各部門的責任：「①勞動─榮軍─社會部的責任：a.組織和配合財
政部具體規定和指導基金繳納辦法；扶助支出的規定和手續，基金的管理、支出和預算；b.有特殊情況的，應
與財政部取得一致意見後，根據政府總理決定可得到國家的財政撥款援助；c.決定基金管理委員會和執行處的
成立，頒布其工作章程。②財政部的責任：a.配合勞動─榮軍─社會部執行本決定第一條的內容；b.監督和檢
查，依法管理和使用基金。」如果勞動輸出公司不按照規定繳交基金是會受到行政處罰的，海外勞動管理局曾
對十二家勞動輸出公司進行處罰，由於這些公司不按照規定實施呈報制度，協助出國工作扶助基金的結算。這
些公司除了被警告必須繳給國家現行出國工作扶助基金的規定之外，還被罰款一百二十五萬越盾（MOLISA，
2012a）。

16/2007/TTLT-BLDTBXH/BTC號聯席通知）、**7**〈保證金規定〉（第17/2007/
TTLT-BLDTBXH號聯席通知）、**8**〈行政處罰規定〉（第144/2007/ND-CP號議
定）等法律規定。**9**以國家財政和金融為例，越南財政部在2004年5月公布免除

---

7 此聯席通知內容為有關勞動輸出活動仲介費和服務費的具體規定，2007年9月4日由勞動─榮軍─社會部和財
政部所共同頒布，共分為四大部分：（I）總則、（II）仲介費、（III）服務費、（IV）組織實施。在總則方
面規定指導勞動輸出活動中仲介費上限及其管理和使用，服務費上限及其繳納辦法，適用對象包括勞動企業和
勞動者。企業只能在與勞動者簽訂出國工作契約並得到外國方接受或簽發簽證後，才可以向勞動者收取仲介費
和服務費。在仲介費方面，仲介費是指企業為簽訂和執行勞動供應契約而給仲介方支付的費用；勞動者有責任
按勞動─榮軍─社會部的規定繳納（返還）給企業部分或全部仲介費；勞動者已經完成與企業的契約，但得到
用工者延長期限或訂立新契約者，不用支付仲介費。各勞動輸出市場中仲介費上限不得超過每人每契約每年規定
的一個月的工資，如市場要求高於上限的仲介費，企業應報告勞動─榮軍─社會部，會同財政部取的一致意見
後，決定出適當的金額。關於服務費方面，服務費是指勞動者付給企業以履行勞動輸出契約的費用；勞動者已
完成與企業簽訂的契約，但又得到用工者延期或簽訂新契約的，無需支付服務費。服務費上限每年不得超過契
約中約定的一個月工資，服務費總額最多不得超過年度契約中規定的三個月工資；企業可與勞動者約定是在勞
動者出境前一次性收取服務費，還是在履行契約過程中分期收取；勞動者因不可抗力因素或非因本人過失而提
前回國得，企業只能按勞動者在國外的實際工作時間（按月算）收取服務費；勞動者違反契約或接受國法律提
前回國，或擅自毀約非法滯留國外，企業可按約時效收取服務費。

8 此聯席通知內容為有關勞動輸出企業和勞動者保證金的管理和使用規定，2007年9月4日由勞動─榮軍─社會部
和越南國家銀行部所共同頒布。企業繳交保證金以便國家主管機關核發許可證並作為勞動輸出活動的保證，或
履行以實習提高技能形式勞動輸出契約的保證。另外，若勞動者在國外工作期間死亡或遇到工傷事故、意外事
故，罹患職業病、生命受到侵害；收入、工作、食宿條件得不到保障，企業應按主管機關的指導送其回國，如
企業不予辦理的，則海外勞動管理局局長或勞動─榮軍─社會廳廳長（省和中央直轄市層級）可使用企業保證
金以支付勞動者遣返費用。至於勞動者保證金部分，其保證金應在勞動輸出契約中寫明，而且只能在勞動者訂
立契約並獲得外國方接受或發給簽證後繳納。勞動者為反勞動輸出契約的，企業有權要求銀行撥付勞動者保證
金以補償因勞動者的過失給企業造成的損失；保證金如有膽餘，企業應退還給勞動者，如不足的勞動者應予補
足。

9 政府於2007年9月10日頒布第144/2007/ND-CP號議定，進一步說明勞動輸出活動中行政違規行為的行政處罰規
定。以下摘要重要內容，第一條規定適用範圍：「①本議定做出了勞動輸出活動中行政違規行為、處罰形式、
處罰額度、處罰權限以及行政處罰程序的規定。②勞動輸出活動的行政違規行為包括：a.不符合勞動輸出的條
件；b.違反勞動輸出契約登訂和報告的相關規定；c.違反招聘勞動者與勞動者簽訂契約的規定；d.違反對勞動
者職業技能、外語和必要知識培訓的規定；e.違反關於仲介費、保證金和服務費的繳納、管理和使用規定；
f.違反勞動輸出組織和出國工作人員管理的規定；g.契約工作人員和其他相關對象的違規行為。」第五條規定
行政處罰形式和改善辦法：「①行政處罰形式：組織和個人違反勞動輸出法規的，將受到下列之一的處
罰：a.警告；b.罰款，每一違規行為最多罰四千萬越盾。②附加處罰形式：還將受到下列一種或數種形式的附
加處罰：a.吊銷勞動輸出許可證；b.沒收用來實施行政違規行為的證物和工具；c.遣送回國。③除本條第一、
二項規定的處罰形式外，組織和個人還將受到下列一種或數種形式的強制改善辦法：a.有期限停止勞動輸出活
動至少十個月；b.暫停履行勞動供應契約一至六個月；c.停止履行勞動供應契約，企業和組織暫停履行勞動供
應契約期滿，但未能妥善處理自己的違規行為所造成的後果的，則可能被停止執行勞動供應契約；d.按勞動接
受國或越南主管機關的所有要求，強制遣返勞動者；e.強制承擔違反行政法規行為所造成的賠償責任及一切相
關費用；f.禁止出國工作二至三年；g.強制按現行規定足額繳納出國工作扶助基金。」第六至十二條對組織和

移工和勞動出口活動相關業者的附加價值稅，因為依照先前的規定勞動出口也是貨物、服務出口活動必須課稅，免稅目的是為了鼓勵出國工作者並減少他們的困難（MOLISA，2004c）。

二、勞動出口公司：作為國家管理一環

依照訪談的經驗，許多移工對國家的勞動輸出政策其實都一知半解，大多數的訊息均來自勞動出口公司，從前述的國家法令來看，法令所規範的勞動輸出活動從移工的招募、培訓、簽約、出國工作到期滿回國均可見勞動出口公司的角色。台灣習慣上所稱的外勞仲介公司，在越南一般稱為「勞動出口公司」（*công ty xuất khẩu lao động*），依照勞動—榮軍—社會部2008年的資料顯示，領有合法勞務輸出許可證共有一百七十七家公司，其中有二十五家含有私人股份，且超過半數（一百零四家）總公司集中在首都河內（MOLISA，2008b）。對照2018年5月海外勞動管理局的資料，與十年前相比勞動出口公司數量成長兩倍，領有合法勞務輸出許可證的公司共有三百七十一家，其中北部有三百一十三家（84%）、中部有七家（集中在義安和峴港兩地，2%）、南部有五十一家（14%），由此可見勞動出口公司多以北部省分為主要活動地區（DOLAB，2018b）。

兩位受訪的勞動出口公司主管說：「台灣勞委會（勞動部前身）規定越南只有國營的勞動出口公司，才能從事勞動出口到台灣的業務，雖然現在有民營的勞動出口公司，可是那是做日本和韓國市場的。」

個人的各種違規行為均有明定範圍，罰款金額從數百萬到數千萬越盾不等，例如第十二條載明：「…勞動契約期滿非法滯留國外的，予以警告或罰款一百萬至三百萬越盾；入境勞動接受國後不到按契約規定工作的場所的，罰款三百萬至五百萬越盾。…」第十三至十七條為機關處罰權限，第十八至十九條為處罰程序，第二十至二十六條為違規的申訴、控告和處理以及實行效力。

「目前（2013年9月）約有五十幾家公司經過台灣勞委會審查核可，可以經營台灣與越南之間的勞工仲介業務，這五十幾家都是在2005年以前獲得許可經營。在2005年之後拿到勞動出口執照的公司，一樣不能做台灣的市場，所以後來才會有一些你們所謂『借牌』的情形，借牌聽起來好像不合法，實際上我們是透過加入子公司股份的方式，來經營勞動出口業務，完全是合法的。借牌是台灣的說法，就像仲介也是台灣的說法，在越南都沒有這種說法，像我們都說勞動出口公司，而不是說仲介公司。」

前文提及，不論是革新之前還是革新之後，「黨負責領導、國家進行管理、人民是主人」的政治系統運作原則並沒有太大變化。越南共產黨將國家發展的經濟體系定義為「社會主義定向市場經濟」，一再強調「國家的管理」這一要素。雖然國營企業在革新政策後積極股份化鼓勵民間資本投資，或讓國營企業員工認股，但多數國營企業股份仍掌握在國家機關手中。不管何種形式的勞務仲介，國營色彩都非常濃厚，越南政治體制雖是共產黨獨大，但是卻有不同的團體在競逐利益，因此許多政府部門紛紛成立勞務輸出公司，像是交通部所屬的石油公司和地方政府等（王宏仁、白朗潔，2007）。因此，各政府部門機關在革新政策後紛紛投資設立相關公司，例如田野曾拜訪的CTM Trading and Investment Corporation勞動出口公司（請參考圖4-1），就是越南國家建設部（*Bộ Xây Dựng*）所投資成立的控股公司Constrexim Holdings（*Tổng công ty Cổ phần Đầu tư Xây dựng & Thương mại Việt Nam*）所設立的，Constrexim Holdings主要業務為建築和貿易，因為勞動輸出業務日漸繁多所以特地成立專門單位。

CTM的高階管理層表示：「公司這邊面積有差不多五千平方米，我只有負責勞務部門，其他單位就是經營貿易、建築部門，公司（CTM）有一半股份是國家的所有，總公司（Constrexim Holdings）就在附近。公司原本是建築部所有的，後來成立了總公司，十幾年前台灣開放勞務，建築部還有工人啊，就跟政府申請勞動出口業務。原本是交給一個人做，後來賺了錢，就跟總公司

圖4-1　CTM勞動出口公司

建議成立專門的勞務部門，總公司就撥了地、出了一半的錢，就在這裡。⋯每
個月一百多人，一年大概一千五百名勞工，台灣市場占了將近百分之九十，其
他有日本和澳門，早期有做馬來西亞、中東地區市場，現在不好做。過去（革
新之前）都是去東歐、蘇聯共產國家，都是用技術交流的方式，後來都是用契
約勞動的方式出國工作的。」

　　還有，越南海產股份有限公司勞務培訓中心，海產公司前身爲成立於
1978年的水產進出口公司（Seaproducts Export & Import Company），1995年
依循政府指示（Decree No.90/TTg）將公司資本股份化。2005年在國家漁業
部（*Bộ Thủy Sản*）的主導下進行重整，2010年政府更名爲越南海產股份有限
公司（Vietnam Seaproducts Corporation Company Limited），2011年在農業
與農村發展部（*Bộ Nông Nghiệp & Phát Triển Nông Thôn*）的決議（Decision
No.456/QD-BNN-DMDN）下，將三個漁業公司整合爲越南國家海產股份公司
（Vietnam National Seaproducts Corporation，簡稱SEAPRODEX），公司治理

採取「母公司—子公司」（model of parent company-subsidiary）的運作方式，由國家握有母公司百分之百股權，並開放子公司部分股權由員工或私人認購。公司主要經營海產、農業產品的進出口和國內銷售，其他項目還有機械、運輸、金融、房地產等，勞動出口便是其中一項業務。

　　負責勞動部門的管理層在受訪時說道：「總公司有很多部門，主要是作海產、水產品的進出口，像是魚露、醬油都有。我是負責勞工部門的，主要是出口到馬來西亞、日本跟台灣而已，以前有到中東、約旦，但現在沒有了。中東不好做了，沒有人想去那邊。台灣就占了百分之七十至八十，馬來訂單多，但是賺得錢比較少，沒有人想去。公司一年去台灣可以有五百人，馬來就只有兩、三百人。……股份化之後，個人有錢也可以買股份，我也有買公司股份，公司有賺錢就按照比例來分紅，所以才會在公司待這麼久（十幾年）！」

　　此外，由國營企業越南紡織集團成立的勞動出口訓練中心（*Công ty CP Hợp tác lao động và Thương mại*，簡稱VINATEX-LC），管理人員受訪時說：「我們總公司是越南紡織集團，底下有很多公司，有縫紉、布料生產這些單位，我們只是其中一個小公司，集團下光是勞動輸出就有分台灣的、日本的、馬來西亞的市場，我們只是負責台灣市場的訓練中心。」

　　除了過去國營企業的股份化之外，還有勞動—榮軍—社會部也有直屬的勞動出口公司，目前有三家：國際人力資源供應和貿易責任有限公司（*Công ty TNHH MTV Cung ứng nhân lực Quốc tế và Thương mại*，簡稱SONA）、勞動出口、貿易和旅遊責任有限公司（*Công ty TNHH Một thành viên Xuất khẩu Lao động - Thương mại và Du lịch*，簡稱SOVILACO），以及總部設於南部胡志明市的勞工和專業人員出口輸出公司（*Công ty Dịch vụ Xuất khẩu Lao động và Chuyên gia*，簡稱SULECO），這三家公司均由勞動—榮軍—社會部握有全部股權，並實際參與勞動輸出業務活動。此外，還有中央層級的移工訓練中心：海外勞動中心（*Trung tâm Lao động ngoài*，英文名稱Overseas Worker Center），它也屬於勞動—榮軍—社會部轄下單位，其業務為選用、培訓與按

照契約送勞動去國外工作與修業。海外勞動中心主要是因應日本與韓國兩國政府的要求，在勞動輸出入進行國與國雙邊協商的架構下，所成立的勞動出口和培訓單位。這些單位統一由勞動—榮軍—社會部管轄，它們定期都會參加由勞動—榮軍—社會部召集的會議，出席會議的有部屬的黨委領導、財政計畫處、幹部組織處、海外勞動管理局、駐胡志明市勞動部辦公室以及直屬的勞動出口公司（MOLISA，2010a）。

國家會依照針對勞動輸出活動的法令規範，對勞動出口公司採取檢查執照、查稅、訪查移工等方式進行管理和監督。一位受訪的勞動訓練中心主管說：「勞動部和海外勞動局都會利用財政（查稅）和訓練（課程）的名義來檢查，最近還要我們把工人帶到SONA公司去面談，問工人繳多少錢，有沒有超過規定啊、訓練的內容和方式啊！政府有規定仲介費用，如果是工廠工可以收到四千五百美金，如果是看護工只能收到三千八百。」

另一位勞動出口公司負責人表示：「我們公司每個月必須將勞工的資料造冊，呈報給勞動局，勞動局會拿著這份名單資料來公司查核，因為政府會看每個月出口的勞工人數，來收營業稅的（還有企業和個人的出國工作扶助基金）。政府會依照各項審查標準審核勞動出口公司的營業執照，通常只要不違反規定，執照年限一到，都可以順利地換發。」

但還是有違反規定被吊銷執照的情況，2006年海外勞動管理局決定對VILEXIM與VIRASIMEX兩家勞動輸出公司進行行政處罰。VILEXIM公司違規的事由是不向政府登記出口勞動到馬來西亞，不按照法律規定報告已出口勞工名單以及不當收取費用，政府對此公司進行裁罰兩千萬越盾；VIRASIMEX公司的違規是不登記已出口勞工的全部名額，違規沒收管理勞動者的押金，除了一千五百五十萬越盾的罰金外，VIRASIMEX公司還被沒收營業執照三個月，原因是該公司在出口勞動活動中屢次受到各有關政府機關的提醒與建議，卻仍繼續違規（MOLISA，2006c）。另在永福省地區，該地方的勞動出口公司（黃龍商貿中心，*Trung tâm Thương mại Hoàng Long*）對每人體檢費超收六

萬越盾，辦理護照一本超收七萬元越盾；地方政府為此進行省內勞動出口企業檢查，並取消了七個違反國家規定的勞動輸出單位的執照，嚴懲冒用勞動出口單位欺騙勞動者的行為（MOLISA，2005a）。海外勞動管理局也會公布海外勞動市場訊息，像是公告周知台灣有哪些違規仲介業者受到台灣勞委會的行政處罰（MOLISA，2005b；2005c）。國家透過對勞動輸出公司的監督與管理藉以達到政策目標的效果，對不遵守政府規定的勞動輸出公司處以裁罰，此舉有益於勞動輸出市場的運作，也有利於政策推行。

此外，在勞動─榮軍─社會部建議下，依據內政部第86/2003/QĐ-BNV號決定，於2004年正式成立越南勞動出口協會（*Hiệp hội xuất khẩu lao động Việt Nam*；英文名稱Vietnam Association of Manpower Supply，簡稱VAMAS，請參考圖片4-2）。越南勞動出口協會是一社會行業組織，由各勞動出口公司成員共同組成，按照越南法律、協會組織條例進行活動行使權利與義務，並接受國家勞動─榮軍─社會部的管理，也可以說是群眾組織的一員。協會共有一百三十六個會員，會員都是為領有出口勞動許可證的公司企業或直屬國營企業主管出口勞動部門的單位（VAMAS，2013）。

圖4-2　勞動出口協會（VAMAS）

　　一位曾任海外勞動局的高層，現任協會幹部在受訪時表示：「勞動出口協會成立的目的主要在保護勞動出口公司跟勞動者，提供法律諮詢和服務。目前領有國家核准經營勞動出口活動執照的企業大概有一百七十二家，加入VAMAS有一百二十家企業公司。政府想要頒布或實行什麼政策或法律，會來尋求我們的意見，這個意見是說這個政策這樣做好不好，有沒有什麼錯誤、漏洞！協會也幫助政府去跟勞動出口公司宣傳政策、溝通意見、怎麼實行。」由此可知，政府在政策規劃與執行上會諮詢勞動出口協會的意見，相對地勞動出口協會也會協助政府向出口公司與勞動者宣傳政策。

　　越南的勞動出口公司受勞動—榮軍—社會部及海外勞動管理局直接監督與管理，並參與勞動出口協會以組織形式與政府進行協調溝通，除此之外也要直接面對國外仲介公司和移工。2005年，台灣政府針對越南籍家庭幫傭和看護移工採取凍結措施後，勞動出口協會根據對海外勞動市場的研究，建議政府和勞動出口業者積極開發澳門市場。但有很多勞工都是持觀光簽證進入澳門工作，這些人不受政府和勞動組織保護；勞動出口協會也呼籲想要出國工作的勞動者，務必透過領有執照的勞動出口公司辦理相關作業（MOLISA，2007b）。因此，越南的勞動出口公司幾乎都是國營企業，其性質是不同於台灣的外勞仲介公司。這些國營企業握有勞動出口公司全部（或多數）股份，其本質是「國家管理的一環」。黨和政府藉由組織勞動出口協會進一步監督和管理各公司，勞動出口公司藉由與國外勞動仲介公司的業務往來，也掌握了國外勞動市場動向的第一手資訊；許多的法令和政策都是由勞動出口公司扮演訊息傳遞與組織運作的角色，也是國家和移工之間重要的橋接制度（請參考圖4-3）。

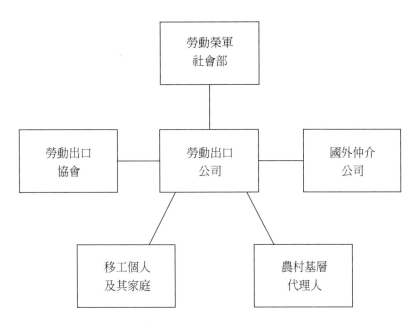

圖4-3 勞動輸出公司具有的制度橋接作用

第二節　國家的基層代理人

一、基層的政治系統與組織幹部

　　越南的地方單位層級按位階由上而下依序為：（一）省／城市（*tỉnh/thành phố*）；（二）縣／郡／市社（*huyện/quận/thị xã*）；（三）鄉村地區的社／市鎮（*xã/thị trấn*）和城市地區的坊（*phường*）；（四）村（*làng/thôn/xóm/ấp*）。此處所指涉的「基層」，主要指的就是農村及其與社間的關係。在越南，政府（*chính phủ*）所指涉的通常是與整個統治結構有關，包含中央各機關、國會（*quốc hội*）和地方政府（*chính quyền địa phương*），越南的地方政府在英文語意上可以是local government、local administration 和local authority；然而當局（authority）與政府（government）和行政機關（administration）的概念並不完全相同，通常當局被認為是專指共產黨（Communist Party）。而政府的制度含括立法、執行和司法功能，這些則由人民議會（*Hội Đồng Nhân Dân*）、人民委員會（*Ủy Ban Nhân Dân*）、人民法院（*Tòa Án Nhân Dân*）各自負責，只不過當局經常是運作在政府制度之外的。當我們討論越南的政府和當局時，不單只會討論到上述這些國家機構，還會聯想到人民軍隊（*Quân Đội Nhân Dân*）、祖國陣線（*Mặt Trận Tổ Quốc*，英文名稱Vietnamese Fatherland Front）和底下許多的群眾組織；除了軍隊和法院之外，[10]這些組織都存在於省（市）及其轄下的行政區。另外，地方秩序與安全則由人民公安（*Công An Nhân Dân*）來維持（Kerkvliet，2004：3-4）。關於越南中央與基層政治組織間關係，請參考圖4-4。

---

[10] 軍隊是以區（*khu*）作為管轄範圍，每個省和縣都受各自管轄軍區戍衛；而法院只到縣級，通常是幾個縣設置一個人民法院。

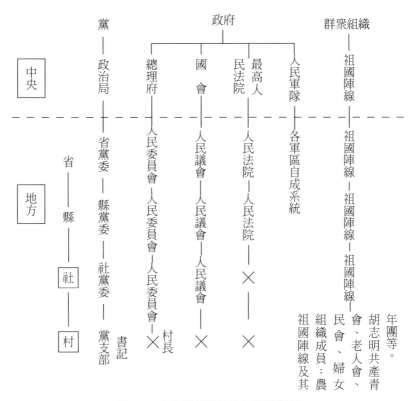

圖4-4　中央與基層的政治組織關係

　　通常一個社由數個村組成，[11]某些地方的村在歷史上曾是敵對或競爭關係，因此村民對上級（社）的領導可能不會心悅誠服，這也表現在大多數官員都是由地方出身的人來擔任，極少數是來自外地的現象上。因此，社級的黨、政、群眾組織領導時常要與村中的領袖討論事務或在選舉時徵詢候選人。另一原因是，1960-1980年代在越南北部需要這些有地方根源的人，管理地方上廣大的集體農業合作社。根據憲法第一百一十八條規：國家最基本的行政

---

[11] Kerkvliet（2004：5）指出一個社多由二至五個村組成；但依實際田野經驗，中部省分某些社多由十幾個村組成。

層級單位為「社」，而「村」的法定形式並不是那麼明確，它有黨支部（*chi bộ đảng*）和許多群眾組織，卻沒有省／縣／社的人民議會和人民委員會。在1980年代晚期至1990年初期，湄公河平原地區、紅河平原地區和北部的某些農村出現所謂的「村長」（*trưởng thôn*）領導人，此後村長一職便普遍存在於各地的農村。但是對於村長職責，或他與人民委員會和其他政府組織間的關係卻沒有明確規定；[12]無怪乎許多越南學者談論到村長角色時，都令他們感到困惑。[13]2000年的時候，越南全國共有一萬零三百九十個社級單位，依據法律規定，每個社的人民議會由九至十五人組成，人數依人口多寡和地區規模而定。但人民委員會的人數卻沒有一定，這有可能是與成員來自各部門組織的制度安排有關，例如：共產黨各級黨委、群眾組織的地方領導、國家部門的行政官員或是省／縣派任在社級單位工作的官員。而社的主要幹部（*cán bộ*）約有十幾人，他們通常是地方上黨支部書記、副書記、人民委員會主席／副主席、委員會的財政或重要職務人、地方公安領導人、祖國陣線、退伍軍人會、婦女會、農民會、胡志明共產青年團的主席（Kerkvliet，2004：4-6）。

人民委員會是國家機關在地方運作的重要機構（特別是主席），其職責在於參與委員會並實行有關國家農業、財政、稅收、教育、衛生護理等重要法律和各種計畫。在越南憲法中，明定共產黨是「國家和社會強有力的領導」，所以無論法律再怎麼處心積慮地將這些治理國家的職責制度化，實際上一切的決策早已掌握在黨的領導手中（Kerkvliet，2004：8）。教育、衛生護理和社會

---

[12] 人民委員會即一般所指狹義的地方政府；在憲法規定上，地方政府為省、縣、社，並沒有村這一層級的行政組織。

[13] 例如：Le Minh Thong（2002）*Mot So Van De Dat Ra tu Thuc Tien To Chuc va Hoat Dong cua Chinh Quyen Cap Xa Hien Nay*（Some Emerging Issues in the Activities and Practices in Today's Subdistrict Governments）；Nguyen Quang Ngoc（1996）*Lang-Thon trong He Thong Thiet Che Chinh Tri-Xa Hoi Nong Thon*（The Village in the System of Rural Political Institutions）；Nguyen Van Khanh and Thang Van Phuc（1996）*Bo May Quyen Luc Cap Xa: Co Cau To Chuc va Phuong Thuc Van Hanh*（Power Apparatus of a Commune: Organizational Structure and Mode of Operation）；Trung Tam Nghien Cuu Khoa Hoc Luu Tru（1994）*Phap Luat va Quan Ly cua Xa, Phuong theo Phap Luat*（Laws and Managing the Commune and Ward According to Law）；以上皆轉引自Kerkvliet（2004：19）。

福利服務是地方政府的重要職責。以社政府爲例（請參考圖4-5），平常職責
就是維持幼兒園（請參考圖4-6）、小學（請參考圖4-7）、中學、護理站（請
參考圖4-8）等社會服務運作，並對特別貧窮的居民施以救濟，這些工作經費
大約占社政府整年預算支出的三分之二。村、社、縣的婦女會、農民會、青年
聯合會、老人會和其他群衆組織也會參與和執行各種社會和政治活動，並由組
織基金提撥慰問金救濟窮困的成員。而縣政府通常是負責醫院、高級中學和職
業學校的運作。地方政府的重要職責還有：維護和興建道路、公共建築、灌溉
渠道和其他基礎建設；分配和管理土地；徵收稅金。許多中央政府的稅金都是
從社級單位開始徵收，種類有土地、農作、牲畜交易等；此外，地方政府也必
須對中央的法律、計畫和政策施行成效負責。像是法律規定越南「土地屬於全
民所有，並由國家負責管理」，許多的管理決策多是由省和縣政府來執行。省
級的人民委員會頒布國家機構和企業等其他組織的土地使用權利辦法，而縣級
人民委員會則分配土地使用權給家庭和個人；最後，社級人民委員會則會追蹤
土地的使用情況、使用權的交易和其他細節。政府也會針對地方需求規劃發展
計畫和政策（但不會與上級政策相牴觸），並在管轄範圍內執行和組織公共活
動。在基層的村和社，村民、政府官員和群衆組織領導人間的人際關係是極爲
複雜與重疊的，這對動員集合村民關注地方工程、籌備節慶和處理村民間糾
紛，甚至是村和村、村和社之間的爭議都具有重要的意義。1990年代中期，
省級政府來自中央的經費補助變得龐大，這是因爲省開始接管教育和衛生護理
事務，當時中央政府的衛生護理計畫經費中有90%全部挹注在省級政府。這期
間，中央會直接與各省針對經費預算問題進行討論協商，中央也試圖透過重新
分配稅收來減少各省之間的財政差距。省級政府接收中央經費後，便分配到省
級建設計畫和各縣，接著才輪到各社；對於這種各省內部的重分配方式，據稱
是有「自己的一套方式」（has its own system），並沒有統一的分配比例規定
（Kerkvliet，2004：13-14）。

圖4-5　社政府建築

圖4-6　社的幼兒園

圖4-7　社的小學

圖4-8　社的護理站

　　越南共產黨大約有兩百一十萬黨員約占總人口的3%，人數不多卻是政府官僚的重要組成，從最小的法定行政區「社」往上經「縣」到「省」，最後到國家中央部門、法院和國會的職務幾乎都由黨員擔任，在這些政府組織中有某種形式的定期選舉。基層選舉提名作業由地方層級的祖國陣線進行，幾乎所有候選人的產生都必須經過地方領導階層的同意，若是更高層級的選舉，則由黨中央委員會、政治局或專責委員會同意。以1990年代的國會為例，將近四百名議員的席次中約有90%為共產黨員。大部分的政策和法律的制訂過程幾乎都是在黨和政府部門的閉門會議中完成，很少向群眾開放協議的，尤其是在國家和省的層級，這些決策者與決策過程是難以接近的。即便一般人可能知道關於縣政府和社政府的決策經過，但多數民眾對實際的權力運作過程並不清楚。國家官僚負責實行政決策和執行法令，並要向下貫徹至縣、社等基層行政區，這表示政治系統具備了有效監控人民的公安和安全系統，以及確切掌握了任何可能危害共產黨政權的活動（Kerkvliet，2005）。此外，共產黨或國家機關領導人為了凝聚對國家的向心力和回應群眾所關心議題，代表著越南社會多樣組成的祖國陣線應運而生；[14]這些組織代表著廣泛的群眾勢力及其利益，接受共產黨

---

[14] 祖國陣線有四十四個協會成員組織（2012年底），分別為：1.越南共產黨（Đảng cộng sản Việt nam）、2.越南勞動總聯團（Tổng liên đoàn lao động Việt nam）、3.越南農民會（Hội nông dân Việt nam）、4.胡志明共產青年團（Đoàn thanh niên cộng sản Hồ Chí Minh）、5.越南婦女聯合會（Hội liên hiệp Phụ nữ Việt nam）、6.越南舊戰兵會（Hội cựu chiến binh Việt nam）、7.越南人民軍隊（Quân đội Nhân dân Việt nam）、8.越南科技聯合會（Liên hiệp các hội khoa học và kỹ thuật Việt nam）、9.越南文藝聯會（Hiệp hội các hội văn học - nghệ thuật Việt nam）、10.越南友誼組織聯會（Liên hiệp các tổ chức Hữu nghị Việt nam）、11.越南青年聯合會（Hội liên hiệp thanh niên Việt nam）、12.越南合作社聯盟（Liên minh hợp tác xã Việt nam）、13.越南工商辦事處（Phòng thương mại và công nghiệp Việt nam）、14.越南紅十字會（Hội Chữ thập đỏ Việt nam）、15.越南律師會（Hội Luật gia Việt nam）、16.越南記者會（Hội Nhà báo Việt nam）、17.越南佛教會（Hội Phật giáo Việt nam）、18.越南天主教團結委員會（Uỷ ban đoàn kết công giáo Việt nam）、19.越南園藝會（Hội Làm vườn Việt nam）、20.越南盲人會（Hội Người mù Việt nam）、21.越南水族景觀會（Hội Sinh vật cảnh Việt nam）、22.越南中醫會（Hội Đông y Việt nam）、23.越南醫藥學總會（Tổng hội Y dược học Việt nam）、24.越南老人會（Hội người cao tuổi Việt nam）、25.越南家庭計畫會（Hội kế hoạch hoá gia đình Việt nam）、26.越南勸學會（Hội khuyến học Việt nam）、27.越南孤兒—殘疾協助會（Hội bảo trợ tàn tật và trẻ mồ côi Việt nam）、28.越南針灸會（Hội châm cứu Việt nam）、29.越南基督教總會（Tổng hội thánh tin lành Việt nam）、30.駐國外越僑聯絡會（Hội liên lạc với người Việt nam ở nước ngoài）、31.越南科學歷史會（Hội khoa học lịch sử Việt nam）、32.越南橙劑／戴奧辛受難者協會（Hội nạn nhân chất độc da cam/đioxin Việt nam）、33.越南磚石金環美藝會（Hội mỹ nghệ - kim hoàn

領導並在各地設有支部占據地方資源的重要位置。要成為一名共產黨員，也不是件容易的事，根據受訪的基層黨員表示，加入之前要先由黨支部進行三代身家調查，最好是有革命家庭的背景。此外，年輕時還要參與胡志明共產青年團的活動或由黨員推薦，黨會觀察從中挑選並加以練訓一年，教導黨的論綱、條例等思想教育，通過考核後才能成為正式的黨員。

　　村的黨支部書記多由資深黨員擔任，一位受訪的黨支部書記（三十年黨齡）說：「村中大小事都由黨支部規劃，每年初都要召集村中黨員召開年度計畫會議，年末舉行檢討會議；決議各事項後再交由村長去執行，村長也必須是黨員。」

　　書記是由黨員投票產生，村長則是由所有村民投票產生。農村裡的村長和書記若非自動表明其身分，外表看起來與一般農民並無太大差異。記得與某位副書記初見面時，他剛從蝦子養殖池結束工作回到家，衣服滿是泥土、褲管捲起、皮膚黝黑、皺著眉頭看著我，這也是我與農村黨支部現任幹部的第一次遭遇；而隔壁村的村長，主要工作也是養蝦。書記和村長的薪水都很少，多在百萬越盾以下，若是資深黨員則有其他國家職務退休俸得以維持生活。村長的選舉是由村的祖國陣線負責提名，只不過仍須事先徵詢黨的同意；選舉的方式非常簡單，選票是在一張白紙寫上兩位候選人姓名，村民將不喜歡的候選人姓名畫記刪除，並投入票匭，最後統計票數，得票數高者當選。村長雖然名為一村之長，但黨支部的書記才是村中最高領導人，書記負責指揮村長和其他群眾組織幹部治理村中事務；若有管理不當，上級單位也是會給予懲處。

- *đá quý Việt nam*）、34.越南舊教職會（*Hội cựu giáo chức Việt nam*）、35.越南出版─印刷─發行會（*Hội xuất bản - in - phát hành sách Việt nam*）、36.越南漁業會（*Hội nghề cá Việt nam*）、37.越南殘疾人生產及經營聯合會（*Hiệp hội sản xuất kinh doanh của người tàn tật Việt nam*）、38.越南殘疾兒童救助會（*Hội cứu trợ trẻ em tàn tật Việt nam*）、39.越南共同醫療會（*Hội y tế cộng đồng Việt nam*）、40.越南舊青年衝鋒會（*Hội cựu thanh niên xung phong Việt nam*）、41.越南非公立大學、高等學校聯合會（*Hiệp hội các trường đại học, cao đẳng ngoài công lập Việt nam*）、42.越南中小營業聯合會（*Hiệp hội doanh nghiệp nhỏ và vừa Việt nam*）、43.越德中小營業會（*Hội doanh nghiệp nhỏ và vừa Việt - Đức*）、44.越南行業聯合會（*Hiệp hội làng nghề Việt nam*）（*Mặt Trận Tổ Quốc Việt Nam*，2013）。

　　無論是村長或書記都必須是黨屬意的人選，這是先決條件；其次，他們都有相當的年紀善於協調村中事務。最後，還要有經濟條件才得以擔任幹部職務，因為這些職務並不能替幹部帶來直接利益，而且舉辦活動的經費通常必須自籌，很多時候都要自掏腰包或募款籌措；再加上村中婚喪喜慶的紅白包，對幹部而言也是筆不小的負擔。黨支部設有常務委員三人（書記、副書記是當然成員）負責擬定計畫，計畫擬定後再召集所有黨員開會徵詢意見，最後做出決議。除了年度會議，每個月也有工作會議，然後再向縣級共產黨委員會進行簡報（giao ban）。至於為何跳過社級黨委？村書記回答說：這是因為縣黨委擔憂社級幹部會隱匿不報，因此要村書記先向縣簡報，然後才是社。在村書記向縣黨委簡報的同時，縣黨委如有業務交辦也會告知他，他再回村辦理；或是村中有些事情上級社無法解決，他也可以直接向縣黨委報告。有些政策由上級傳達下來，如果村民不同意而無法落實，他也會向上級反映。此外，合作社雖然已經解散，但村中仍有屬於政府管理的公有田地，這些田地多半會出租給農民耕作或作為社會救濟之用，所收取的租金會用來維持社政府或村中公共事務的運作；由於金額不多，大多是開會時購買一些必需品之用。

　　另一村的副書記（二十九年黨齡）也說：「我的權力就是每個月25日開會，總結這個月有做到哪些目標、哪些沒做到，並為下個月擬定計畫，決議之後讓村長去執行。村長也是黨員，讓村長去告訴村民怎麼做努力達成決議目標。社政府和黨部會在年底會派人來參加檢討會議，但是社的黨支部也有人住在村裡，所以村中事務，上級幹部其實都知道。平常除了政治任務外，也具有社會（福利）職責，村裡的清寒村民都由書記負責證明與造冊，每年十月分向社政府提報，上級如有補助（錢、米或其他用品）就會分派給這些清寒村民。」

　　此外，對於貧窮村民也會有以工代賑的作法：「將疏浚農田灌溉渠道的工作分派給窮人去做，以賺取酬勞。」

　　一位受訪村長表示其主要工作有：「證明哪些家庭屬於貧窮家庭，開立證

明，社政府便會給予補助。村里如果有人要離婚，也會找我；還有像是隔壁的房子蓋到我家的土地（土地糾紛），鄰居吵架要負責排解；村中安寧的維持等等。」

前文提及Scott（2001）指出要分析農民的階層制度，其邏輯起點在於弄清菁英階層和從屬階層各自的需要與資源，在義務規範上很大程度是由下層階級的現實需要所確定的。從田野經驗來看，只要一發生天災農作物就會歉收，不僅該年收成沒有著落，之前投入的資金和成本也一併付諸流水，農民便要向人貸借度過難關。這也是Scott所說的農民生活中的週期性經濟問題便是自然生態對於食物供應的不穩定性，因此那些控制社會稀缺資源的人們，應對其下從屬人員的基本物質需要負責。村書記平常除了政治任務外，也具有社會福利和社會救濟職責，村裡的清寒村民都由書記負責證明與造冊，每年十月分向社政府提報，上級如有補助（錢、糧食或其他生活用品）就會分派給這些清寒村民。此外，對於貧窮村民也會有以工代賑的作法，將疏浚灌溉渠道的工作分派給窮人去做，以賺取工作酬勞。

村長的工作確實與書記職責有些重疊，這也呼應前文談及的村長角色不明確的問題，只不過一個是決策與監督而另一個則是著重於執行層面。只要是與黨有關的工作，書記便要負起責任，其餘村中事務則由村長分勞。例如：村中如有人家裡遭竊，一般是求助於村長，由村長處理即可，但村長仍會向書記報告。再者，如果今年風災肆虐，農作物欠收農民損失慘重，農民一樣是向村長報告，村長再向書記報告；但因茲事體大，書記便會召開會議討論如何處理，再向上級建議與報告。每個村的人口多則上千人，少則數百人，除了書記、副書記、村長、副村長幹部負有管理之責外，還有安寧力量（*Lực lượng an ninh*）負責治安，其成員有村長、村和社的公安等，若有違反法律或風俗一律由其制裁。而農村唯一與軍事有關的事務就是徵兵，其由社政府的軍事指揮班（*Ban chỉ huy quân sự*）負責。在許多地方基層，人民委員會中的主席職務都是由黨的副書記擔任，而人民議會主席則由書記來擔任，黨幹部通常會身兼其他重要

職務。他們一方面必須回應地方黨員的行動，另一方面則向更高層級的黨領導負責（Kerkvliet，2004：9）。根據田野經驗，村子裡的幹部幾乎都有身兼多職的情況，這可能是源於制度設計的緣故。以越南的政治系統而言，中央的領導幹部就存在一人身兼多職的現象，例如：2016年負責領導政府部門的總理阮晉勇（*Nguyễn Tấn Dũng*），他也是共產黨中央政治局委員並兼任國防與安全委員會副主席；越南祖國陣線主席阮善仁（*Nguyễn Thiện Nhân*），亦擔任共產黨中央政治局委員。如此複雜的政治職務安排，其用意是爲了鞏固集體領導的有效性；此種幹部身兼多職的現象也發生在農村，而且似乎是政治制度的一項特徵。許多村子裡擔任重要職務的幹部，通常也都會有身兼多職的情況，某村書記（二十三年黨齡）表示，該村村長即由副書記兼任；或是同時身兼上級職務，某村的老人會主席表示，同時他也是社的老人會委員；或是身兼政府和群衆組織職務，某村村長（也是黨員）亦身兼勸學會（*Hội khuyến học*）副會長。

　　所以，農村基層幹部的多重職務是涵蓋國家與社會部門，透過上下互相隸屬的職務關係，結合地方和家庭的社會資本連帶，儼然成爲國家政策在基層推動的堅定基礎。舉個田野經驗，我在每次訪談移工的最後，我都會問道：「在出國工作這件事上，政府是否有給予任何協助？或者你／妳回國後，政府有派人關心過你／妳嗎？」雖然得到的答案幾乎都是否定的：「沒有！」

　　或者是回答說：「一般是親戚朋友來看我，村莊的官員不會派人來拜訪。至今在我家鄉，透過勞動出口的管道來台工作的人越來越多，所以大家也許不覺得奇怪了吧！」

　　「有鄰居來看我，除了問好和詢問在台工作的狀況之外，他們還請我指引他們的親戚來這裡（台灣）工作的管道。」

　　「沒有，只有親戚朋友來我家聊天與問我在台灣工作的情形。」

　　這樣的回答，聽起來幾乎都是鄰居和親戚都是基於好奇心前來閒聊；但我還是會在每次訪談的最後，問這一道題目，總是期待會有不一樣的答案！就在某次訪談返鄉移工的過程中，在訪談接近尾聲時，突然有位中年男子大剌剌地

走入受訪移工阿冬姐家的客廳，阿冬姐馬上介紹這位男子是她的大伯（老公的兄長），而大伯也是這個村子的黨支部書記，在知道大伯的書記身分後，我便將訪談重點轉移到他身上。最後我也問了大伯這道問題，只不過問題變成：「你有在移工回國後，到移工家庭去拜訪或關心他／她們嗎？」結果大伯當著阿冬姐的面，回答：「有！」因為先前阿冬姐回答：「沒有」，我便露出一臉狐疑的表情並把相同的問題再問一次後，面對面的兩人，大伯說：「有」，而阿冬姐還是說：「沒有！」

　　訪談結束後，我對剛剛發生的一切感到興奮與訝異，並對許多事情有了可能的解釋。首先，在越南進行田野的訪談過程，時常會有一些人以鄰居或親戚之名加入訪談現場，他／她們大多時候是靜靜地在一旁聆聽我與訪談對象在討論些什麼，偶而會主動加入討論並發表看法，或是在我的提問邀請下加入討論。我猜想，這位大伯（或是這些鄰居和親戚）應該不是剛好「路過」，而是聽到外地人來訪的消息特地來一探究竟，他前來的用意可能是基於親戚的關心，也可能是礙於書記的職責，為了掌握外來者的行蹤與目的。暫且不論這是基於政治細胞的反射動作，還是出於人際關係的守望相助，這其實也反映出越南農村的緊密的人際網絡是很有效率的。其次，移工（阿冬姐）與書記（大伯）在相同問題上，為何會有不同回答？我認為書記應該不太可能當著阿冬姐的面說謊，可能的原因是在移工回國後，書記確實有到阿冬姐家拜訪，可是阿冬姐看到的不是「書記」的特意到訪，反而是住在附近的「大伯」來閒話家常。在以血緣和地緣關係為基礎的農村裡，出身地方的基層幹部具有多重身分意義，有些人把大伯視為書記，而在有些人眼裡他則是鄰居、親友。在這裡我們看到的是國家在基層的代理人，其政治性格都不突出反而是社會特徵比較明顯。

　　因此，可以觀察到基層幹部的出身多具有地方淵源，且年齡稍長善於協調處理村中事務。而所謂村中事務很多是與社會福利和救濟有關，像是Scott所提及越南農民所處於一種生存線邊緣的處境，突如其來的自然災害很容易使得

農民陷入生存困境，此時就必須依賴農村的互惠傳統與社會救濟來舒緩這種不利處境，這些公共事務通常必須依靠農村菁英階層來領導；也就是說幹部負有道德經濟的角色。此外，在田野經驗中，許多基層幹部表示他們時常舉辦各類慶典活動和出席婚喪喜慶，這些角色功能其實也符合了農民對領導的道德期待。對黨或政府而言，幹部是地方上國家政權的代理人；對農民來說，那卻是幹部的多種身分之一，他們很可能是以同村的鄰居、朋友、親戚或以同為群眾組織成員身分（階級屬性）看待之。幹部的多重職務與身分源於國家的制度設計，透過身兼國家和社會部門的職務安排（橫跨部門與上下隸屬），將國家的政治任務鑲嵌於基層幹部的社會關係之中。

二、基層政治運作的文化特徵

　　社政府在每個村都會設置廣播喇叭（loa）系統（請參考圖4-9），平常會連接國家廣播電台播報國家重要政策宣傳；遇有臨時重要情況也會透過廣播通知；村或社若需要集合村民開會或政令宣傳也是透過廣播系統傳達。我在2013年8月在北部農村進行田野時，所在地的農村遭遇颱風侵襲，當地政府便透過廣播報導颱風動向，提醒村民注意安全防範災害。在其他村子，村民表示連小孩或牛隻走失也可以使用廣播喇叭協尋，也遇過村中有人去世，村長使用廣播喇叭周知村民，好讓村中親朋好友前往弔唁；這也反映出基層政治的國家和社會界線並不是那麼清晰可見。雖然廣播喇叭系統是農村基層重要的政治傳播工具，但實際上農村裡的黨、政、群眾組織仍會透過口耳相傳，通知召集所屬成員前來開會。此種面對面的訊息傳遞，其實也是一種人際關係的信任保證，亦即經濟社會學所討論的社會資本（social capital）概念，也就是農村基層得以運作的重要因素之一。此種人與人之間的信任關係也是共同體的特徵之一，它主要是建立在自然的血緣、地緣基礎上。對越南人而言，家庭與宗族是個人社

圖4-9 農村中的廣播喇叭系統

會化的重要環境，而農村裡的家庭、宗族、鄉村是社會文化的基礎單位，其特徵是小農社會模式，此小農社會模式需要依賴家庭宗族的力量才能保持社會的穩定。

農村裡，除了最重要的共產黨黨支部書記和村長之外，還有隸屬祖國陣線的老人會、婦女會、農民會、胡志明共產主義青年團、舊戰兵（退伍軍人）會、紅十字會等各種群眾組織。越南祖國陣線成立於1955年9月，南北方統一後1977年與越南南方民族解放陣線合併，由各種群眾組織組成象徵民族團結色彩的祖國陣線。意在各種職業（工人、農民、藝術家、新聞記者等）或其他社會範疇（婦女、青年、宗教等）中各自集合人民展開宣傳和動員的組織體系，其中勞動總聯團和婦女聯合會在法律上享有特殊的地位，祖國陣線成為名副其實的「政治和社會組織」。從中央到地方，祖國陣線及其主要成員組織也擁有類似金字塔式的領導機構，在中央設有中央委員會、地方設有各級委員會、鄉鎮或行政機構、國營企業中設有支部。中央及地方各級祖國陣線或群眾組織領導機構的代表，也經常兼任越南共產黨和國家各級領導的職務。《越南祖國

陣線法》第二條：「執行黨的路線、主張和政策，嚴格執行國家的憲法和法律。」祖國陣線及群眾組織的功能之一，即爲向成員組織或參加人員宣傳共產黨和國家的方針與政策，對其履行各自的任務和社會職能進行指導和支援。另一作用就是作爲組織和團體服務社會，並與越南共產黨和國家合作爲社會的發展做出自身的貢獻。可以說，祖國陣線及其成員組織在越南共產黨、國家和社會之間發揮了橋接的功能；這些職能，其實在國家所制訂的相關法律文件中也有明確的規定，從這個意義上來說，這些組織應該被視爲廣泛的官方組織（白石昌也，2006：31-33）。

　　一位曾擔任村中祖國陣線主席的受訪者表示：「祖國陣線的主要工作是『團結全民』，將各單位連結起來，建立一個穩定發展的社會生活。如果村中有什麼爭執，我也就會出來協調。祖國陣線對於婦女會、老人會等，都會有任務交辦。祖國陣線要團結各個團體，例如：宗教、社會、經濟的團體，雖然是從中央到地方的縱向組織，聽命於上級社政府的祖國陣線，平常也要實現（村）黨支部和（社）黨委交辦的任務。」老人會是村中社會地位極高的組織，村中重要慶典多由老人會主席擔任主祭工作，以及老人的重病慰問、喪禮籌備協助。婦女會則是教導村中十五至六十歲女性，對上要恪守孝行，對下要力行慈愛；每個月要繳交一筆小錢（約五到十萬越盾）作爲基金，基金用途爲老人喪葬慰問或小額信用貸款，每年的三月八日國際婦女節籌備表演活動；此外，婦女會也關注性別問題，摒除重男輕女的傳統觀念。[15]農民會平時會教導農民如何改進農業技術，提高生產品質等。胡志明共產主義青年團，則會針對青年舉辦露營和晚會活動，宣揚共產主義思想教育。根據《越南祖國陣線法》第七條第三項規定，祖國陣線有義務對下屬村社的村民進行動員和指導。這是因爲國家的行政系統只能滲透到社這一地方層級，因此就必須依靠祖國陣線在

---

[15] 田野研究所寄住佛寺的比丘尼師姐說：村中婦女會曾邀請她去演講，講題是「男女平等」，企圖打破越南俗諺「一男曰有，十女曰無」（*Nhất nam viết hữu, thập nữ viết vô*）的重男輕女觀念。

基層動員人民、掌握民心（白石昌也，2006：33）。

　　基層的政治會議場所稱做「文化中心」（*Nhà Văn Hóa*，請參考圖4-10、圖4-11），傳統上農村的集會場所爲「亭」（*Đình*，請參考圖4-12），[16]現在多由現代建築型式的文化中心所取代。農村的集會慣例一直存在，只是開會場所因時、因地制宜。過去集體合作社時期，農民集會則是在合作社的倉庫；有些地方的亭受到破壞，而在村中領導的家中開會。有些村有文化中心，有些則沒有；沒有文化中心的農村，有的仍舊在亭集會，而稱做文化據點（*Điểm Văn*

圖4-10　村的文化中心

---

[16] 根據Hà Văn Tấn與Nguyễn Văn Kự的著作《*Đình Việt Nam*》提到，「亭」是越南聚落的場所，具有行政、信仰與文化的三種功能。作爲村落的行政中心，「亭」是村內聚會討論村中事務的場所，是村裡的司法裁判所，按照村規強制執行處罰事項。信仰功能方面，「亭」是祭祀村神的場所，通常村神只有一尊也有祭祀多神的村落，村神名爲「城隍」（*Thành Hoàng*）具有獨特的性格是村子的守護神，有些城隍是眞實的歷史人物、有些則是英雄故事傳說。關於文化功能，它是所有傳統歌劇與歌謠演唱的場所，其文化形式是進行各種宗教儀式、節慶活動和遊戲的場所。所以越南「亭」可被視爲是越南村落結合地方行政機構、信仰祭祀場所、文化中心的建築，是越南村落共同體的象徵，是一個可以視察而有形的文化實體（黃蘭翔，2008：36-37）。

圖4-11　社的文化中心

圖4-12　村的「亭」

Hoá），有的則是在已搬遷的幼兒園（*Nhà Mẫu Giáo*）開會；有的村文化中心
正在興建中。一位受訪的村民說：「2001年的時候，省政府政策補助每個村
一億越盾作為興建文化中心的經費，可是這筆錢想要蓋文化中心仍是不夠的，
還必須靠大家的捐助。直到2010年，文化中心才落成啓用。」

　　仍在亭集會的農村，私底下也稱此地為文化中心，亭的外面通常會有廣場
與講台，村中如果有活動便在此舉行；村中的兒童也會利用亭前廣場，排練九
月二日越南國慶當天的表演活動。在亭內部，主殿正中央供奉的是城隍；但一
個令人側目的景象是，在村亭主祀的城隍後上方，另供奉胡志明主席的塑像
（請參考圖4-13）。村中耆老說這是因為該亭被國家指定為歷史遺蹟，並接受
經費補助準備整修，但經費還是不足所以遲遲未動工。兩側的空間擺設，仍
有國旗、黨旗、各類標語、宣傳品、獎狀、資料櫃和胡主席塑像（請參考圖
4-14），與一般文化中心的陳設相同（請參考圖4-15）。平常只要是討論村中

圖4-13　村亭內供奉的城隍牌位與胡志明主席塑像

圖4-14　村亭所兼具文化中心功能的部分陳設

圖4-15　村文化中心的內部陳設

公共事務都在文化中心開會討論，黨和隸屬祖國陣線的老人會、婦女會、農民會、青年聯合會、舊戰兵（退伍軍人）會、紅十字會、胡志明共產青年團等各種組織也是在此開會。文化中心的各個資料櫃分別屬於共產黨黨支部、祖國陣線和村長各自管理，文化中心場所的使用順序也是黨支部優先，再來才是祖國陣線和村長；黨的獨尊地位可以說表現在基層政治的所有環節裡。

　　1990年代末期，因為地方政府的積弊不振導致太平省（*Thái Bình*）、河西省（*Hà Tây*）、清化省等地，發生了數起社會和政治抗爭事件，原因就是地方政府官員逃避責任，不願面對民眾的訴求與壓力。隨後政府針對社和村的基層民主治理頒行了兩號決議（Decree No.29/1998/ND-CP & No.79/2003/ND-CP），目的是強化基層（主要是村和社）人民參與地方政府事務的權力。其重點在於基層人民可以透過言論和行動去影響地方政府的決策和執行，促使地方政府權責相符和透明，這進一步使得更多直接民主的制度成為可能。越南民主的政治分析是難以用西方那套標準來說明的，越南和其他亞洲國家一樣，有形塑自己政治體制的內生價值和文化（Duong，2004；Ngo & Ho，2008）。因為政府頒行強化基層民主的決議，我們才看到基層廣設文化中心的現象，這些文化中心雖然有不同的名稱，但卻是基層所擁有的集會和言論象徵。越南在十八世紀中葉到十九世紀末的阮朝時期，農村享有某種程度的民主（democracy）和自治（autonomy），特別是在北部紅河平原地區，似乎有著符合民主原則的村中自治。像是推舉候選人選出領導人、遊說各種議題與決策、選舉人造冊和匿名投票；總之，農村的運作有其系統原則，是一種菁英合意制度的改良（ameliorated by a search for elite consensus）。可以肯定的是，當時農村在公共事務討論上是極為深思熟慮並刻意不讓上級官吏知情，也就是村中事務由村民自行解決。可是他們又無法拒絕國家對村中領導人的調任、權力的削減和管轄區的再分配等國家權力介入。儘管，村民們時常宣稱「鄉例勝王法」（*Phép vua thua lệ làng*），但他們也不是不知道「普天之下，莫非皇土」（*Phổ thiên chi hạ, mặc phi vương thổ*）的道理；村民雖對自己歸屬的農村

感到驕傲，但這也不能改變身爲皇朝子民的身分（Marr，2004：31-32）。

　　在某些農村有所謂「自治道路」（*Tuyến đường tự quản*，請參考圖4-16）的出現，這些道路主要是由混泥土修築而成，與其他石子或泥巴路不同，規模不大只是爲方便行人或機動車輛通行，頂多只能容納一台卡車通過。自治道路是由村民共同出資興建，在道路入口處都會設立醒目標語，提醒限制五頓以下汽車進出之外，未出資的村民是不能駕駛機動車輛通過自治道路，除非他們做出貢獻（每人四十萬越盾）。一位村民表示，當初興建自治道路是經過村民開會討論，興建經費由居住兩旁的村民平均共同負擔。另外，有些地方的文化中心是完全由村民出資興建的，有些則是部分出資。基層的民主與自治，其實也反映出中央政府力有未逮之處，無論是農村的基礎建設或農民的興論意見，有些部分還是需要依賴地方基層自己解決；在這樣的外部因素影響下，農村的自治傳統成爲維持地方秩序的重要規範之一。

圖4-16　村裡的自治道路

　　過去地方基層的政治社會中心為「亭」，在1990年代末期因基層民主的需要，文化中心遂成為村社討論公共事務的場所，取代了以往亭的政治性功能並兼有社會性功能。許多村子的文化中心旁邊就是幼兒園，有的甚至相結合（請參考圖4-17），有的因不敷使用另遷他址，有的仍持續在運作；社的國小和中學或新設立的幼兒園，通常也在社政府附近。由於幼兒園屬於社政府管理，幾乎每村都會有自己幼兒園，設立地點仍必須以村民就近照顧的需求為先。為何文化中心會與幼兒園比鄰而居？農村土地廣大，應該沒有土地取得問題，其地點設立是有其政治考量的。一位受訪的移工說：「很多農村的文化中心和學校在一起，這是為了教導小孩從小學習國粹，教育風俗習慣，要有文化，所以就在旁邊。」

圖4-17　村設置於小學內部的文化中心

　　此外，文化中心與亭的信仰功能在某些地方似乎是互通的；我在田野期間對於中部某省的村中沒有亭，以及供奉象徵保護神的城隍現象感到不解，問及村民此事，村民回答說：「文化中心有胡伯伯就夠了！」

　　而文化中心旁邊的倉庫，也放置著一般節慶會使用的鑼鼓等器具，甚至是喪禮運送棺木的靈車；而這些用具也都可以在亭中觀察到。有的村名會冠上文化二字，這代表這些文化村（*Làng văn hóa*）達到某些國家認可的文化標準，例如：良好的計畫生育、經濟條件、衛生環境、基礎建設、沒有不良（賭博和吸毒）風氣等，文化村會由縣政府頒發文化村證書，並可以在農村入口處的牌坊上標示文化二字（請參考圖4-18）；文化社則由省政府頒布。在家庭之間，政府也會有文化家庭（*Gia đình văn hóa*）的表彰。每年的國慶和農曆初六（農村開工日），農村都會在文化中心舉行升旗典禮；此外，兒童也會在文化中心前排練表演活動，或村民舉辦體育活動。一位北部某村的勸學會會長表示今年國慶日，村中勸學會將在文化中心表揚約三百名優秀學子，並頒發獎金和禮物以資鼓勵學子們勤奮向學的精神。由此可見，越南的「文化」一詞含意廣泛，囊括了越南人日常生活中的經濟、社會、體育、信仰和政治活動等層面；文化中心的功能不僅是政治的，也包含社會、經濟、傳統等多重意涵。

圖4-18　文化村牌坊

　　殖民以前的越南王朝主要透過鄉約和派任官吏達到統治的目的，並讓村社享有限度的民主和自主（Phan，1997：31）。此後，歷經法國殖民統治、越南民主共和國的建立，直到1976年南北越統一，共產黨建構中央和地方（行政、立法、司法三權分工）的縱向關係和受黨節制的橫向關係，並設立以收編社會部門的目的的祖國陣線等群眾組織，形塑了黨領導、國家管理的政治系統運作原則。越南的農村基層除了政治系統的運作原則之外，仍必須仰賴基層幹部在地方上綿密而複雜的人際關係和多重職務身分。加上田野經驗顯示，基層的文化中心不僅是集會和自治的象徵，也是國家習以「文化」之名隱身於農村日常生活之中，進而實踐國家意識型態的場所（locales）。越南歷史上的鄉例勝王法，展現出的即是每個地方的特殊與自主，但現代國家的建構仰賴主權與領土，即在固定疆域內實行有效統治。文化中心的出現可以視為一種文化收編，它攫取了過去傳統上「亭」的政治與社會集會功能，甚至挪用作為政治教育的實體教材。在文化收編的過程中，我們可以觀察到國家在基層創造了一個跨界的空間──文化中心──它並非無中生有，而是重構於過去傳統「亭」的政治與社會功能之上，其出現是奠基於傳統農村文化的價值觀體系，透過「文化」的迴路形式來製造團結（*doàn kết*）穩固政治秩序，進而形塑農民的角色。

三、幹部對勞動輸出政策的推動

　　在勞動輸出政策獲得國家大力支持後，各級黨、政和群眾組織無不想盡辦宣傳和推動勞動輸出政策，像是勞動—榮軍—社會部直屬的勞動出口公司SULECO與胡志明市的退伍軍人會共同進行宣傳，鼓勵七百五十名退伍軍人的子女登記出國工作，而古芝縣（*Cu chi*）是全市參與人數最多的地區，共有一百六十八名退伍軍人子女前往登記。SULECO經理表示，派遣勞工前往馬來西亞、日本、韓國與台灣等市場工作，一直以來都是公司的目標，2005年公司

訂定出口一千四百名勞工出口的目標，在這些人當中有20%屬於政策家庭或特別貧窮家庭的優先輸出目標（MOLISA，2005e）。勞動—榮軍—社會部每年也都會召開勞動出口活動檢討會議，除了相關政府部門必須參加外，還有直屬的勞動出口公司，像是SOVILACO、SONA、SULECO和海外勞動中心等，會議的目的是針對各單位出口勞動工作結果的檢討，提出對策、解決方法以及規劃任務。同時，也讓相關單位和勞動出口公司有機會互相交流學習經驗，尋找解決問題的方法等，以便有效地實施出口勞動工作（MOLISA，2010e）。

這些勞動輸出的國家政策又是如何實踐於勞動者個體呢？基於先前的討論，我們知道農村基層的幹部（主要是黨支部書記和村長）與群眾組織（隸屬於祖國陣線的婦女會、農民會、老人會、胡志明共產青年團、青年會等）是黨和政府中央在地方上的基層代理人，負責推動上級的政令宣傳與政治任務，國家的勞動輸出政策也不例外。移工的招募有許多形式，有的勞動出口公司設有專門招募人員，直接到各地方招募有意出國工作者；有的則是與牛頭配合；其餘則是透過已經出國工作者的介紹而來的。根據田野經驗，過去（約2005年之前）農村勞動者的招募大多由勞動出口公司向勞動—榮軍—社會部申請下鄉招募，由勞動—榮軍—社會部發文給地方政府的勞動—榮軍—社會廳（省）或勞動—榮軍—社會處（縣），再由地方政府幹部會同勞動出口公司人員到村社政府或文化中心，透過廣播喇叭放送召集村民，講解出國工作的內容與相關規定。此外，社政府也會張貼招募公告，各家勞動出口公司也會在電視播映廣告，勞動輸出政策的宣傳渠道可謂多管齊下。

一位勞動出口公司經理說：「我一個月三十天，幾乎有一半時間在外地，常常要跟地方的縣政府幹部或勞動輸出業者應酬談生意，主要是招聘勞工。也會跟地方上的婦女會、農民會配合，請他們找人來參加登記。…要到地方上宣傳、招聘，要向勞動部申請，等批准審核通過才可以去村子裡，不是隨便可以去的。」

幾位受訪的移工談及自己當初是如何知道可以出國這件事情，說道：「以

前，婦女會也普遍宣傳讓村民知道，出國工作薪水比較高，可以幫助消除貧窮的工作。不是政府通過廣播、電視來宣傳，而是通過婦女會的會員來宣傳。」

「我是通過社政府的介紹的，他們宣傳說要給人民貸款出國。」

「當時有一家在河內的勞動出口公司叫VITOCO，透過我們合作社找婦女到台灣當家庭傭人，我就去登記參加。」

「在越南工作可是都沒存到什麼錢，我就想跑到台灣，在越南都有廣告嘛，村長都有廣告。在村子裡，每天下午四點半到五點都會廣播，有人廣播說有誰想去國外工作，因為現在政府開放嘛！因為我們沒有工作，大部分都是種田，都是教育比較很低，如果說高中或大學畢業的很少。大部分都是女孩子、種田的，生活比較辛苦才想跑到台灣來。我就是聽到廣播之後，就去河內找那個仲介公司，然後我報名，學了一個月的國語。」

上述田野經驗顯示，基層的幹部與群眾組織仍是國家政策在地方上的主要推動者，也是勞動輸出政策在地方能否成功的主因。基層的地方政府與群眾組織也會積極配合黨和中央政府推行勞動輸出政策，像是義安省（Nghệ An）政府鼓勵各群眾組織，如婦女會、農民會、青年會等，配合具有出口勞動職能的公司，向農村地區的勞動者進行指導、培訓與挑工，並鼓勵參加出口勞動活動（MOLISA，2007d）。富壽省（Phú Thọ）在成為勞動─榮軍─社會部作為出口勞動去馬來西亞的試點（thí điểm）省分之後，省黨委、人民議會和人民政府已指導省內各縣/市政府機構和單位立刻展開計畫，同時成立專門的省勞動出口管理組，積極宣傳國家的主張和政策以及實現有關出口勞動工作的任務。在2004-2008年間，省公安已核發約一萬四千名出國工作者護照；省醫療院所已指導各單位組織及時為勞動者進行健康檢查；並指導簡化各家商業銀行、社會政策銀行貸款手續，通過約九千三百名勞動者出國資金的貸款需求，貸出金額將近一千三百九十一億越盾。富壽省境內約有三十家勞動出口公司，其中有十家以上的公司與地方政府長期合作可以直接在省內進行挑工；其餘的公司配合各組織團體，如婦女會、青年會、退伍軍人會等進行宣傳和鼓勵，為想要

出國工作者進行工作培訓和指導教育等，以提高出口勞動的質量（MOLISA，2008c）。

　　然而，勞動政策的推動過程並非都是順利的，在2006、2007年之前，由於出國工作的相關法規並不完備，造成許多因勞動出口活動而衍生的詐騙事件，這些事件大多是假借有能力出口勞動或培訓名義，騙取勞動者相關費用。出口勞動活動愈加發展，開拓了新興海外勞動市場的同時，也發生愈來愈多的介紹人蓄意欺騙，假借出口勞動的名義違法選用勞動等詐騙情況也更加複雜。[17]除了勞動出口公司各中心、分行的管理人員違法選用勞動者的情況外，也開始出現一些不具有出口勞動執照的公司，以出國留學、工作的名義，進行對勞動者進行違法咨詢和收費。透過挑工的方式，他們所收取的費用比實際費用高出十倍，甚至為了取得勞動者的信賴，他們還會帶勞動者去培訓中心，使得很多想要出國的勞工在上課的一段時間後才知道已經受騙，但是他／她們早已將一大筆錢交給蓄意欺騙的業者。在一些海外收入高、正在實施試點的勞動輸出市場，特別是韓國、日本、美國、澳洲、加拿大等，詐騙的情形日益增加，其中有將近80%的詐騙案件均是針對前往韓國市場的勞動者。這是因為韓國對越南勞動者的引進是依照韓國勞動部（Ministry of Employment and Labor）與越南勞動—榮軍—社會部進行雙邊國與國的勞動協議，[18]此勞動協

[17] 據海外勞動管理局非正式的統計，2005年發生了四十三件藉口出口勞動的詐騙案，其中有二十三件與違法選用勞動者有關，其中十五件是組織或個人沒有出口勞動執照的違法活動，八件是有執照的公司卻進行違法活動；2006年有一百一十七件案子，其中有五十八件與違法選用勞動有關，其中四十七件是組織或個人沒有出口勞動執照的違法活動，十一件是有執照的公司卻進行違法活動；2007年，則有四十四件是組織或個人沒有出口勞動執照的違法活動；七十二件是有執照的公司卻進行違法活動（MOLISA，2008g）。

[18] 韓國的引進移工制度是以聘僱許可制度（Employment Permit System，簡稱EPS）進行作業，主要是針對未能雇備國內人力的企業允許合法雇傭外國勞務人員的許可制度（由政府機構負責外國勞務人員的雇傭和管理）。目前EPS與將近二十個國家合作引進國外勞工，因僱用條件與勞動權益保障採政府間議定方式運作，勞動引進過程中並無民間人力仲介業者介入，前往韓國的移工必須通過韓語基本能力測驗（EPS-TOPIK）才能進入選工階段，因此前往韓國工作的移工皆具備一定的韓語能力。EPS有以下特點：先保障國內雇傭機會，再雇傭外國人力；防範雇傭違法行為、透明化外國人力選定及雇傭程序，雙方政府簽訂MOU，由公共機關負責選定及雇傭外國勞務人員（雇傭支援中心，韓國產業人力公團）；按雇主需求，選定合適人選，選定合乎能力水平，韓國語能力的合適人選；外國勞務人員的基本人權保障；適用勞務標準法，最低工資法，產業安全保障法等與國內勞務人員同等的勞動法（Ministry of Employment and Labor, Korea，2010）。

議是非營利性質、支出成本低，加上韓國勞動薪資高，因此吸引勞動者亟欲前往韓國工作。但是韓國給予的移工名額有限，僧多粥少，所以利用年輕人想要前往韓國工作的心態，一些企業和個人趁勢成立韓語教學和培訓中心，使得很多想要出國工作的人誤解，以為單憑韓語合格的考試結果就可以前往韓國工作。除了這些企業和個人違法進行仲介等欺騙行為之外，還有一些韓國人標榜說可以疏通韓國的官員，讓已經登記參加出口勞動的越南勞動者可以早日出境，很多勞動者由於缺乏資訊很容易受騙上當（MOLISA，2008g）。

由於多數的勞動出口公司集中在河內地區，自2006年至2007年3月，河內已經發生了多達七十幾件有關出口勞動的詐騙案，受騙者達二千一百一十八人，其中96%是外省農民，大多是想要出國到韓國的勞動者。這些欺騙行為都有些共通性，受騙的勞動者主要是農村剛成年的學生和年輕人，沒有工作經驗、缺乏勞動出口的相關資訊（Đảng Cộng Sản Việt Nam，2007）。[19]這些受騙者對參加出口勞動有其真正的需求，但因為缺乏了解勞動出口公司的資訊，所以成了詐騙集團的對象。而引起政府重視的原因是，欺騙勞動者的問題已經影響到了國家有關出口勞動政策對消除貧窮的主張（MOLISA，2008g）；為

---

[19] 河內公安廳公布了詐騙出口勞動罪犯的初步調查工作，犯罪者共有一百一十九人，詐騙金額高達二百三十五萬四千美元和一百四十五億越盾；查扣沒收了五十七萬八千二百美元與五十億元越盾，起訴五十四件案子其有九十名被告；一件進行行政處理有三名被告；還在調查中的案件有十五件有二十六名嫌疑人。這些詐欺行為都有些共通性，以下是幾個典型的案例：居住在北寧省仙遊縣賢雲社（*Hiền Vân, Tiên Du*）的一對兄弟裴光戰（*Bùi Quang Chiến*）和裴文請（*Bùi Văn Thinh*），兩人在河內成立技術服務股份公司，以培訓出國勞動者的名義並打著國營的人力資源教育訓練企業VinaGimex的招牌行騙。光是2006年1-10月兩人靠著偽造出口勞動去韓國的假資料，已有四百多名勞動者受騙上當，詐騙了五十多萬美元。調查機關已沒收二十億越盾並歸還給受害者。另在2006年11月，公安廳起訴並暫時拘留了住在海陽省清綿縣（*Thanh Miện*）的武文操（*Vũ Văn Thao*），他原是屬於交通運輸部Traseko總公司南部出口勞動中心第二出口勞動組組長，其利用職務之便，欺騙三十名想要出口勞動去韓國的勞動者，詐騙了六十億越盾，目前調查機關已沒收了六億越盾。還有2006年8月，河內龍邊郡（*quận Long Biên*）公安逮捕了住在北江省越安縣（*Việt Yên*）的阮進卷（*Nguyễn Tiến Quyền*），他是國家出入口投資股份公司經理，其欺騙了二百多名出口勞動去韓國的勞動者，詐騙八萬九千美元與三億五千萬越盾，公安已經沒收四萬九千美元並將三億五千萬越盾還給受害者。透過調查這些詐騙勞動者案子，公安當局總結出這些專門欺騙出口勞動罪犯的手段，例如他們常利用社會現象與群眾心理，向人民廣告說有出口勞動和留學計畫等，並取得受害者的信任接著詐騙他們的財物。犯罪者透過各種管道，將他們介紹到韓語和馬來語等各培訓中心，並向他們保證不用多久時間一定可以出國到韓國、馬來西亞等地工作（Đảng Cộng Sản Việt Nam，2007）。

此，海外勞動管理局和地方政府也著手進行反詐騙的宣傳和行動（MOLISA，
2008h）。**20**另外，在中東勞動出口市場逐漸發展之際，新興的勞動出口市場
也成為詐騙者的假借目標，海外勞動局也特別針對阿拉伯聯合大公國的勞動出
口市場提出宣導與呼籲（MOLISA，2009b）。**21**而在南定省（*Nam Định*）則
發生受騙者打電話到國家廣播電台去申訴遭騙情形，因為案件牽涉到省政府勞
動─榮軍─社會廳工作介紹中心的幹部，消息一經披露後引起許多新聞媒體和
社會輿論的關注。為此，南定省勞動─榮軍─社會廳特地組成調查小組，向社
會大眾和報紙媒體公布調查報告，說明國家幹部涉入詐騙勞動者事件的原委，
試圖釐清幹部與受騙者之間的金錢關係是否與勞動出口活動有關，藉以挽回想
要出國工作者對國家的信任（MOLISA，2011b）。**22**

20　例如宣光省（*Tuyên Quang*）政府宣稱出口勞動是省政府的首要主張，為地方人民尤其是窮人帶來了很大的經
　　濟利益。針對查獲的出口勞動詐騙案，特別是詐騙窮人的欺騙者，給予犯罪者最嚴格的懲罰方式，並加強人民
　　對省政府出口勞動計畫的信心（MOLISA，2008h）。

21　海外勞動管理局以實務經驗提出呼籲，欺騙者通常會擬定一個有著高收入的出口勞動遠景，製作假的選用合
　　約，收取出口勞動服務費、機票錢、培訓費等，其後帶勞動者出口勞動去海外，到了國外便置之不理。大部
　　分的受騙者，均缺乏法理證據來起訴欺騙者：例如沒有工作合約，若有的話也只是簡陋的手寫合約；沒有繳費
　　收據以證明繳款金額；甚至有人只知道欺騙者的名字（A姐姐或B哥哥），完全不清楚將自己帶到國外者的背
　　景。為了預防移工受騙，駐阿布達比（Abu Dhabi）的越南大使館曾發佈警訊，提醒勞動者對於商貿和出口勞
　　動公司，在與對方聯繫的時候，建議對方提供公司的正式名稱、合法經營執照、具體地址、電話號碼、傳真號
　　碼、信箱以及聯繫人或中間人的個人通訊（姓名、國際、護照號碼、固定電話號碼、手機號碼等）。在選用勞
　　動契約簽訂以及提供簽證之前絕對不要繳押金和服務費；在收到勞動簽證之後，須仔細檢查該簽證真偽，因為
　　觀光簽證、探親簽證只能停留三十天以內；在收到勞動簽證後才允許勞動者出境。出口勞動者應該聯繫國內有
　　合法出口勞動功能執照的公司，應該親自到勞動出口公司辦公室、分公司或代表辦公室去辦理登記手續與繳
　　費；不應該透過或完全交給中間（介紹）人，甚至是請託親屬朋友等代替自己辦理登記、繳費、簽約等手續。
　　在繳費的時候，須要求選用單位提供收據，上面載明繳款金額、繳款內容以及公司領導的簽名或蓋章。須掌握
　　公司名稱、公司地址、電話號碼、傳真號碼、選用單位代表人的名字等資訊，全部寫在自己的手冊，隨身攜帶
　　以便緊急時備用。在與國內公司進行簽約之前，務必看清楚並掌握契約的內容，同時自己也要保留一份（有公
　　司負責人的簽名與蓋章），以帶出海外使用（MOLISA，2009b）。

22　該事件調查結果摘要如下：「南定是經濟不發展的省市，勞動力豐沛但素質不高。對於解決工作問題，尤其是
　　以出口勞動來提高勞動者收入、消除貧窮是國家的主張，受到省委、政府有關部門特別重視。因此，在得到有
　　關省工作介紹中心的幹部武氏碧玉（*Vũ Thị Bích Ngọc*）涉及出口勞動詐騙之後，勞動─榮軍─社會廳認為這
　　是很重要的事情並且受到大家關注，此行為影響了黨和國家有關出口勞動的主張，尤其韓國是一個可以為越
　　南勞動者帶來高收入的市場。所以在收到相關檢舉之後，勞動─榮軍─社會廳領導立刻指派有經驗的幹部去研
　　究了解並進行調查工作，調查結果顯示勞動者資訊不足與事實有所出入為主因，勞動者以為通過韓語考試就可
　　以出國工作，其實不然。但陳富強（*Trần Phú Cường*）確實交付六千美金給武氏碧玉，武氏則稱這筆錢是借款

　　這些與勞動輸出活動相關的詐騙行為已經妨礙到黨和國家政策的推動，主要就是因為這些詐騙行為大多假冒政府或勞動出口公司人員，或有些國家幹部真的是圖謀不軌從中獲利。這些移工為了支付勞動出口公司高額的服務費和仲介費，很多人都是向銀行或私人借貸，可以想見如果被詐騙，那借款幾乎是不可能償還的。2003年以前，出國工作資訊還很缺乏，很多資訊是依靠河內來到地方的黨、政府和勞動出口公司下鄉宣傳，有位受訪移工回憶說：「當時勞動出口公司配合縣政府人員共同下鄉招募移工，當時公司說需要一百人，村民前一天已在廣播喇叭裡聽到這個消息，隔天去了非常多人，最後只挑了不到一半的人，大家就認為公司和縣政府的人欺騙大家。」

　　從受訪移工所描述的情形看來，部分村民認為國家勞動輸出政策並沒有照顧到每一個人，對於已經去登記參加出國工作，最後卻無法如願，村民並不會歸責自己是否達到勞動出口公司所要求的標準。這類情形也發生在太平省，太平省境內約有三十家進行出口勞動活動的公司，然而其中只有一家是屬於省政府管理的公司。各家公司來到省內工得到省政府全力的協助，尤其是得到地方上群眾組織團體的配合，可以直接公開地挑工。在經過專業和外語培訓之後，大部分地方的勞動者均被錄用按規定時間出國工作。然而有一些勞動出口公司為了滿足海外勞動市場的訂單，所以超量挑工，導致勞動者等待出境時間被拉長，有人等了六個月、有的甚至長達一到兩年，因而使想要出國工作的民眾感到氣憤（MOLISA，2005t）。

　　因為出國工作的人數漸多以後，人們多依賴口耳相傳，加上詐騙移工及其家庭的事件頻傳，即便有許多出國工作的資訊管道，大家還是比較願意相信人際網絡的訊息傳遞。在訪談的基層幹部中，就有一位村書記（也擔任過村長）

且在案發後已經歸還，將安排雙方對質進一步釐清事實。將來，在調整經濟結構的重中，解決就業問題與出口勞動是保證社會生活更有意義的重要任務。勞動—榮軍—社會廳希望各個機關部門、廣播電台、雜誌媒體等，繼續追蹤同時批判那些消極、故意違規的行為，協助南定省政府將出口勞動工作做好，協助勞動者提高生活品質，維護地方安寧秩序」（MOLISA，2011b）。

表示：「我的三名子女都去過台灣工作，其中有一個女婿也去過台灣。我也跟河內的勞動出口公司配合，幫忙介紹人跟辦理出國手續，介紹很多親戚朋友的小孩出國工作，陸陸續續已經介紹四十幾人出國工作，以前和EMICO（勞動出口公司）配合、現在和MICOLA（勞動出口公司）配合。」

而農村裡的訊息來源與傳播也多由這些黨、政府和群眾組織幹部所掌握，每月、每季、每半年、每年各單位與組織都要開會，書記代表黨開會、村長代表政府開會、各群眾組織也要開會，開會的目的大多是工作檢討與展望，勞動輸出政策也是透過這樣的會議形式達到政令宣傳目的。各單位組織雖然在文化中心開會（有的在亭），裡頭有整齊的桌椅與講台，但一般基層的開會形式不會是正襟危坐地坐在椅子上舉手發言，而是輕鬆地談話，有點像是朋友間聚會話家常，如果會議的主題是村中某家有人出國工作賺了錢或蓋了樓房，相信消息是會很快在村子傳開的。[23]在《出國工作法》和許多相關配套法令的陸續頒布之後，欺騙勞動者的事件才逐漸受到政府的控制（MOLISA，2005r；2005s；2006h；2006i；2007i；2007j；2007k；2008f）。

四、「北移工」的遷移現象

還有一點值得一提的是，前言部分提及的「北移工」現象，這些出國工作的移工大多來自北部和北中部省分，[24]這是為什麼呢？由於各省輸出移工人數

---

[23] 南定省還厚縣海州社（xã Hải Châu, huyện Hải Hậu, Nam Định）政府主席陳廷征（Trần Đình Chinh）說：「如果有一個人出口，帶來很大的收入，就不用勞動出口公司派人來宣傳了，其他勞動者一定會參加，因為他們已經看到出口勞動的效果！」（MOLISA，2012b）。

[24] 依照越南國家統計局常用的經濟地理區域為畫分，越南全境分為八大區域：西北區（Northwest）、東北區（Northeast）、紅河平原區（Red River Delta）、中北沿海區（North Central Coast，俗稱北中部）、中南沿海區（South Central Coast，俗稱南中部）、中部高原區（Central Highlands，俗稱西原）、東南區（Southeast）、湄公河平原區（Mekong River Delta）。越南人一般習慣所稱的北部，即包含西北區、東北區、紅河平原區各省；中部，即包含中北沿海區（北中部）、中南沿海區（南中部）、中部高原區（西原）各省；

資料取得不易，僅有勞動—榮軍—社會部公布的2008年資料可做爲參考（請參考表4-1）。我們可以看到輸出千名以上勞動者有十九個省分，只有胡志明市（*Thành phố Hồ Chí Minh*）位於南部，可以想見的是作爲全越南第一大城市，胡志明市不僅有充沛的勞動力，也是整個南部的政治經濟中心。因此勞動—榮軍—社會部直屬的勞動出口公司SULECO，選中胡志明市的古芝縣作爲實行勞動輸出日本計畫的試點地區，SULECO與基層的退伍軍人會共同進行宣傳，並鼓勵退伍軍人家庭的子女出國工作（MOLISA，2005e；2005g）。至於南部其他省分，勞動輸出活動與移工人數普遍低於北部和北中部省分，例如：南部的平順省（*Bình Thuận*）在2004年開始推動出口勞動之後，2005年整年才輸出四十一名勞工出國工作，只達到預期目標的16.4%。平順省出口勞動成長緩慢的原因是，缺乏各機關黨委、政府積極宣傳和動員，因此登記出口勞動的人數很少。尤其在聽聞廣播報導海外移工的負面消息後，對出口勞動的形式產生懷疑和不信任；還有就是辦理護照所需的手續時間太過冗長，需耗時四十五至六十天；再加上，農民的心理和思想視離鄉背井爲畏途，有一些人甚至出口勞動手續都完成了但最後還是決定放棄（MOLISA，2005i；2005j）。後江省（*Hậu Giang*）出口勞動活動雖然得到各機關的支持，但是在實施的過程中仍面對許多困難，原因在於勞動者主動辦理出國手續的意識和意願不高，過於依賴國家各個機關部門。另外，有關出口勞動者的個人資料，如身分證、戶籍簿、健康證明書等個人證明文件經常遺失，且海外工作資訊與社／村公安以及各個職能單位的未能緊密配合，都是不利勞動出口的因素（MOLISA，2005k）。還有，朔莊省（*Sóc Trăng*）每年平均出口不到五百人，其中主要的問題是銀行貸款意願不高，因爲地方上已經發生了移工延遲還款的情況，導致銀行緊縮貸款，像是省內農業與農村發展銀行，逾期的債務已經高達52%（MOLISA，2005l；2005m）。

南部，即包含東南區、湄公河平原區各省。若是只概分爲南、北兩大區域，北部包含西北區、東北區、紅河平原區、中北沿海區（北中部）；南部則包含中南沿海區（南中部）、中部高原區（西原）、東南區、湄公河平原區。

表4-1　越南各省／市勞動輸出移工人數（2008年）

序號	省／市	人數	序號	省／市	人數	序號	省／市	人數
1	胡志明市（TP. HCM）	9,825	22	加萊省（Gia Lai）	705	43	同奈省（Đồng Nai）	200
2★	義安省（Nghệ An）	9,707	23★	廣寧省（Quảng Ninh）	676	44	慶和省（Khánh Hoà）	200
3★	清化省（Thanh Hoá）	9,479	24	永隆省（Vĩnh Long）	634	45	廣南省（Quảng Nam）	200
4★	北江省（Bắc Giang）	7,588	25	堅江省（Kiên Giang）	620	46	平福省（Bình Phước）	178
5★	河靜省（Hà Tĩnh）	6,325	26★	廣治省（Quảng Trị）	593	47	峴港市（Đà Nẵng）	150
6★	河內市（Hà Nội）	3,920	27★	北㳆省（Bắc Kạn）	522	48	安江省（An Giang）	140
7★	北寧省（Bắc Ninh）	3,115	28★	焉拜省（Yên Bái）	515	49	西寧省（Tây Ninh）	116
8★	海陽省（Hải Dương）	3,107	29	富焉省（Phú Yên）	510	50★	山羅省（Sơn La）	109
9★	太平省（Thái Bình）	3,102	30	廣義省（Quảng Ngãi）	507	51	金歐省（Cà Mau）	104
10★	富壽省（Phú Thọ）	3,012	31★	河江省（Hà Giang）	503	52★	高鵬省（Cao Bằng）	100
11★	興安省（Hưng Yên）	2,515	32	前江省（Tiền Giang）	463	53	茶榮省（Trà Vinh）	100
12★	南定省（Nam Định）	2,500	33	同塔省（Đồng Tháp）	312	54	林同省（Lâm Đồng）	87
13★	泰源省（Thái Nguyên）	2,275	34	平定省（Bình Định）	310	55	薄寮省（Bạc Liêu）	83

序號	省／市	人數	序號	省／市	人數	序號	省／市	人數
14★	廣平省（Quảng Bình）	2,217	35★	承天順化省（Thừa Thiên Huế）	308	56	寧順省（Ninh Thuận）	77
15★	寧平省（Ninh Bình）	1,800	36	得農省（Đak Nông）	301	57	崑嵩省（Kon Tum）	72
16★	和平省（Hòa Bình）	1,616	37★	諒山省（Lạng Sơn）	300	58	巴地頭頓省（Bà Rịa - Vũng Tàu）	65
17★	永福省（Vĩnh Phúc）	1,036	38	隆安省（Long An）	268	59	後江省（Hậu Giang）	58
18★	海防市（Hải Phòng）	1,022	39	平順省（Bình Thuận）	250	60★	奠邊省（Điện Biên）	55
19★	宣光省（Tuyên Quang）	1,020	40	芹苴市（Cần Thơ）	250	61	平陽省（Bình Dương）	45
20	檳榔省（Bến Tre）	806	41	朔莊省（Sóc Trăng）	230	62★	老街省（Lào Cai）	43
21	得樂省（Đak Lak）	750	42★	河南省（Hà Nam）	219	63★	萊州省（Lai Châu）	21
合計：87,936（人）								

註：★號標記者爲北部和北中部省分，未標記者爲南中部、西原和南部省分；資料來源：MOLISA（2009a）。

　　南部湄公河平原地區各省市的出口勞動比率不斷下降，依據堅江省（*Kiên Giang*）勞動—榮軍—社會廳的資料顯示，2007年前七個月該省僅出口約七十名勞動者，主要前往馬來西亞工作，這數字對全年出口一千五百名移工的目標來說相差太遠。在安江省（*An Giang*），同時期各家勞動出口公司也只出口三十八名勞動者，占全年計畫的1.5%，只有去年同期的14%。另據，安江省出口勞動單位的說法，那些傳統市場如馬來西亞、台灣等不再受勞動者的重視；

取而代之得是那些高收入的市場如日本、韓國等。然而，想要出口到這些國家，勞動者必須擁有相當的技術能力和外文程度等，可是安江省的大多數勞工根本難以達到這些要求。茶榮省（*Trà Vinh*）的情況也是一樣，2006年上半年該省出口了三百五十二名勞工，可是2007年同期才出口三十二名勞工而已，比上一年度減少了約90%。茶榮省勞動—榮軍—社會廳負責管理出口勞動工作的處長楊光玉（*Dương Quang Ngọc*）說：「*海外勞動市場一些負面傳聞，像是馬來西亞工廠惡性倒閉，積欠越南移工薪資，引起想要出國工作者的懷疑，他們乾脆就不參加出口勞動。所以，地方透過出口勞動方向來解決工作問題變得十分困難。*」金甌省（*Cà Mau*）的出口勞動比率也很低，據金甌省勞動—榮軍—社會廳的資料，在2007年前五個月金甌僅出口一名勞工而已，到2007年六月中才又增加三名；與2005年同期的出口約五百名勞工相差甚遠。金甌省和堅江省的勞動—榮軍—社會廳均認為，主因是這段時間前往馬來西亞工作的移工提前結束契約返國的情形增加（主要是馬來西亞經濟不佳導致工廠倒閉），政府又未即時向人民解釋原因造成猜測懷疑，所以很多農村家庭不讓子女登記參加勞動輸出（MOLISA，2007f；2007g）。

　　另外，南部有些鄰近胡志明市的省分，省內有不少為了吸引外資所設立的工業區，像是同奈省（*Đồng Nai*）、平陽省（*Bình Dương*）和隆安省（*Long An*），這些地區本身對勞動力本來就具有高度需求。以同奈省為例，目前約有七百多件外國直接投資的提案，總資金達到七十七億美元。省內有十七座工業區有近萬名勞工的缺工需求，這些工業區內的缺工企業大多是外資公司，生產類別如運動鞋、紡織和成衣等勞力密集產業。盛福工業區（*KCN Thạnh Phú*）缺工約二千人，AMATA工業區缺工約六百人；部分位在邊和第二（*Biên Hoà 2*）、仁宅第一（*Nhơn Trạch 1*）、仁宅第二（*Nhơn Trạch 2*）、仁宅第三（*Nhơn Trạch 3*）、三福（*Tam Phước*）、鹿凹（*Hố Nai*）等地工業區各需要約五百人以上的勞工；對勞動力的大量需求是因為很多公司生產線滿載，缺工會影響生產與將來擴大生產的計畫。另外，以前許多在紡織廠、製鞋廠的工人

都是來自中、北部各省，現在很多公司已經在中北部地區投資建廠，南部的外地工人便回到自己的家鄉工作。為了克服缺工情況，同奈省各機關甚至要聯合有勞動需要的公司，直接到省內的農村地區進行招募，甚至是到更南邊的湄公河平原各省和中部各省（MOLISA，2005n）。而且，南部工業區非技術性勞動的薪資普遍偏低，但出口勞動的費用卻很高，因此造成同奈省出口勞動的比率也很低。那些收入較高、經濟條件好的市場，同時出口勞動費用也很高，具體的金額：如韓國勞動輸出的個人費用約八千美金、日本市場約九千美金；其餘的馬來西亞和台灣等市場也要一次繳足約二千至三千美金（實際上更高）。對於一般勞工而言，這些金額數目幾乎遠超過他們的能力之外。再者，同奈省政府也未成立勞動出口管理組，所以勞動者在辦理相關手續和貸款時倍感困擾與耗時。加上，同奈省出口勞動也要經過很多繁複地手續流程，位於邊和市（*Biên Hoà*）專門供應地方勞動兼介紹出口勞動的勞動介紹公司經理陳氏秋芳（*Trần Thị Thu Phương*）表示：「每天大概有十人左右來咨詢出口勞動資訊，並委託我們協助讓他們能夠出口勞動，但我們只能答應約兩、三人出口到較為一般的市場如馬來西亞或台灣等而已。實際上，我們也不能直接當仲介（因沒有執照），而只是將他們申請出口勞動的資料寄到胡志明市有信用的勞動出口公司」（MOLISA，2007h）。

國家為因應南部各省貧乏的勞動出口活動，也為各省勞動—榮軍—社會廳的幹部舉辦研習會議，試圖改善這個南部勞動輸出的疲弱現象。2010年11月，海外勞動管理局與胡志明市政府舉辦了專門為培訓南部三十二省／市的勞動—榮軍—社會廳幹部有關出口勞動活動的訓練會議。此訓練會議內容是講解越南目前的出口勞動活動與國際勞動市場的基本知識，具體內容有：全球化與融入國際、海外出口勞動市場、海外越南勞工概論、越南出口勞動政策背景、評價過去越南出口勞動情形以及機會與考驗、管理與解決有關海外勞動糾紛的發生、各機關部門間對勞動者培訓的配合、地方貸款手續、透過銀行匯款與收費等金融服務、釐清契約爭執與契約違反、出國工作扶助基金的協助內容

等（MOLISA，2010g）。雖然中、北部各省有許多地方因為靠著勞動輸出政策，有著繁榮發展景象的例子不勝枚舉，但還是有些省分的勞動出口活動貧乏。像是諒山省（*Lạng Sơn*）政府雖然提供很多針對出口勞動者的鼓勵政策，如貸優待款、職業培訓、學習外語和電腦等機會，可是能夠出國工作者仍然有限。主要是因為培訓設備不足，所以省內各工作培訓中心僅能提供國內勞動者進行工作訓練；出國工作者，就必須委託其他培訓條件足夠的單位，這是造成諒山省無法達成出口勞動目標的原因（MOLISA，2005o）。每個省分的情況不盡相同，峴港市（*Đà Nẵng*）則是因為勞動培訓領域缺乏多元性，所以出口勞動效果與預期目標相去甚遠。加上，地方政府對此領域的管理不甚積極，管理海外越南勞工工作不夠嚴謹，無法發展出口勞動市場（MOLISA，2005p）。承天順化省（*Thừa Thiên Huế*）人民對出口勞動不感興趣的原因是農民「不離鄉」（*bất ly hương*）的觀念；另一個原因也是各級地方政府未投注心力，導致想要出國工作者在培訓教育和優惠貸款等辦理手續上遭遇困難（MOLISA，2005q）。

　　越南的勞動輸出政策並非是自由放任的，而是具有多重的經濟與社會發展策略，諸如：提升人力資源素質、輸出過剩勞動力和增加財政收益等（Dang，2008）。作為越南共產黨最高權力機構的中央政治局也明確指出：「勞動出口是一項社會和經濟的活動，協助發展勞動力、解決工作問題，為勞動者提供收入來源與增加工作機會，並增加國家外匯收入」（MOLISA，2006c）。因此，勞動輸出政策是受到黨、國會和政府高度重視與認可的政策，各地方政府莫不以此為發展的可行途徑；勞動輸出政策的推行在有些省分蓬勃發展，有些省分卻黯然失色。北部省分因為靠近河內，而河內不僅是中央黨政機關所在地，也是多數勞動出口公司集中的地方，在政策宣傳和制度支持的層面上其影響力是向外擴散的，對南部地方來說難免有些鞭長莫及。南部的胡志明市是全越南第一大城，也是南部的政治經濟中心且工商業發達，部分鄰近省分受惠於經濟發展效應，南部本身已經具有高度勞動力需求，因此勞動出

口活動不比中、北部活躍。但還是有少數北部山區省分勞動出口活動貧乏，造成差異最重要的因素，還是與各地方政府對勞動輸出政策的制度安排健全與否有關，如政策的宣傳、地方法規的制訂、勞動出口公司的協調、地方幹部的認知、地方組織的聯繫、銀行的優惠貸款等相關制度設計。

第三節　移工的跨境治理

一、打造國際市場的理想移工

　　國會在審核勞動輸出政策相關預算時，對勞動出口所帶來的影響做出極高評價，認為發展出口勞動是為了協助勞動者解決工作問題，增加收入、提高技術水平、勞動意識和工業作風，政府的文件說明了送人出國工作是黨和國家的主張。自1980-1990年代，越南的勞動合作主要透過政府與蘇聯、東歐各國和中東各國的協定；1991年至今，出國工作的活動則依照市場經濟機制，政府主要扮演管理的角色。國會代表們一致認為送人出國工作是一項直接與人民相關的經濟和社會發展活動，也是國家發展對外關係的活動（MOLISA，2006c；2010f）。

　　從國家推動勞動輸出政策的觀點來看，哪些人可以成為移工呢？按照由越南與台灣兩國雙邊簽訂的〈駐越南台北經濟文化辦事處與駐台北越南經濟文化辦事處有關派遣及接納越南勞工協定〉第五條內容所載，來台之越南勞工須有「技術證明、健康檢查證明、無犯罪紀錄證明」。後二者健康檢查與無犯罪紀錄的條件是既定的，透過事實驗證即可；那技術能力又該如何證明，因此移工的培訓課程成為重要的條件。為勞動者組織必要知識的培訓課程，即為勞動出口公司一個很重要的功能，這部分在〈必要知識培訓課程〉（第18/2007/QD-BLDTBXH號決定）中有詳細規定，[25]甚至對於培訓課程內容與時數有明

---

[25] 第18/2007/QD-BLDTBXH號決定內容摘要如下：（I）目標：①給勞動者灌輸有關越南法律以及勞動接受國法律、風俗習慣、生活方式、生活和工業作風等必要知識，讓其儘快適應外國生活和工作的條件。②讓勞動者養成依法生活和行事的習慣，自覺遵守勞動法律和紀律；為提高越南勞動者在國際市場上的質量和信譽事業做出貢獻。（II）課程大綱暨時數表，總共七十四小時課程（含十六節實習課）。（III）課程內容（依表三分項說明）：①民族傳統及文化本色：a.在國外工作和生活期間，發揚愛國、團結、相親相愛的傳統、民族文化本

文規範（請參考表4-2）。所謂的移工「必要知識」指的是什麼？基於越南一貫地強調國家自主獨立的立場，我們可以發現越南勞動輸出政策也會訴諸民族團結的重要性，像是第18/2007/QD-BLDTBXH號決定中有關必要知識的課程內容，第一項課程內容就是遵循民族傳統和文化本色（*truyền thống, bản sắc*

色以及維護民族自豪感、自尊心的任務；b.出國工作人員的公民責任。②有關越南和勞動接受國法律、刑事法律、民事法律、行政法律的基本內容：a.派遣越南勞動者出國工作活動及活動本身對勞動者本人、家屬和對社會的利益；b.越南相關法律，如：《勞動法》有關勞動者出國工作的規定、《出國工作法》及實施指導文件、《民法》、《刑法》和出入境的相關規定；c.勞動接受國相關法律，如：移民規定、出入境規定、勞動法、保險制度（社會保險、醫療保險、意外保險等）、對外國勞動者的賠償制度和刑法；d.出國工作者執行和遵守越南和勞動接受國法律的義務；e.對違法行為的處理規定。③企事業單位、對外投資組織和個人與勞動者簽訂契約的內容：a.〈勞動輸出契約〉是指派遣勞動者出國工作企事業單位、對外投資組織和個人與勞動者簽訂的；b.〈勞動契約〉是指用工者與勞動者簽訂的；c.各方履行契約的權利、義務和責任。④勞動紀律、勞動安全和勞動衛生：a.工作地點的勞動規則；b.對勞動安全、勞動衛生規定和規則的指導；c.個人勞動設備、器材及其使用方法；d.各種勞動事故、各類職業病及其預防方法；e.越南勞動者常見的違反規則、勞動紀律、勞動安全和勞動衛生的行為及其防範措施。⑤勞動接受國的風俗習慣和文化：a.風土人情、自然地理位置、人口及其名勝古蹟的介紹；b.宗教和主要風俗習慣；c.當地人民的傳統文化藝術、生活方式、生活習慣和交際方式；d.道德準繩；e.社交文化；f.對勞動接受國宗教、風俗習慣和文化的注意事項。⑥勞動和生活中的處事方法：a.工作中：協同用人單位、仲介公司代表、勞動輸出企業代表或企業授權人等，處理出現勞動問題時的應對方法和程序；與同事相處的方式（包括越南勞動者、其他國家和所在國的勞動者）；b.生活中：遵守公共場所、居住地的準則和規定；嚴禁各種妨礙社會治安的行為，如賭博、酗酒、鬥毆、收藏和散播色情印刷品；對食宿、生活條件不好而出現問題時的應對辦法和處理程序；禁忌事項，如捕殺狗、貓和禽鳥等動物。c.越南勞動者常見的錯誤處事態度及糾正方法。⑦交通工具的使用、購物、日常生活用具的使用：a.介紹越南出境手續和勞動接受國的入境手續；b.介紹隨身行李及個人用品的準備；c.介紹乘坐的交通工具：飛機、火車、公車、計程車和地鐵等乘坐方法；d.到企業報到時須知須辦的事項：領取宿舍的各種用具及使用這些用具的知識（如暖爐、微波爐、冰箱、空調、吸塵器和電話等）；e.日常交易中當地貨幣的使用、匯款回國的服務、所在國貿易系統、在超市和市集購物的方法；f.越南駐外領事館、勞動企業代理電話、地址，所在國警察、消防的電話及地址，有關職能機關熱線電話等，以便勞動者在需要的時候聯繫；g.越南勞動者在這些方面的不足與克服方式。⑧在外國工作和生活期間需主動防範的問題：a.防火、救火、交通事故和流行疾病；b.風災、水災、地震和海嘯等自然災害的防範；c.性侵犯及防備方法；d.毒品、色情和愛滋病的預防；e.詐騙、竊盜、暴力及引誘毀約逃跑從事非法活動的手段及其他事件發生時的應對方法。最後為，（IV）實施細則：①給越南勞動者必要知識培訓的教師應具備下列條件：a.有越南勞動輸出活動領域的工作經驗和知識；b.熟悉越南法律和越南勞動者所到從業國的法律和風俗習慣；c.受過海外勞動管理局開辦的專業教師培訓班的培訓。②組織勞動者必要知識培訓的設備基礎應達到下列要求：a.有足夠面積的教室和必要的教學設備；b.有可容納一百人以上的食宿、生活和學習的場所。③培訓必要知識的教材：a.勞動者必要知識培訓的教材應具備本課程第III部分規定的內容；b.由海外管理局編撰和頒布，符合本課程第（III）部分第一、二、五、六、七、八點要求的教材；由勞動輸出企業單位、對外投資事業編撰符合第三、四點規定的教材；c.由專業主管部會規定的針對專家（chuyên gia，指專業技術人員）授課的課程和材料；d.由交通運輸部針對在海上工作的漁工制訂課程和教材；e.必要知識培訓的教材應印刷清晰，供應充足。④執行責任：勞動輸出企事業單位經理、對外投資組織和個人有責任執行本課程。實施過程中如有疑難，各機關、組織應及時反映給勞動—榮軍—社會部，以便處理。

văn hoá của dân tộc），國家認為移工在海外工作和生活期間，要發揚愛國、團結、相親相愛的傳統民族本色以及維護民族自豪感、自尊心；更重要的是盡到一位公民的責任。在越南，許多國家政策和法令首先訴諸的就是民族主義與團結情感，最具代表性的就是《越南社會主義共和國憲法》（*Hiến pháp nước Cộng hòa Xã hội chủ nghĩa Việt Na*），特別是在前言部分將整個國家的建立和統一的歷史過程寫入憲法，並強調人民為國家犧牲奉獻的文化傳統。對大多數越南人來說，民族團結是包含國家與社會的抽象表述，卻也是越南人民深信不疑的價值。

表4-2　移工培訓課程綱要暨時數表

序號	內容	理論	實習	總時數
1	民族傳統和文化本色	4	—	4
2	有關越南和接受國勞動法律、刑事、民事、行政法律的基本內容	12	—	12
3	企事業單位、對外投資組織和個人與勞動者簽訂契約的內容	8	—	8
4	勞動紀律、勞動安全和勞動衛生	8	8	16
5	勞動接受國的風俗習慣和文化	4	4	8
6	勞動和生活中的處事方法	8	—	8
7	交通工具的使用、購物、日常生活用具的使用	4	4	8
8	在外國工作和生活期間需主動防範的問題	6	—	6
9	期末複習和測驗	4	—	4
	合計	58	16	74

資料來源：Thu Viện Pháp Luật（2007）。

對國際勞動市場而言，高素質的勞動力是具有競爭力的，勞動—榮軍—社會部所明定的必要知識的培訓，其目的即在增加出國工作勞動力的素質。但在

越南勞動出口公司實際操作上，不同移入國卻存在不同的培訓方式，除了考慮到移工所從事的產業類別和特性，不同產業所需要的勞動特質不盡相同之外；移入國對移工的職能要求標準也是很重要的因素。一位從政府機關退休目前任職勞動出口協會的幹部受訪時談到，海外移工逃逸現象的發生原因很多，若以他的角度來看，最重要的因素還是：培訓課程不夠確實。以台灣為例，這些前往台灣工作的勞動者受訓時間都不足夠，在培訓中心上課一、兩個月，只要勞動出口公司一接到來自海外的訂單，就會將勞動者送出國工作，導致台灣的越南移工逃逸比例還是很高。但日本的情況則有很大改善，在日本的越南移工逃逸比例曾高達10%以上，後來日越兩國協議採取較為嚴格的培訓時程（四至六個月），並且通過語言和技術測驗才能赴日工作，逃逸比例持續降低到1%以下。移工的外語和技術課程培訓其實是打造具國際勞動市場水準的理想移工的重要環節，外語的學習不僅只是專業術語，通常也涵蓋了移入國日常生活與工廠環境的實作與觀念。像是勞動—榮軍—社會所頒的外語教材範本（有英、中、韓、日語），會以各種情境對話來教授外語，其中最常出現的情境就是工廠環境（請參考附件1）。透過學習外語可以促進出國工作後與管理階層或國外同事的溝通，避免因陌生（文化差異）所產生的外部成本；技能訓練除了專業知識外，其實也是熟悉現代工廠生產流程的訓練。也就是說，移工的外語和培訓課程，其實就是一套資本主義運作方式的篩選與淘汰機制。

　　一位受訪勞動出口公司勞工招募組長說：「挑工的時候，我們就會有一些標準，看台灣老闆要什麼，我們就挑什麼類型的勞工給他，一般是身高、年紀、體型啦，有的要男生、有的要女生，這就不一定。」另一位受訪勞動出口公司勞工管理組長表示：「台灣（某上市）電子公司都會不定期來越南挑工，筆試測驗是第一關，面試是第二關，全數通過者才可以到台灣工作。」

　　根據田野期間勞動出口公司所提供的移工測驗卷內容來看（請參考附件2），筆試測驗內容分為兩大部分：一是細心度測驗、二是數學邏輯和英文測驗；可以參加外國企業挑工的勞工，必須是完成培訓課程結業的勞動者。這份

筆試測驗卷內容就比較符合電子作業員的職業特質，強調工廠實作中的細心和邏輯順序，而英文單字則是分辨電子料件所必要的條件；面試內容就是簡單的語言溝通、體態、舉止等。對越南勞動出口公司而言，移入國的語言和技術要求愈高，培訓的勞動者就必須耗費較長時間與較多成本才能出國，相對地也增加了勞動出口公司的成本。相較越南輸出韓國的移工條件（EPS），台灣要求的移工條件相對簡單，除了性別、年齡、身高體型外幾乎其餘幾乎沒有要求，這一點可能也是造成台灣為越南移工最大單一市場的緣故，說穿了就是市場進入門檻較低。

在提高移工國際市場的勞動價格，除了增進語言能力之外，還有一點很重要的是培養「工業作風」（*tác phong công nghiệp*）。那麼「工業作風」指的是什麼？一位勞動出口公司負責培訓課程的主管說：「他／她們在這邊學，主要是學國語和觀念，學台灣的『觀念』。語言課程開始以介紹台灣的地理位置和風土民情為主，以及日常生活用語，例如怎麼樣搭乘交通工具、問候語、生病時緊急情況處理等。觀念就是說如何與雇主相處、應有的工作態度，像是出國工作是為了賺錢，很多事情要忍耐；坐要坐好，腳不要翹起來等等。」這位培訓主管的說法，也符合培訓課程綱要中的「必要知識」內容，可以看到這些課程內容並非針對專業技能，反而是與適應海外生活認知和勞動環境教育有關。

2008年，時任海外勞動管理局副局長陶工海（*Đào Công Hải*）表示，多數出口勞動者出身於農村地區，常被稱為「三無」（*3 không*）勞動者——沒有工作、沒有外語能力、沒有工業作風——，勞動的組織紀律意識很低所以難以錄取出口勞動，即使出國工作也是到收入較低的海外市場。有些越南勞工自認為對建築行業有經驗與技術，他們也真正親身參與過建築工程，可是在國外雇主來選工的時候，他們卻達不到基本的要求，因為他們沒有經過建築專業培訓，所以基本的實務操作都不到位（MOLISA，2008i）。在寧順省官方媒體有篇報導則更具體地描述了何謂「工業作風」，報導裡頭提到寧順省工業區

裡的外商，普遍對越南工人缺乏工業作風感到頭痛，一位寧順省孝善工業區
（*KCN Hiếu Thiện*）設立竹製品出口公司的王姓台商表示，在越南投資已經有
七年了，除了產品銷售和原料取得不易，日漸對公司經營產生困難外，其公司
也常面對勞工缺乏紀律意識和工業作風的問題。王姓台商說：「以前，公司的
員工總共有七十人，後來由於經濟景氣下滑經營遭遇困難，所以只剩下大概
三十名員工，工作契約為一年時間。但是其中只有十六人工作比較認真，其餘
的要麼碰到喪禮、婚禮或收割季節等，就連休了一個禮拜，也不經公司管理的
同意。每次碰到產品需要趕工的交貨期限，我就擔心工人隨意休息、不認真工
作，影響生產進度，失去對客戶的信用。」這些情況不只發生在外商工廠，本
地工廠也有相同問題。海越商貿生產與服務公司（*Doanh nghiệp SX-TM&DV
Hải Việt*）主要是加工生產海鹽的公司，跟其他公司一樣，由於工人違規缺乏
工業作風，所以管理上也常產生很多問題。公司經理說：「最普遍的問題就是
工人無理由地休假、遲到、早退，工作時間混在一起聊天、抽煙等，等到管理
幹部提醒的時候他們才散去，又擺出一副不順從的態度。雖然雙方都存在工作
契約，但是有時候面臨收割季節，工人又休息，我們得要不斷地打電話問候和
叮嚀。有時候工人不夠，我們還要東奔西跑去找人。」工業區裡的各家企業和
公司以非技術普通工人占大多數，他／她們出身於農村各地，習慣不受拘束地
工作。一些年輕的勞工沒有技術專長且從未在工業環境中經歷過，因此在進入
企業或工廠之後，不習慣在工廠管理和控制的環境下工作，又被工廠緊湊規律
地生產作業時間和規則等束縛，所以一不適應便打退堂鼓。再說，很多企業和
公司按件計酬來結算月薪，沒有附帶提出與工作紀律相關的獎懲制度，很多工
人剛進入工廠都只是抱著利用空閒時間來賺錢的想法而已，因此造成普通工人
缺乏工業作風的情形。對於勞工普遍缺乏工業作風的情況，寧順省的勞動聯團
副主席陳玉論（*Trần Ngọc Luận*）則提出其他意見說：「儘管缺工是目前各家
公司最普遍的問題，然而在進行勞動相關制度的檢查時，如醫療保險、社會保
險、工作契約等，有些公司又不依照規定辦理，他們都將理由都推給工人，說

工人們自己休息無故缺工。但是，也不能否認工人缺乏工業作風的問題，這個問題解決需要勞動者與使用勞動者雙方的努力；工團組織將會加強教育和宣傳工作，提高雙方的法律意識，以提高勞動者的認識訓練其工業作風。」省內的進順紡織公司（*Công ty TNHH May Tiến Thuận*）經理，也從管理者角度說明公司如何促進勞工工業作風的方法：「剛開始的時候，我們工也常面臨缺工問題，原因是工人今天做、明天休息。爲克服這一點，除了按照工業管理系統來運作，公司還爲工人制訂出規則、賞罰等條件。每個月工人如果準時上班並達工作時數，就可以領到全勤獎金（二十六萬至三十萬越盾）；如果因故休息一天，獎金便會折半。另外，還有一些獎勵制度，如優良員工表揚、育嬰津貼、在職進修機會等，以此建立公司與勞動者之間的聯繫；這些年來，工人自動休息、怠慢、遲到等問題也慢慢克服」（Báo điện tử Ninh Thuận，2014）。

　　從上述的說法，可以知道工業作風是一種能夠在工作場合實際操作的能力；更廣泛地說，是一種足以適應工業化工廠環境的工作態度。甚至，在勞動管理者的眼中，工廠體制中「勤勞」與「服從」是工業作風中不可缺少的工人特質。[26]對所謂工業作風的認知差異，反映在實際運作的工廠裡會有哪些情況發生呢？有位在台灣輪胎廠工作的受訪移工說：「在工廠中工作時，台灣人（同事）很小氣，像剪刀等小工具，都不借越南人，可是台灣人跟我們越南人借，我都借台灣人；台灣人工作的意識比較強，越南人雖然也有但是比較弱。」相信只要去過較具規模的工廠，就可以觀察到工作現場的作業流程幾乎都有一套制式的標準作業程序（SOP），每樣機械或工具都有使用操作手冊，工廠內外到處都可以看見大大小小的醒目標語或注意事項，這些工作行爲準則是以勞工安全和生產流程爲依據。好比「物有定位」是工具使用與管理的原則，[27]雖然可能只是隨身的小工具，但是在工廠的作業環境中，隨便一件小工

---

[26] 請參考附件1，部頒的中文教材範本中，第一課有「努力學習」以及第四課中也有「喜歡加班」的描述。

[27] 請參考附件1，教材範本中第一課也有「東西用好後，要放回原處」的描述。

具出現在不該出現的地方，可能就會造成勞工傷害或影響生產線運作，因此屬於個人的使用工具就應當由個人保管好。如果與越南人相處久了，會發現他／她們待人接物的處世原則傾向感性，而非理性思考，這其實與越南特殊的共同體價值觀有關。越南人之間有種以家庭、農村和友誼關係為基礎的共同體價值觀，父母從小教育他們有能力就要幫助別人，這也與社會主義所強調的互助和團結觀念是一致的。當工廠裡發生借工具剪刀這種小事，借與不借的結果，卻可能代表著不同的價值觀體系。

越南移工與雇主簽訂的勞動契約內容形式屬於定型化契約，實際內容是由台灣勞動部與駐台北越南代表處勞工管理組共同研議的，這意味著越南政府也同意契約所載明的內容。在產業類（製造業／營造業／養護機構）勞動契約中，明定移工的義務事項，其中一項為：「因工作實際需要，在合於法令規定範圍內，甲方要求乙方（指移工）延長工作時間或輪班工作時，乙方須（*phải*）配合甲方完成工作」（駐台北越南經濟文化辦事處，2013a）。家庭類勞動契約中，明定移工的義務事項，其中一項為：「甲方要求乙方於例假日工作時，乙方應儘量配合，乙方如須於例假日休息應事先告知甲方」（駐台北越南經濟文化辦事處，2013b）。以勞動契約中對移工的工作時間敘述來看，越南政府的立場是希望移工可以符合雇主的要求。雖然訪談經驗顯示產業類移工都喜歡加班，因為加班可以賺比較多的錢，可是生產流水線對移工產生的壓力以及輪班制違反人類生理時鐘，這些工作型態都與越南的農村生活習慣相去甚遠。

幾位受訪移工談到台灣的工廠環境時說：「在越南種田也是很辛苦的，可是不用每天都工作，差不多半年的時間，只有一個月是真正工作忙的時間，然後就休息了。不用天天都工作，可是做衣服（成衣廠）是天天，整年都工作，沒有休息！」

「我覺得在台灣工廠（飲料廠）上班比較辛苦，因為工作很累，回來沒有家庭的人，感覺比較辛苦。」

「辛不辛苦？我習慣了，以前我在別的工廠啊，那壓力更大，我做那個車子的座椅，我覺得壓力很大，做歪歪的不行，歪一點也不行，然後東西很貴啊，如果做不好就要扣你的工錢！」

另根據Phan（2016：30）針對越南移工的研究顯示，在她回收的一百四十四份有效問卷中，所有的移工來台灣以前，在越南都沒有製造業的工作經驗。可以想像的是，多數移工出身農村地區，完全沒有接觸過製造業的工作環境，如果又沒有接受完整與確實的移工課程培訓，在移入國勢必會遭遇許多工作和生活適應上的問題。因此，幾乎所有的勞動輸出公司都設有培訓中心（請參考圖4-19），勞動出口公司會要求這些想要出國工作的勞動者住在公司提供的宿舍，配合規律的作息時間與訓練課程（請參考圖4-20），週一至週五幾乎排滿培訓課程。海外勞動局針對幾個主要移工移入國，特地頒有中文、日文、韓文、馬來文和英文等外語教材範本（DOLAB，2013a；2013b；2013c；2013d；2013e；2013f；2013g；2013h），以中文教材為例，除日常生

圖4-19　欲出國工作勞動者參加培訓課程

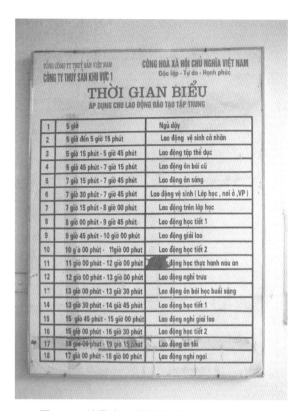

圖4-20　勞動出口公司培訓中心作息時間表

活用語之外並有電子廠、農牧業、塑膠廠和紡織廠的工廠情境會話（請參考附件1），但有些勞動出口公司也會自行編纂培訓教材。

　　勞動—榮軍—社會部所頒布第18/2007/QD-BLDTBXH號決定中所明定的移工培訓目標是：「為勞動者提供有關越南法律和移入國的風俗習慣、生活環境與法律等問題，讓勞動者提早適應海外生活、工作環境條件；訓練符合法律的生活習慣和行為、工作紀律與勞動者的工業作風；提高越南勞動在國際市場上的名聲與質量」（MOLISA，2007a）。此外，勞動出口協會也會發送出國工作基本知識手冊給出國工作的勞動者；與越南工業與商貿部共同舉辦為河內

的勞動出口公司舉辦移工培訓中心師資的指導課程，藉以提升師資的教學技能與品質；針對表現優良的勞動出口公司進行表揚（MOLISA，2008a；2010b；2011a）。在政府貫徹黨中央決議的文件中，第22/2008/NQ-CP號決議（主旨為進一步推動社會主義定向市場經濟的主要任務）裡第五條第三項指出：「培訓，旨在輸出高素質的勞工前往海外工作，並確保海外移工的利益；其更高的政策目標是為改善國內勞動市場制度（最直接的就是減少失業率）、提高勞動價格（薪資）、健全市場安全機制（勞動條件）。」高素質的人力資源代表著較高的勞動價格，國家也希望透過移工培訓課程增加移工人力資源，爭取國際勞動市場的青睞。

二、海外移工逃逸現象及其治理

　　由於移工出國工作後，離開了越南的領土，國家對於跨國移工個體的治理依賴的是公民身分及其認同。跨境治理的實施及其動態過程，可以作為觀察國家如何規範越南移工以及回應海外移工逃逸現象。在《出國工作法》中，第七十一條規定越南駐外領事館的責任，[28]內容主要以國家為立場的原則性和指導性規定。政府第141/2005/ND-CP號議定為〈有關在國外工作之越南籍勞工之管理〉，[29]以及具體細則由第03/2006/TTLT/BLDTBXH/BNG聯席通知規定

---

[28] 《出國工作法》第七十一條：「①保護出國工作人員的合法權益，按法律規定處理其違規行為。②研究和了解勞動所在國接受外國工作者的市場、政策和方式。③指導企業進入市場並提供相關信息，按照越南法律和所在國法律簽訂勞動供應契約。④協助越南權力機關審定勞動輸出契約的條件和可行性，以及外國夥伴的法律地位。⑤指導檢查越南各企事業、組織的駐外代表在勞動者發生問題時對其進行的管理和處理工作。⑥向國家權力機關報告並申請解決有嚴重違反越南法律的行為。⑦與越南企事業單位、對外投資組織、個人和所在國機關配合送違法勞動者回國」。

[29] 政府第141/2005/ND-CP號議定，第二十二條明定駐外越南代表機構職責為：「①研究了解各國外勞市場、政策及引進方式以向政府提出建議。②指導企業開拓市場，依據越南及當地法律簽署合作契約。③協助越南職權機關審核引進越南勞工之契約之條件、可行性及合作對象之法人資格。④指導，訪查越南企業駐外代表勞工有關事項之管理責任、處理問題狀況。⑤保護在國外工作之勞工之合法權益；依本議定所規定處理勞工違反相

〈指導執行有關在國外工作之越南籍勞工之管理〉。**30**從中可以看到《出國工作法》第七十一條與政府第141/2005/ND-CP號議定第二十二條對於越南駐外代表機構的職責要求如出一轍，但在由勞動—榮軍—社會部與外交部共同頒布的第03/2006/TTLT/BLDTBXH/BNG聯席通知中，則有較爲詳細的規定。在越南境外，代表國家行使管理移工職權的駐外機構通常就是國外代表處，也就是越南大使館及下屬的勞工管理組。以駐台北越南代表處爲例，因爲台灣爲越南勞動輸出主要國家，因此另外設有專責的勞工管理組。法令規定越南國內的勞動出口公司，對於海外移工必須充分告知他／她們相關的權利與義務外，還要向國內主管機關勞動—榮軍—社會部和海外勞動管理局定期呈報，定期地（每季）向移入國的越南代表機構或勞工管理組報告以下內容：（一）當地所輸出勞工之狀況、所發生之問題，其中包括尚未處理完畢之案件及原由；（二）依第141號議定書以及其他有關規定所規範職責之執行狀況；（三）即時報告海外勞動管理局並與當地越南代表機構配合，處理勞工違反規定之情形。作爲國家管理下一環的勞動出口公司，在跨境治理上仍然扮演一定的角色，國家除了監控、統計當地移工數量並掌握狀況外，也會透過直接與移工接觸的勞動出口公司，報告公司輸出移工在海外的情況，特別是「有問題」和「違反規定」的狀況，這類特殊狀況務必在國家的掌握範圍之內。

關規定之行爲。⑥向越南職權機關報告，建議處理嚴重違反越南法律之可疑案件。⑦與越南職權機關、企業及當地有關單位配合運送違反規定之勞工返國」。

30 勞動—榮軍—社會部與外交部第03/2006/TTLT/BLDTBXH/BNG聯席通知，明定在國外越南代表機構之職責有：「①研究、了解市場、當地國引進勞工之需求、政策，從此向國內相關單位提出與當地國簽署有關勞務合作之協定、備忘錄；②指導越南企業接近市場，簽署符合越南及當地法律之契約；③審核或協助企業、有關單位審核引進越南籍勞工之契約之法律依據及可行性；④指導、監督企業或企業代表有關管理並處理與勞工權益及義務所發生之問題之相關動作。⑤監控、統計當地勞工數量及狀況；⑥必要時查證勞工提前返國之原由。⑦必要時協助企業協商處理勞工與雇主之爭議；⑧保障符合越南法律、當地法律、國際法令及實例之在國外工作之籍勞工合法權益；⑨宣傳並解釋讓在國外工作之勞工了解並遵守越南法律及當地法律；⑩主動與有關當地機關、單位、個人配合處理勞工所發生之問題；⑪依第141號議定書第二十九條及本通知所規定，研議、決定對有違反行爲採取行政處分；⑫定期每六個月向外交部及勞動—榮軍—社會部報告當地勞工工作狀況；⑬依法律規定執行其他任務。」

　　就越南駐台北代表處勞工管理組的機構功能和職責來說，原則上與第141/2005/ND-CP號議定和第03/2006/TTLT/BLDTBXH/BNG聯席通知所載明內容一致；但在管理跨境移工的實際作法上，確與嚴格規定的法律和行政命令有著不同的態度。一位派駐台北的越南勞工管理組官員在受訪時說：「我們勞工組主要的工作，第一是做政策研究，研究台灣的法規、引進外籍勞工的政策，台灣這邊常常都會改變，所以我們要跟著引進國去配合。第二個就是保護越南勞工『合法的』權利跟『正當的』權利，所謂合法的部分，應該很容易理解，就是按法規、法律、契約的權利。正當的是指，如果是『非法的』（指逃逸移工），可是你應有的還是要幫你爭取，這就是正當的權利。第三是（台越）雙方勞動企業的管理，主要是要審核台灣方面引進企業和雇主的合法性，仲介是不是合法、雇主有沒有聘僱外勞的資格，目的也是在保障勞工權利。第四部分就是解決爭議，爭議有可能發生在越南移工跟台灣雇主之間、移工跟台灣仲介的爭議、移工跟越南勞動出口公司的爭議，因為移工會跟這三者簽署勞動契約。我們處理比較多的是移工跟越南勞務公司的爭議，其他的情況我們會提供諮詢，但大部分是由勞委會和當地勞工局去處理。最後就是提供仲介和移工諮詢和宣傳，宣傳對象主要是在台灣的移工和仲介。」這位受訪官員特別指出，對於維護和保障逃逸移工的正當權利也是官方的職責之一，這部分我們在明文的法令規範中是看不到的。雖然國家在法令層面總是宣稱要如何積極地管理勞動輸出活動，這部分通常是藉由明確嚴格的相關法律規定來達成；可是我們也發現，政府在實際作法上卻存在著折衷方案。

　　對於移工跨境治理的實作，前面提及受訪的越南官員指出必須維護逃逸移工的正當權利，這一點可以從越南政府對境外逃逸移工的寬宥態度作為說明。移工逃逸現象，指的是移工未完成海外勞動契約所明定的內容而滯留海外國家。越南移工主要前往台灣、日本、韓國和馬來西亞等國工作，因此逃逸現象主要也發生這些國家，特別是台、日、韓三國。台灣勞委會曾在2004年底要求勞動—榮軍—社會部正視越南移工在台的逃逸現象，並要求越方必須在年底期

限之前，接回30%的逃逸移工（當時約有上萬名逃逸移工），否則將會有嚴厲的制裁措施。由於台灣是越南勞動輸出市場中非常重要的一個國家，如果台灣全面停止引進越南移工將會對越南勞動輸出政策造成很大的衝擊，越南政府和勞動出口相關組織也開始積極檢討海外移工的逃逸現象。駐台的越南辦事處勞工管理組對此問題的回應方法就是：積極透過各種管道查緝逃逸移工。甚至，越南國內的勞動出口公司收到海外勞動管理局的命令來台抓人，據報導當時共有四十七家勞動出口公司共派遣上百位幹部來台查緝逃逸移工（MOLISA，2004e；2004f；2004g；2004h）。

由於逃逸越南移工人數實在太多，台灣勞委會在2005年實施凍結家庭幫傭與看護引進，爲此越南勞動—榮軍—社會部建議國會訂定制裁辦法，具體建議在逃逸移工回到越南後，必須接受召集前往再教育中心並沒收保證金、五年內不得出國等具有強制性質的制裁，不再像以前只是道德勸說（MOLISA，2005u）。越南政府認爲海外勞工逃跑的現象，已損及越南海外勞動市場的信譽，勞動—榮軍—社會部必須盡辦法來遏止逃逸現象（MOLISA，2005v；2005w；2005x；2005y；2005z），時任海外勞動管理局局長阮清和（*Nguyễn Thanh Hoà*）表示：「台灣僅在2004年11-12月，兩個月內已經有六千多名越南移工逃逸，本局雖已遣送四百五十名移工回越南，然而新增的逃跑人數要比遣送回國的人數多。這不只是台灣市場的問題，幾乎每個市場都有逃逸現象（薪水越高的市場，逃跑比率越多），讓管理機關感到無能爲力。究其原因，應該是因爲越南勞動出口要繳的的手續費服務費和仲介費過多，勞動者必須尋找辦法來賺錢匯款給家人拿去還債。所以，在薪水比較高的市場，很多越南勞工願意冒險選擇違約逃跑的道路。爲了解決此現象，過一段時間海外勞動管理局會配合有勞動出口活動的各個公司，儘量減少出國工作的仲介費和手續費（例如去馬來西亞預估可以降低到每人一千兩百萬越盾）。同時，對於逃跑勞工會進行制裁、嚴罰，甚至會使用拘留手段送去教育中心」（MOLISA，2005f）。海外勞動管理局副局長武廷全（*Vũ Đình Toàn*）爲此問題，曾親赴台灣與勞委

會進行溝通協商（MOLISA，2005A）。當時駐台灣越南勞動管理組組長陳東輝（*Trần Đông Huy*）也說：「台灣決定暫停接受在家庭幫傭、看護病人領域服務的越南移工，這對越南勞工與勞動出口公司來說是一個壞消息。因為光是2004年一整年，越南就已經輸出了六萬七千多名勞工出國工作，其中約有三萬六千名是前往台灣工作的，其中有上一半是從事家庭幫傭、照顧病人的服務（剩下的部分均在工廠、建築業工作）。台灣暫停使用越南勞工一事，會影響到全國出口勞動的目標，但這一事件也是讓越南勞動者、各營業公司、勞動出口管理者等有討檢自己的機會，我們應該要有修正、處理勞工違約的辦法。一有了正式的辦法，台灣方面應會再次考慮對越南移工的解禁」（MOLISA，2005B）。

　　根據2005年海外勞動管理局公布的初步統計，海外越南移工在日本的逃逸比例高達30-40%、韓國為25-30%、台灣9%，馬來西亞也因此停止接受從事建築產業類的越南勞工。政府部門也積極檢討逃逸的原因和開始宣傳逃逸的不良後果，首先是強調違約逃逸移工身處於外國違法居留的狀態，生活上必須面對各種危險，在面對不公和困難時無法獲得保護全憑運氣。其次，有移工逃逸情況的勞動出口公司也受到市場考驗，因為失信於移工移入國的仲介公司，甚至有些營業公司已被國外合作的仲介公司拒絕往來。例如在台灣市場，每逃跑一位移工，勞動出口公司要賠償一千五百美金；[31]在日本與韓國，罰金還要更多。此外，這些滯留在國外的逃逸移工，使得各出口公司在進行新的出口勞動契約時受到移入國主管機構嚴加審查導致作業緩慢，等於新進等待出國工作的勞動者便無法成行，因此真正想要出國勞動者還要排隊等待，而契約期滿的勞工卻不想回國。移工逃逸原因，主要是出口公司的培訓教育工作沒有受到重

---

[31] 這是因為台灣引進移工數量是採取配額管制，企業依勞動需求提出移工申請，核審聘僱移工的數量是固定的；也就是若申請十名移工，而逃逸一人的話，這時必須等到逃逸移工尋獲或出境，企業才可以申請遞補一人。所以在移工逃逸這段期間，對原聘僱公司會產生勞動力不足的情況，而台灣仲介公司在與企業簽訂勞動契約時，也會有因逃逸需負擔賠償責任的承諾，只是台灣仲介公司幾乎都將賠償成本轉嫁給越南的勞動出口公司。

視，以及出口公司未即時察覺部分勞動者在出國前已經抱持著逃逸的想法，所以一下飛機就逃跑的移工也不少。其次，是合約快期滿的時候才逃逸，因爲移工們擔心返國後找不到更好且高收入的工作（MOLISA，2005C）。[32]

2005年11月，越南政府頒布了第141/2005/NĐ-CP號決議（有關在國外工作之越南籍勞工之管理），內容包含六章三十四條，明確規定禁止：在越南和移入國家法律嚴禁的工作領域之中進行出口勞動；利用國家名義違法出口勞動；不依照法律規定進行契約登記，違規組織出口勞動；勞動者入境之後立刻逃逸，主動違約離開工作場所，契約期滿後不回國；煽惑勞動者在外國違規停工、欺騙勞動者拋棄工作。勞動出口公司在挑工、訓練、指導教育、簽訂契約、勞動管理與解決若干問題發生等作業過程中務必承擔應負起的責任（MOLISA，2005D；2005E）。政府雖然針對海外移工逃逸問題制訂許多相關法規，但在2007年韓國仍有將近一萬多名的逃逸越南移工，這也促使韓國政府採取積極查緝逃逸移工的行動（MOLISA，2007l）。2011年8月韓國決定停止辦理聘僱許可制度在越南的韓語考試（EPS-TOPIK），這才引起越南政府的緊張。由於出國到韓國工作各項要求比日本低，平均工作收入也別其他國家高，一直是出國工作者的首要選擇，特別是義安省的勞動者，可是義安省的海外移工逃逸問題使得國際勞動市場對義安省移工逐漸失去信心。[33]英山縣

---

[32] 例如報導中提到，居住在興安省金門縣（*huyện Kim Môn, Hưng Yên*）的謝文辭與阮氏八家庭，夫妻倆讓二女兒出口去韓國工作，已經十年了都還沒回來，想當然他倆的女兒在國外是非法居住的情況。2002年，他倆又辦理勞動出口手續讓大兒子去韓國工作，剛到韓國沒多久，其妹妹過來接他，大兒子的勞動契約早就被拋在腦後；夫妻倆還打算讓家中的老么，也依此方式出國工作。可以說，如今仍未有處罰逃跑勞工的有效制裁方式，除非有查緝命令下來（一般均會提前通知），逃逸移工就躲在屋子裡也不出門。在賺到一筆錢後他們就會自己回國，或不回國也沒有人可以管理他們；有一些曾經在國外非法居留多年而回國之後，家人仍「光明正大」（*đàng hoàng*）地拿著一束花到機場迎接他們，也沒有任何責任（MOLISA，2005C）。

[33] 一位受訪的越南勞動出口公司主管表示，有些台灣企業或仲介公司來越南選工時，會直接表明不願意接受某些省分的移工，例如來自海陽省和義安省的移工，因爲這兩個省分的移工逃逸比例特別高。進一步追問其原因，她說這是因爲海陽和義安兩地屬於勞動輸出政策早期試點省分，各項勞動出口制度比較健全，時間一久出國工作人數自然就多。人數多，移工在海外的人際關係網絡就緊密，很多在台移工都有手機，各種消息傳遞方便，逃逸比例也就高。

（*Anh Sơn*）、宜祿縣（*Nghi Lộc*）和爐門市（*Cửa Lò*）被韓國方面直指是義安省勞動逃逸比率最多的地方，雖然沒有正式的官方統計，但是實際情況與韓方所說的相去不遠。到2011年10月爲止，越南有八千七百八十名移工在韓國違法居留，其中約有五百人來自義安省。韓國政府多次聲明強調，如果越南移工沒有正確認知到自己在海外的權利與義務，韓國將會考慮停止引進越南移工。義安省目前約有六千五百勞動者通過了韓語檢定考試，其中四千名勞工已經出境，二千五百名勞工正在等待韓方給予簽證。然而，根據海外勞動中心的訊息指出，由於在韓越南移工逃逸增多，韓國勞動部已暫停在越南舉辦的韓語檢定測驗，等到逃逸移工全部回國之後才考慮重新舉辦，韓方也正在思考立即停止接受越南勞工的可能性。每年，在韓國的勞動者匯款的金額高達一億美金，儼然改變了鄉村的面貌。如果越南失去韓國市場，不僅會直接影響到勞動者出國工作的機會，也會導致國家2011年計畫出口八萬五千名勞動者的目標無法實現（MOLISA，2011c；2011d）。

　　2012年8月韓國全面停止引進非技術類勞工，由於專業技術類移工屬於少數，這幾乎宣告越南勞動者赴韓工作的機會渺茫。時任海外勞動管理局副局長陶工海（*Đào Công Hải*）表示，目前約有一萬五千越南勞工在韓國非法居留和工作，而韓國提出要求遣送40%的人數之後，才會繼續接受越南移工，但在目前只有2-3%的逃逸移工返國。在韓國凍結非技術類移工引進後，政府亦積極開發其他的海外勞動市場，如馬來西亞。在勞動—榮軍—社會部2013年初的計畫工作會議上，當時總理阮晉勇指示要做好管理出口勞動的工作；並強調一方面鼓勵出口勞動，另一方面也要注意選擇高收入的勞動市場，如韓國、日本等；各機關團體要互相配合，將政策傳達到每個家庭和勞動者的身上。會議上，勞動—榮軍—社會部部長范氏海傳（*Phạm Thị Hải Chuyền*）也強調，會努力改善越南移工逃逸的比率，讓韓國儘快重新開放聘僱許可制度。政府會在移工逃逸率偏高的幾個越南省分，配合地方政府和退伍軍人會、胡志明共產青年團、婦女聯合會等群眾組織，直接針對移工家庭進行各種反逃逸宣傳

（Đảng Cộng sản Việt Nam，2013a）。

　　接著，在2013年5月由海外勞動管理局聯合韓國逃逸移工人數比例較高的十一個省（2012-2013年），舉辦減少移工逃逸比例的會議，這十一個省分別是：海陽、義安、清化、河靜、河內、南定、興安、太平、北寧、北江與富壽。這些省分也是韓語檢定合格人數最多的地區，因此在這些地方宣傳和推動在韓逃逸移工自首回國的結果，會直接影響到韓方接受新的勞動者計畫。這些地方透過政府和群眾組織召開會議進行宣傳和動員工作，全國和各省勞動逃逸比率已有減少的趨勢；自2012年第二季全國海外勞動逃跑率是57.4%，到2013年第一季已經降低到50.7%，其中這些原本逃逸比例偏高省分，如河內、海陽、興安、義安、河靜、清化各省減少了7-10%。各地方政府建議中央機關頒行嚴格處罰赴韓逃逸勞工的制裁；獎勵能夠動員移工按規定回國比率最多的地方；建議省級勞動—榮軍—社會廳即時提供返國移工的通訊名單等。海外勞動管理局局長阮玉瓊（*Nguyễn Ngọc Quỳnh*）表示，已經整合海外勞動中心、各職能機關的意見，將防範逃逸移工的辦法呈給勞動—榮軍—社會部並轉呈給總理府。具體作法是針移工逃逸和違法居留國外者，將進行行政罰款（罰金達一億越盾）；建議凍結選用在韓逃跑率最高的移工省分／縣市；建議職能機關成立海外勞動中心的服務站，以協助海外勞工管理組解決逃逸問題；以及宣傳和動員在海外移工按照規定時間回國（MOLISA，2013e）。

　　其後，2013年8月政府頒行第1465/QĐ-TTg號決定，內容有關試點實施對出國赴韓工作者，必須在出國前向社會政策銀行繳交一億越盾保證金，試點時間為五年。若屬於社會政策銀行貸款出口勞動的政策對象，可向銀行貸款最多一億越盾作為保證金。完成契約回國的勞工；契約有效期間在海外工作不幸死亡；或被提前遣送回國（客觀理由如天災、生病、事故等）的勞工；在繳保證金之後沒有出國的勞工等，保證金在扣除合理問題支出之後即將退還給勞動者。勞動者由於違約原因而提前回國，那麼保證金將作為補償過失所造成損失的資金，剩下的就退還給勞動者，若不夠的話勞動者必須補足。若勞動者逃逸

或契約期滿不回國，在韓國違法居留和工作，那麼勞動者所繳的保證金將被沒收。這筆錢會被移撥到省政府解決就業基金，專門用於協助宣傳政策和法律，以及推動出口勞動與解決工作問題（Ngân hàng Chính sách xã hội，2013b）。共產黨的官方媒體就曾報導，那些透過非勞動契約形式出國工作者和逃逸移工的危險處境，描述他們在海外因為沒有勞動契約保證和國家保護，最糟糕的情況就是在海外意外身故卻返不了國、也回不了家，以此作為負面宣傳（Đảng Cộng sản Việt Nam，2013b）。為了越南移工在韓國高居不下的逃逸比例，2014年5月總理府更特別針對此問題頒布第12/CT-TTg號指示（Chi thị số 12/CT-TTg），該號指示內容指出勞動—榮軍—社會部、外交部、各省市人民政府主席、各組織團體、部長、以及與部同等級的單位等，對於加強在韓國的越南移工管理工作一事均有責任（DOLAB，2014a）。

　　另外，2013年10月由越南勞動與社會雜誌社、勞動—榮軍—社會部和各省勞動—榮軍—社會廳領導共同組成的台灣移工市場考察團，來台拜訪勞委會和駐台灣的越南勞工管理組。越南勞工管理組組長阮氏雪絨（*Nguyễn Thị Tuyết Nhung*）表示：「2013年前八個月，越南出口勞動到台灣的比率已占全國比率約40%，與其他市場相比多很多。目前最令管理組頭痛的事情是：越南勞工逃逸現象，違法居留、工作的比率相當高，約占總人數10%。移工逃逸的原因有很多，最主要的就是仲介費高於規定金額，使得移工們要逃逸和非法工作才能賺回本錢。勞動—榮軍—社會部的規定（2012年4月1日公布），出口勞動到台灣從事工廠工作，三年的總費用一人不能超過四千五百美元，其中服務（仲介）費一人不能超過一千五百美金，保證金在一百美金以下；家庭幫傭或看護工一人三年不能超過三千八百美金，服務（仲介）費則不能超過八百美金。但根據考察團直接與在台越南移工的訪談考察與了解，大部分的出口勞動者，每人幾乎都要支出五千至六千美金才能出國工作。還有，雖然移工的法律意識普遍不足，可是台灣卻相當注重保護外勞的法律，如果逃逸移工被原雇主苛扣薪資和押金，政府會幫忙追討並還給移工；台灣雇主喜歡雇傭越南移工，

連不合法的也一樣喜歡；加上，台灣有爲數十萬名的越南新娘（*cô dâu Việt*）也提供了移工逃逸的條件」（MOLISA，2013g）。

　　一位受訪的越南官員表示：「政府也採取過許多預防勞工逃跑的辦法，台灣勞委會跟越南勞動部也討論過好幾次，不只一次。逃跑勞工影響到很多想要出國的勞工，我們現在在一部分省分採行試點，針對逃跑勞工人數比較多的縣，我們禁止它繼續出口。過去像是調高保證金的作法，因爲勞工都比較窮，這辦法行不通。還有罰款。所以我們嚴格監督出口公司的收費，如果發現出口公司收費不合規定，就會沒收執照。這些都已經在做了。」我們可以看到政府試圖透過增加家庭經濟壓力（提高保證金）和利用農村裡的人際網絡和社會資本（禁止同村／社者出國工作）來遏止移工逃逸現象，只是實施後效果不彰。另一位受訪的勞動出口公司負責人談到移工逃逸問題時表示：「逃逸現象一直存在，政府每隔一段時間，因應勞動市場的變化就會有相關辦法，政府的用意在於形成一種氣氛、輿論壓力，告訴人民出國工作逃逸的話對家庭和國家都會有不利影響，慢慢地，最後才會有各種辦法來實施。」

　　國家對於逃逸現象的認知與防範政策的制訂，也會透過社會科學研究的協助，有助於科學邏輯的政策制訂，例如：越南的勞動與社會科學院（*Viện Khoa học Lao động và Xã hội*）受國際勞動組織（ILO）技術支援與經費協助，[34]自2012年11月至2013年5月對二百四十三名赴韓移工進行調查研究，其中有一百名在韓的合法勞工，九十八名已經契約期滿回國，四十五名已回國的逃逸勞工。研究目的主要是分析在韓越南移工逃逸和違法居留現象，並提供研究結果讓政府和勞動出口公司參考，提出預防與解決辦法（MOLISA，2013f）。[35]海外移工逃逸現象一直是越南政府的棘手問題，直到現在仍不斷

---

[34] 勞動與社會科學院爲勞動—榮軍—社會部直屬的勞動領域科學和政策研究單位（Viện Khoa học Lao động và Xã hội，2013）。

[35] 研究結果由勞動—榮軍—社會部發表，勞動與社會科學院院長阮氏蘭香（*Nguyễn Thị Lan Hương*）指出赴韓移工逃逸的幾點原因：首先，從經濟的動機來說，大部分出口勞動到韓國的勞動者在契約結束後，爲了增加收入，便想繼續留在韓國工作。移工雖然在韓國合法工作了四年十個月或六年的時間，也匯款給越南家庭的不少

推出新的法律規範，例如2013年8月發布第95/2013/ND-CP號議定，內容明確規範雇主、勞動服務公司和移工三者的違法行為和罰金（Cổng thông tin điện tử bộ tư pháp，2013），並針對海外逃逸移工訂出寬限期限，希望他／她們向移入國司法機關自首可免受處罰。

　　以台灣為例，原本寬限期限日期為2014年1月10日（內政部入出國及移民署，2013a），後來又延至3月10日（越南四方報，2014）。對於海外移工逃逸行為，實際上越南國家所制訂的法律規範已經有清楚明文規定，而且不斷透過政策宣傳，強調要針對逃逸進行嚴格處罰，但問題是各相關政府機構均未能落實執行。很清楚地，越南國家在逃逸移工問題上始終採取道德勸說的立場，即便制訂出了明確規範，國家還是避免全面地、斷然地使用處罰手段，主要原因仍舊與這些出國工作者的背景有關。這些移工大多出身農村，還有部分是所謂的政策家庭（少數民族、退伍軍人家庭和貧窮戶等），這些勞動者受到政府政策的鼓勵出國工作，匯款幫助家庭改善生計並減輕社會福利支出，政府與國家也因此受惠。倘若這些移工純粹因為逃逸行為而受罰，而不去追究他／她們逃逸的原因；也就是說，如果移工是因為受到不平等的對待而逃逸，那麼國家

錢，大約是五至七萬美金，但是很多移工對契約勞動的認識與意識不足，再加上韓國與越南的勞動所得差距太大（約七至十倍），所以在契約即將結束後，他們馬上中斷契約逃逸而且違法居留、工作。其次，參與出口勞動的相關費用相當高，這也是原因之一。部分勞動者出口的時候要繳一大筆錢（八千萬至兩億越盾），因為缺乏認識所以容易被騙，或者有些人不想花時間去辦理出國手續或學習韓語而委託他人，結果上了當造成錢財損失。所以在抵達韓國之後，出現很多滯留或逃逸違法工作，都是為了多賺點錢來彌補先前損失的部分。越南出口勞工教育程度低，很多人沒有高中畢業證書，所以對法律的認識比較欠缺。再者，韓國一部分雇主聘用沒有合法證件移工的需求，也是帶來越南勞工逃逸的原因。韓國選用合法移工比選用非法移工的相關手續比較複雜且耗時，對違法聘用移工的雇主處罰機制比較輕，使韓國很多雇主仍繼續聘用違法移工，使得逃逸比率越來越高。移工選用與管理工作不彰，也是引起韓國移工逃逸比率較高的原因，原因是出口勞動有關部門之間缺乏有效的法律規定，駐韓國的越南勞工管理組能力有限。而且越南與韓國各相關機關部門當初沒有具體的配合，地方政府對出口勞動一事的管理沒有注重；加上，越南未建立保存資料的機構，也沒有管理移工的編號系統，這些都不利於管理勞工在海外工作與轉換工作的過程。最後，是韓國的勞動環境、體制、政策和管理工作所造成，最重要的還是韓國對違法雇主與移工實施處罰制裁效果不高。勞動—榮軍—社會部次長阮清和一再強調，出國勞動者務必遵守法律、工作契約、工作紀律、工業作風等要求，還有嚴格的處罰機制。出口勞動協會副主席范杜日新（Phạm Đỗ Nhật Tân）也說：「針對韓國市場來說，在違法的時候，我們不僅要採取保護人和保證金機制，也需要有效的處罰機制。雖然可能因此造成某些經濟損失，但必須先有此共識，我們才可以阻止勞動逃逸現象」（MOLISA，2013f）。

的處罰也就違背了「正當性」。在這裡我們看到國家針對勞動出口活動中的
「詐騙」和「逃逸」現象，分別採取了「查禁」與「寬宥」的不同處理態度。
因此詐騙移工事件得到有效控制，但是海外移工逃逸現象卻仍持續存在；國家
對移工逃逸的寬宥態度，其實是一種不得不的選擇，因為若對這些逃逸移工採
取了嚴格的處罰措施，勢必會影響勞動輸出政策的推行，因為處罰與鼓勵是背
道而馳的。

第五章　邁向康莊：勞動輸出與社會發展的結合

第一節　融合經濟與社會的發展政策

一、消除貧窮的目標與推動

　　2008年12月27日越南政府公布第30a/2008/NQ-CP號決議，開宗明義指出消除貧窮（*Xóa đói giảm nghèo*）是黨和政府的政策，[1]目的是爲了提升窮人的生活水準，減少各地區和群族之間的發展差異；針對全國六十一個貧窮縣提供各項優先與優惠發展政策。[2]其中，特地規劃鼓勵貧窮縣出口勞動的政策：「支持貧窮地區的職業培訓、語言培訓、文化培訓和指導培訓（包含培訓的食宿交通和優惠貸款）有利於勞動輸出，爭取每年七千五百至八千名勞動者出

---

[1] 關於貧窮的定義，第30a/2008/NQ-CP號議決公布時，適用2006-2010年的貧窮定義爲，農村地區爲二百四十萬越盾／人／年收入以下，城市地區爲三百一十二萬越盾／人／年（政府第170/2005/QD-TTg號決定）。現行2011-2015年對貧窮定義爲，農村地區爲四百八十萬越盾／人／年，城市地區爲六百萬越盾／人／年（政府第09/2011/QD-TTg號決定）。

[2] 這些貧窮縣地區，貧窮率超過50%，爲全國平均的3.5倍。這些縣分布在二十個省份，共有七百九十七個社：多爲高山地形缺少耕地，生產條件差，估計約有兩百四十萬人口，其中90%爲少數民族，收入普遍偏低（低於兩百四十萬越盾／人／年）。這些縣農業生產落後，基礎設施不足，平均每縣的每年地方財政收入約三億越盾（四十五萬台幣）。第30a/2008/NQ-CP號議決公布時原有六十一個貧窮縣，但依2009年總理公布第705/TTg-KGVX號公文規定，由六十一貧窮縣所畫分出的新縣分均屬於30a決議的實施對象，因此貧窮縣數量更動爲六十二個，分別是：河江省有六縣（*Tỉnh Hà Giang：Đồng Văn, Mèo Vạc, Quản Bạ, Yên Minh, Xín Mần, Hoàng Su Phì*）、高鵬省有五縣（*Tỉnh Cao Bằng：Thông Nông, Bảo Lâm, Hà Quảng, Bảo Lạc, Hạ Lang*）、老街省有三縣（*Tỉnh Lào Cai：Si Ma Cai, Mường Khương, Bắc Hà*）、焉拜省有二縣（*Tỉnh Yên Bái：Mù Căng Chải, Trạm Tấu*）、富壽省有一縣（*Tỉnh Phú Thọ：Tân Sơn*）、北江省有一縣（*Tỉnh Bắc Giang：Sơn Động*）、北城省有二縣（*Tỉnh Bắc Kạn：Ba Bể, Pác Nặm*）、奠邊省有四縣（*Tỉnh Điện Biên：Mường Ảng, Tủa Chùa, Mường Nhé, Điện Biên Đông*）、萊州省有五縣（*Tỉnh Lai Châu：Sìn Hồ, Mường Tè, Phong Thổ, Than Uyên, Tân Yên*）、山羅省有五縣（*Tỉnh Sơn La：Mường La, Bắc Yên, Phù Yên, Quỳnh Nhai, Sốp Cộp*）、清化省有七縣（*Tỉnh Thanh Hoá：Lang Chánh, Thường Xuân, Như Xuân, Quan Hoá, Bá Thước, Mường Lát, Quan Sơn*）、義安省有三縣（*Tỉnh Nghệ An：Quế phong, Tương Dương, Kỳ Sơn*）、廣平省有一縣（*Tỉnh Quảng Bình：Minh Hoá*）、廣治省有一縣（*Tỉnh Quảng Trị：Đa Krông*）、廣南省有三縣（*Tỉnh Quảng Nam：Nam Trà My, Tây Giang, Phước Sơn*）、廣義省有六縣（*Tỉnh Quảng Ngãi：Sơn Hà, Trà Bồng, Sơn Tây, Minh Long, Tây Trà, Ba Tơ*）、平定省有三縣（*Tỉnh Bình Định：An Lão, Vĩnh Thạnh, Vân Canh*）、寧順省有一縣（*Tỉnh Ninh Thuận：Bác Ái*）、林同省有一縣（*Tỉnh Lâm Đồng：Đam Rông*）、崑嵩省有二縣（*Tỉnh Kon Tum：Kon Plong, Tu Mơ Rông*）。

口，大約是每社十人的數量。」基於發展貧窮縣的政策規劃，政府於2009年
4月29日頒布第71/2009/QD-TTg號決定，名為「2009-2020年階段致力於實現
持續減貧目標，幫助貧窮縣大力推動勞動輸出」（*Phê duyệt Đề án Hỗ trợ các*
huyện nghèo đẩy mạnh xuất khẩu lao động góp phần giảm nghèo bền vững giai
đoạn 2009-2020）。[3]我們可以從第71/2009/QD-TTg號決定的內容中，看到具

---

[3] 第71/2009/QD-TTg號決定，重點摘要如下：（I）目標與指標：①目標：在於提高貧窮縣參與勞動輸出的質量和數量，創造就業機會、增加勞動者收入以及實現持續消除貧窮。②指標：a.2009-2010年階段：試點實現各貧窮縣一萬名勞動者出國工作計畫，其中約80%勞動者屬於貧窮和少數民族戶，70%勞動者經過職業培訓，這有助於減少八千貧窮戶（減少六十一個貧窮縣的2.8%貧窮率）。b.2011-2015年階段：將各個貧窮縣五萬名勞動送到國外工作（平均每年一萬名），其中約90%勞動者屬於貧窮和少數民族戶，80%勞動者經過職業培訓，有助於減少四萬五千貧窮戶（減少六十一個貧窮縣的15.6%貧窮率）。c.2016-2020年階段：較2011-2015年階段勞動者出國工作數量增加15%，其中約95%勞動者屬於貧窮和少數民族戶，此舉可減少六十一個貧窮縣的19%貧窮率。（II）培訓政策：①協助勞動者提高文化知識以參加勞動輸出；培訓時間最多可達十二個月；資助全部學費、學習教材和筆記本；少數民族地區勞動者可提供餐費、生活費和車費。②主持機構：由貧窮縣的省人民委員會主持計畫，中央教育和培訓部、勞動—榮軍—社會部、財政部和胡志明共產青年團為配合機關。③施行程序：由省人民委員會提案培訓人力資源計畫，依照勞動輸出所要求的文化知識標準，根據各貧窮縣人民委員會統計培訓人數與名單確保參與勞動輸出的數量，指導各貧窮縣人民委員會與有關部門，按規定聯合舉辦文化培訓工作。④資金來源：國家財政預算。（III）優惠政策：①對勞動者的優惠：a.對象為經過挑選需要出國工作的貧窮縣勞動者，屬於貧窮和少數民族戶的勞動者，其貸款利率為社會政策銀行（*Ngân hàng Chính sách xã hội*）現行對特殊對象出國工作貸款利率的50%，貧窮縣其他對象則比照社會政策銀行現行對特殊對象出國工作貸款的利率。b.主持機構：社會政策銀行，由各縣依照勞動輸出計畫向社會政策銀行申請（國家財政預算支持）。②對勞動輸出培訓中心的優惠：a.對象為由勞動—榮軍—社會部挑選參與計畫的勞動輸出企業和培訓中心，必須是為了投資增加教室面積、宿舍、業務設備、教學工具等服務勞動者所需。b.此項貸款由政府通過越南發展銀行（*Ngân hàng Phát triển Việt Nam*；英文名稱Vietnam Development Bank，主要關注在發展投資和基礎建設領域）採取的發展投資優惠借貸機制來進行。（IV）宣傳與活動：①推廣和提高人們對勞動輸出的能力和意識：a.目標：在提高地方幹部對勞動輸出的工作能力，為各地方政府和人民更新有關勞動輸出制度、政策和正確訊息。b.內容：為地方幹部和宣傳人員培訓勞動輸出業務；對勞動輸出參加需求和回國後工作需求方面，進行各種考察活動；透過中央和地方媒體正確地介紹在各勞動市場與勞動者的工作政策、制度、挑選條件、工作環境和收入；與胡志明共產青年團中央聯合使用京族語言和其他方言製作「青年參加勞動輸出工作」節目，該節目並在越南之聲廣播電台、中央電視台、各地方電視台等播出；宣傳參加計畫的模範勞動者，在各種媒體和勞動—榮軍—社會部網頁中表揚。c.主持機構：勞動—榮軍—社會部主持，通訊新聞部、國防部、胡志明共產青年團和各省人民委員會配合。②為回國後的勞動者諮詢，介紹就業工作：a.目標：幫助勞動者回國後尋找工作或創造就業機會，引導勞動者與其家庭有效使用匯款。b.內容：蒐集貧窮縣勞動者出國工作的資訊，以便協助勞動者；對已在國外工作的勞動者進行諮詢，幫助他們找到合適的職業和經驗工作；向勞動者與其家庭諮詢使用匯款方式，投資於家庭經濟發展、農業經濟，開辦企業家培訓班。c.主持機構：勞動—榮軍—社會部主持，胡志明共產青年團、工商部、各貧窮縣所屬的省人民委員會配合。③監督活動：a.內容：監督和評鑑計畫的各項政策和活動。b.主持機構：勞動—榮軍—社會部主持，胡志明共產青年團、財政部、計畫與投資部、各貧窮縣所屬的省人民委員會配合。④落實各類活動的經費與機制：a.資金來源：國家財政預算。b.中央活動：由勞動—榮軍—社會部每年從國家財政預算中獲得的資金，按照現行規定使用決算經費。c.地方活

體的政策目標，像是優先選送六十二個的貧窮縣的政策對象，並在2009-2010年階段：試點實現各貧窮縣一萬名勞動者出國工作計畫，其中約80%勞動者屬於貧窮和少數民族戶，70%勞動者經過職業培訓，這有助於減少八千戶貧窮家庭，減少貧窮縣的2.8%貧窮率。2011-2015年階段：將各個貧窮縣五萬名勞動送到國外工作（平均每年一萬名），其中約90%勞動者屬於貧窮和少數民族戶，80%勞動者經過職業培訓，有助於減少四萬五千戶貧窮家庭，減少貧窮縣的15.6%貧窮率。最後在2016-2020年階段，較2011-2015年階段勞動者出國工作數量增加15%，其中約95%勞動者屬於貧窮家庭和少數民族戶，此舉可減少貧窮縣的19%貧窮率。

越南國家推動勞動輸出結合社會發展的政策，相關的法律規範涵蓋了中央和地方的黨政機關和群眾組織，顯示國家推動政策的決心。勞動—榮軍—社會部與財政部曾於2009年頒布第31號聯席通知（No.31/2009/TTLT-BLDTBXH-BTC），此為配合實現第71/2009/QD-TTg號決定協助貧窮縣推動出口勞動、穩定減少貧窮的目標。據第31號聯席通知內容規定，屬於貧窮家庭、少數民族勞動者可以獲得法規明定的工作、外文與知識等培訓費用的完全補助；勞動者在培訓過程中也可補助食宿和生活費，每人每月十萬元越盾；另外，還協助個人用具、交通費、體檢費等。針對屬於貧窮家庭、少數民族勞動者擁有國小學歷以上畢業證書，但技能還未達到勞動市場的要求者，將會獲得十二個月的文化教育培訓；並補助全部的學費、教材、教科書、筆記本等學習工具。貧窮縣勞動者參加出口勞動，在海外工作未滿十二個月前，基於以下理由：健康狀態不符工作要求；雇主在生產、經營中遇到困難，導致勞動者沒有工作；雇主單方中斷合約等，勞動者將可獲得返回越南的經濟艙機票（Cổng thông tin điện

動：國家財政預算在各省每年財政預算基礎上，進行目標資助各個地方，按照現行規定管理使用並決算資金。
（V）執行時間與任務：①2009-2010年階段：試點落實計畫的各項政策和活動，對幫助貧窮縣勞動者出國工作政策提出評估總結，進一步完備政策規模和機制。②2011-2015年階段：為全部落實計畫政策活動，進行調整、補充和完備。③2016-2020年階段：提高勞動質量，增加在各個高收入市場的貧窮縣勞動數量。

tử bộ tư pháp，2009）。銀行貸款的優惠利率爲現行社會政策銀行（*Ngân hàng Chính sách xã hội*）貸給政策對象利率的一半，[4]而社會政策銀行貸款給政策對象的利率已經是低於市場利率水準了。這一勞動輸出結合社會發展的政策高度是由黨和政府規劃，指示中央各部會（勞動—榮軍—社會部、教育和培訓部、計畫和投資部、工商部、財政部等）和地方政府的積極宣傳與組織動員，藉以完成政策目標。例如祖國陣線成員之一的胡志明共產青年團製作「青年參加勞動輸出工作」宣傳節目，不僅使用官方語言也使用其他少數民族語言，該節目並在越南之聲廣播電台、中央電視台、各地方電視台等播出。因爲六十二個貧窮縣很多位於高山地區，生產條件差，少數民族成爲優先鼓勵勞動輸出的政策對象，享有各項優惠和免費措施。

　　屬於貧窮縣的義安省桂豐縣（*huyện Quế Phong, Nghệ An*）和北淠省三波縣（*Ba Bể, Bắc Kạn*）、博南縣（*Pác Nặm, Bắc Kạn*）。義安省桂豐縣的勞動—榮軍—社會處針對全縣各社政府領導、勞動—榮軍—社會處幹部、黨支部書記、村長、區長、胡志明共產青年團書記等基層幹部，舉辦了加強幹部們對出口勞動聯繫能力的咨詢會議。咨詢內容包含了對政府的第30a/2008/NQ-CP號決議與第71/2009/QD-TTg號決定的宣傳與釋疑；簡介協助出口勞動的計畫；實現貧窮的出國勞動者的貸款等。由於桂豐縣是30a決議中明定的貧窮縣，但基層幹部們對於出口勞動的認識和資訊有限，加上人民對出口勞動的需求相當大，因此這類咨詢計畫會由縣級勞動—榮軍—社會處持續在縣內的十四個社舉辦（MOLISA，2008e）。北淠省政府也在勞動輸出和消除貧窮工作上有顯著成效，主要原因就是它們特別注重政策推動的宣傳工作，省的勞動出口管理組

---

[4] 越南國家社會政策銀行成立目的是實現扶助窮人與其他政策對象（少數民族、傷兵或烈士遺族等），屬於國家層級社會保險制度，在勞動輸出政策中所扮演的主要作用即爲提供提供優惠貸款予政策對象和家庭。社會政策銀行的活動不以利潤目的，政府會擔保社會政策銀行的清算能力、儲備率、免參加存款保險、免稅與免繳國家任何款項；社會政策銀行也可以接受各地方政府、國內外經濟社治政治組織、協會、社團、非政府組織、私人投資發展社會經計畫的資金。社會政策銀行是國家經濟槓桿工具之一，協助貧窮家庭與政策對象有機會獲得優惠信用資金以發展生產、創造工作、提高收入、改善生活、消除貧窮、實現發展經濟政策、保證社會安全（*Ngân hàng Chính sách xã hội*，2013a）。

積極配合各家勞動出口公司推動宣傳，鼓勵人民參加出口勞動的工作。目前省內約有二十家勞動出口公司，有些公司（第一區水海產公司、VINACONEX、VINAMEX）與省政府保持合作關係；有些公司則堅持自己與地方政府和組織配合，直接到各社、村進行宣傳活動，選用勞動者參加出口勞動解決農村失業問題（MOLISA，2013d）。

　　尤其是北𣴓省的三波縣和博南縣等貧窮縣的人民透過出口勞動已脫離貧窮戶，據2012年的初步統計，三波縣貧窮家庭比例達40.47%，博南縣達26.55%；通過黨部、政府與各級單位部門的投入，在2012年年底北𣴓省貧窮家庭比例已經降到20.39%。自從第71/2009/QD-TTg號決定頒布後，北𣴓省經過四年的實施出口勞動工作，可以看到國家支持的培訓計畫吸引很多勞動者參加，尤其是山地勞動者。自2007年至2013年，北𣴓省已輸出大約兩萬五千名移工，主要市場為馬來西亞、韓國、台灣等。據省級勞動─榮軍─社會廳勞工管理處副處長黃文起（*Hoàng Văn Khởi*）表示，目前北𣴓省共有二十二家勞動出口公司，勞動─榮軍─社會廳已經配合有關單位和出口公司在省內各縣／社進行展開宣傳，提供出口勞動的咨詢工作。傳達海外勞動市場的資訊和收入情形，指導勞動者貸款、體檢、護照、工作培訓、外文培訓與指導教育等工作。大部分出國工作者均有比較穩定的收入，匯款給家庭增加收入消除貧窮，改變了人民對出口勞動的看法。據博南縣勞動─榮軍─社會處處長阮文風（*Nguyễn Văn Phong*）表示，縣政府透過在各社開設宣傳班，大力推動宣傳出口勞動的工作，緊密配合社會政策銀行及時協助勞動者貸款出口，使得三波縣與博南縣兩個貧窮縣的移工均獲得銀行的優惠貸款，沒有因為不能貸款的原因而無法出國的情形。據省內各家銀行的說法，只要符合條件且文件完備，貸款過程都很順利，而有些勞動者在還未回國之前早已將債務還清了。出國工作已經幫助博南縣很多人有穩定的生活，一步步發展經濟消除貧窮；出口勞動已被北𣴓省黨委和政府確認是消除貧窮工作中的一條新道路（MOLISA，2013c）。

　　1980年代，由於低度的經濟發展使得越南的勞動輸出成爲償還外債的方式
之一。1990年代國家面臨制度轉型積極發展經濟，但意識型態卻形塑了「社
會主義定向市場經濟」的革新政策，社會主義所強調的公正與分配觀念成爲
經濟發展過程中不可拋棄的重要理念，因此勞動輸出政策的推行勢必也要考慮
到社會發展的公正原則，對於貧窮縣的居民提供優惠貸款協助其出國工作。
據報導：「到2004年10月底，清化省峨山縣（*Huyện Nga Sơn, Thanh Hoá*）已
有四百三十七人出國工作，其中一百零九人去台灣、二百一十九人去馬來西
亞。大部分出國工作者扣除支出後已經有較高的收入，有穩定的本錢投資家庭
生產、經營。農業發展銀行與社會政策銀行已經給出國工作者貸款約十二億越
盾。此地的海外勞動者透過農業發展銀行與社會政策銀行匯款回來約六十五萬
九千美金，這相當於一百零五億越盾」（MOLISA，2004b）。第71/2009/QD-
TTg號決定在2009年公布後，勞動—榮軍—社會部已行文通知國家社會政策銀
行提供充足的金融市場資金，以益於商業銀行針對貧窮縣勞動出口業務的推
動。但整體的勞動市場基本工資已逐年上升，使得依照基本工資收費的服務費
和仲介費也跟著提高；加上美金升值，勞動者出國所要繳交的費用與2009年相
比也增加許多。爲了符合實際情況並協助貧窮縣勞動者參加出口勞動，2013年
10月勞動—榮軍—社會部進一步要求社會政策銀行依照工資行情，調整提供貸
款給貧窮縣的勞動者。此外，2014年6月，海外勞動管理局也通知參加貧窮縣
勞動輸出的各家勞動出口公司以及相關部門，關於社會政策銀行調整補充貸款
金額一事（DOLAB，2014）。

　　報導裡頭提及的農業發展銀行與社會政策銀行雖然都屬於國家金融體系，
雖然都帶有政策目標不過性質不太相同，農業發展銀行屬於商業金融系統，而
社會政策銀行則屬於社會保險體系。國家級的社會政策銀行在地方政府也有分
支機構且多設置於縣／社政府裡頭，並對貧窮戶、少數民族、退伍軍人（傷
兵）、烈士遺族等政策對象施以各項社會扶助與救濟，也包含優惠貸款；若非
政策對象，則多由一般商業銀行借貸或由群眾組織的互助基金幫忙分攤。從

2000年迄今，可以觀察到越南從中央到地方政府皆以勞動輸出作爲同時改善經濟和社會發展的良方（像是前述報導的河靜省春蓮社例子），從國家制訂的許多法案和舉措來看，其目的都在鼓勵和完善勞動輸出政策。勞動輸出政策可以爲國家帶來許多不同層面的利益，爲國家賺取外匯、解決國內就業問題、提升人力資本和融入國際社會，更重要的是消除貧窮問題。透過國家財政和培訓的支持，補助並優先輸出貧窮地區和政策對象，亦可避免市場開放後所可能帶來的不平等加劇的可能。

越南與其他東南亞移工輸出國家相比較，勞動輸出政策與社會發展相結合爲其特徵。社會發展與社會慈善和社會工作不同，它不是透過提供物品或服務的方式與人們互動作用，而是聚焦於地方或社會，或者是說關注於更廣泛的社會過程與結構。它並不只是滿足弱勢者的需求，而是力求全民的福祉；社會發展也是動態、持續與變遷的增長過程。然而，社會發展最大的特徵是「融合社會與經濟，將兩者視爲動態發展過程的有機組成」；與其他途徑不同之處就是，爲促進人們的福利而試圖將社會與經濟政策融合起來。簡單說，若沒有經濟發展也就沒有社會發展，而經濟發展如果沒有同時改善整體人口的社會福祉，那也毫無意義（Midgley，1995）。因此，在勞動輸出政策的社會發展意涵上，我們的觀察指標（indicator）也融合了經濟和社會發展二者，集中討論在「消除貧窮」和「地方發展」兩個面向。1990年時，越南的人均GDP只有一百一十四美金，然而從1990年代起，越南平均每年的經濟成長率爲7.5%，這樣驚人的成長直到1998年亞洲經濟危機才稍稍降低。儘管90年代越南的人口成長率高達18%，但人均GDP已從1990年的一百一十四美金增加到2000年的三百九十七美金（Luong，2003：1），至2011年已經來到一千四百零七美金（World Bank，2013a）；貧窮率從1993年的58%下降到2008年的14.5%（World Bank，2013b）。越南自1990年代開始大力推動革新政策，除了歷年經濟成長受到世界肯定外，如何致力於消除貧窮也成爲眾所矚目的焦點。

貧窮問題爲什麼這麼重要？因爲貧窮問題和經濟成長之間有著密切關係，

特別是在經濟快速成長的情況下，很多時候對於貧窮者是不利的，在現代成長的結構變化中，他們將會被排斥和忽略。兩者間的關係，有以下幾點：第一，普遍的貧窮將使窮人無法貸款，當貧窮者不能借錢時，他們就不能給自己的孩子提供足夠的教育，或者有足夠的錢來進行或擴張商業活動；如Muhammad Yunus在孟加拉創辦的鄉村銀行（Grameen Bank），即是在透過小額貸款來改善農民的這種不利處境。第二，貧窮者低收入和低水平的生活，表現在低水平的健康營養和教育程度，這會降低其經濟生產率，所以間接和直接地導致了緩慢的經濟成長。第三，提高貧窮者的收入，會進促消費性必需品（如食品和衣物）的地方需求增加，地方性物品需求增加將會促進地方的生產就業和投資，這樣的需求為快速的經濟成長創造了廣泛參與的條件。第四，大規模的消除貧窮措施和減少貧窮人口，可以為發展過程中的公眾參與帶來積極的物質和心理激勵，促進健康的經濟發展。最後，貧窮現象與問題將會減弱社會穩定性和團結（Todaro & Smith，2009：132-133、141-143）。

二、地方困境與貧窮問題化

自從第30a/2008/NQ-CP號決議與第71/2009/QD-TTg號決定頒布之後，如何透過勞動輸出來消除地方上的貧窮率也成為地方政府的重要施政之一。然而，勞動輸出政策不必然帶來地方上的繁榮與發展，前文也有提及，政策成功與否主要還是取決於制度安排的完善與基層代理人的推動。第71/2009/QD-TTg號決定，其計畫的總經費高達四兆七千一百五億越盾（約相當於台幣七十億七千兩百五十萬元），其中協助勞動者的資金是一兆五千四百二十億越盾，優惠貸款資金為三兆一千七百三十億越盾。勞動—榮軍—社會部也會推薦有信用的勞動出口公司到地方去招募移工。例如：GEAT、VICAJSC、SATRCO三家勞動出口公司，已在六個貧窮縣（*Quản Bạ, Yên Minh, Đồng Văn,*

Mèo Vạc, Hoàng Su Phì, Xín Mần）展開出口勞動招募移工計畫，直接爲勞動者介紹出口勞動條件較低的市場，如利比亞和馬來西亞等，配合地方黨委、政府共同推動出口勞動工作（MOLISA，2010c）。

　　貧窮縣的勞動輸出活動當然也少不了勞動出口公司的積極配合，在勞動－榮軍－社會部直屬的SULECO勞動出口公司的網站上亦不諱言地指出，該公司除了輸出出國工作的勞工和專業人員之外，還有執行政治任務（*thực hiện nhiệm vụ chính trị*）的職責，所謂政治任務指的是全面與全力配合政府的政策，與公司業務相關的層面就是透過勞動輸出達到政府消除貧窮的社會政策（SULECO，2013）；這也就是本書一直提到的勞動出口公司作爲國家管理一環的角色功能。2010年1月，SOVILACO勞動出口公司選送廣義省（*Quảng Ngãi*）茶蓬（*Trà Bồng*）、山河（*Sơn Hà*）兩個貧窮縣，以及加萊省（*Gia Lai*）少數民族的五十四名勞動者前往馬來西亞工作。SOVILACO經理表示，至2010年年底，SOVILACO預計出口一千五百名勞動者前往海外；其中，SOVILACO將按照第71/2009/QD-TTg號決定，優先將30%名額留給貧窮勞動者（MOLISA，2010d）。2009年，由於全球經濟變動的緣故，導致出口勞動工作面臨很多難題，而SOVILACO身爲勞動－榮軍－社會部直屬的勞動出口公司之一具有政策指標作用，2005-2010年公司已經輸出了一千多名專業人員和七萬五千多名勞工前往國外工作。另外，屬於SOVILACO的TNC國際人力培訓中心，已爲上千名勞動者進行指導培訓教育（MOLISA，2010e）。

　　第71/2009/QD-TTg號決定爲勞動輸出政策定下人數目標，在2009-2010年進行試點工作並選送各貧窮縣共計一萬名勞動者出國工作；2011-2015年階段，將選送貧窮縣五萬名勞動者送到國外工作；2016-2020年階段，將增加15%的人數也就是達到五萬七千五百名。具體措施就是實施優惠政策，如低利貸款、免費職業培訓、外語學習、住宿、交通等，其用意在於提供貧窮勞動者有利的勞動出口條件。在第71號決定實行五年後，依據海外勞動管理局的報告，經過各級政府單位以及勞動出口公司的投入，至今貧窮縣共選送九千名

勞動者出國工作，其中貧窮戶和少數民族戶占90%。從總體看，貧窮縣的移工都有穩定的收入，然而貧窮縣的出口勞動計畫面臨很多困難，計畫實行五年後僅九千人出國工作，顯然人數達不到目標。例如：清化省在出口勞動人數上時常領先其他省分，但境內七個貧窮縣在實現第71號決定計畫一事上並不樂觀，登記參加出口勞動的人數日益減少。2010年全省參加出口勞動總數有八百二十三名勞動者，到2011年減少到四百五十一名，2012年是三百一十名，2013年前九個月僅有六十名，其中觀花（*Quan Hóa*）、芒勒（*Mường Lát*）、關山（*Quan Sơn*）等縣沒有一位參加者。貧窮縣所面臨最大的困難就是人民及部分地方幹部對出口勞動的認識相當有限，地方政府專責幹部人數不多且專業能力有限，導致基層的宣傳和咨詢工作不盡理想。另外，由於處在偏遠地區交通困難加上人們安土重遷的習慣，山地偏遠地區很多人不想參加出口勞動。清化省大部分貧窮縣都屬於教育程度較低（小學以下的程度占60%），會講流利越南語的人比較少（更不用說會講外語），很多人健康不佳患有傳染病（尤其是B型肝炎）比例相當高，因此不具備參加出口勞動的條件；正因為如此，在貧窮縣招募勞動出口人數上面臨很多問題。在第71號決定實行的初期，參加計畫的勞動出口公司業者相當多，高峰時期達三十三個約有三百多種勞動供應契約（不同移入國家與工作類型）；可是參加計畫的業者數量日益減少，原因是下鄉招募所費不貲而招募效果不彰。雖然勞動—榮軍—社會部在2013-2014年已有積極具體辦法，例如：公開建議優先參加的勞動出口公司；加強勞工出口前的外語和技術培訓工作；加強指導地方政府，通過具體行動來增加宣傳和動員工作（請參考圖5-1），指導幫助移工回國後提早還款；指導有關部門以及各省政府積極實現計畫經費到位；同時，加強各縣／社及組織幹部參與出口勞動有關的業務培訓班，藉以提高國家管理的能力（MOLISA，2014a）。

　　依照第71號決定計畫成功前往韓國從事務農工作的黃文陸（*Hoàng Văn Lù*），他在韓國除了每日上班之外，晚上還兼差有關機械操作工作。他每個月可以匯款給住在老街省孟康市孟康社（*xã Mường Khương, thị trấn Mường*

圖5-1　貧窮縣政府宣傳出國工作活動（MOLISA，2015c）
宣傳車上紅色布條寫著：若要脫離貧窮生活，馬上踴躍參加出口勞動計劃！

Khương, Lào Cai）的母親兩千萬元越盾，並將家庭的銀行貸款以及在外債務全部還清，甚至還存了三億越盾。成功的勞動輸出政策不但幫助人民與家庭擺脫貧窮，而且家庭還有一筆錢來投資買賣發展家庭經濟。據老街省勞動—榮軍—社會廳官員表示，該省三個貧窮縣孟康縣（*Mường Khương*）、西馬街縣（*Si Ma Cai*）和北河縣（*Bắc Hà*）中，已經出國工作的勞動者，基本上都有好的收入並且償還銀行債務，甚至可以進行投資生產，特別是出口勞動到日本、台灣等市場的勞工。然而，在進行計畫的過程中有不少勞動者中途而廢，原因是出口勞動的時候面臨工作壓力而放棄。過去五年，老街省出口勞動人數約有五百人僅達計畫目標的20%。GAET職業培訓和勞動出口公司經理阮春廣（*Nguyễn Xuân Quảng*）提到，在進行第71號決定計畫的過程中，招募到的貧窮縣勞動者簽約前放棄的比率占60%，留下來的人在培訓期間退出的

又有30%，最後等出國期間退出的人又有35%；也就是說如果最初招募到一百人，那麼最後出國工作的僅剩不到二十人。阮春廣說這些勞動者放棄的普遍理由是：「仍不想離開家庭的心理狀態，不習慣接受被別人管理、高強度、緊張的工作環境與性質。很多勞工，登記參加出口勞動之後就不去，理由是家裡有老人、小孩，不讓他／她們出國工作，導致計畫結果未達目標」。勞動—榮軍—社會部直屬的SONA勞動出口公司對於執行第71號決定計畫的結果也是一樣，最終出國工作的比例也只達56%；SONA副總經理阮氏瓊娥（*Nguyễn Thị Quỳnh Nga*）認為，貧窮縣勞動者的文化水平、技術、健康、責任意識以及認知仍很有限，所以在參加職業培訓的過程中容易產生心理鬱悶的情況（MOLISA，2015c）。

　　勞動輸出政策在貧窮縣的推動，也會面臨地方脈絡差異所形成的招募困境。自從第71號決定實施後，貧窮縣與貧窮家庭的勞動者參加出口勞動的比例，平均一個縣有一百六十一名，一個社有僅九名，即僅總體達目標的30%。在貧窮地區所進行的勞動出口工作，既使已經招募到想要出國工作的勞動者，但仍有將近三分之一（33.5%）的勞動者因為身體健康條件不符資格而遭辭退；其次是培訓期間主動放棄（30%）；最後是培訓之後由於個人理由而不出境（20%）（MOLISA，2015a）。義安省都涼縣（*Đô Lương*）官員協同勞動出口公司駐義安省分公司（NAMICO）人員前往燈山社（*xã Đặng Sơn*）兩個漁村招募移工，但是在當地的宣傳工作已經進行三個月了，仍未招募到任何一位勞動者。NAMICO公司主要招募勞動者赴馬來西亞、阿拉伯、台灣工作，依照不同工作內容，每人月薪約七百萬元越盾以上，工作時間以兩年為期視情況可展延期限。想要出國工作者，在培訓期間除了享有醫療保險、食宿等權利；特別的是還包含護照辦理費用、體檢、職業訓練、語言教育、出境費用等全部免費。也就是說，勞動者不需繳納任何款項，也不會在日後的薪資裡扣除任何款項，所有費用都由勞動—榮軍—社會部海外勞動管理局負責；但即便國家提供許多優惠政策，當地卻仍面臨招募不到移工的困境。燈山社第六村的吳

文慧（*Ngô Văn Tuệ*）家庭與當地其他大約百戶家庭一樣，均賴捕魚為生；他有六個子女，有的留在村裡捕魚、有的到外地謀生，談到出國工作這件事，留在當地的兩位兒子顯得興趣缺缺，他們說：「我們家祖傳的職業，就是捕魚和在漁港幫人搬東西。國家雖然幫助我們上岸居住了，但卻沒有可以種植維生的土地。因此，我們必須返回海上靠漁船來謀生。至於出口勞動一事，對於我們漁民真的沒有吸引力！」

　　第六村村長陳文華（*Trần Văn Hoa*）解釋：「漁民未踴躍參加出口勞動，是因為他們沒有真正認識到出口勞動的所帶來利益。他們僅看到眼前的利益，早上出去賺錢，下午就有了錢去買菜，他們安於現狀不喜歡突破、不喜歡到外地。他們對於務農一事也不太適合，只喜歡做一些海鮮的小買賣、打工，或煮飯、幫人家扛東西。」燈山社社政府主席黃玉俊（*Hoàng Ngọc Tuấn*）坦白地說：「目前勞動出口市場不是那麼吸引人民，就是他們未踴躍參加出口勞動的原因之一。」都涼縣勞動—榮軍—社會處處長阮文新（*Nguyễn Văn Tân*）表示：「之所以選擇燈山社第六村和第七村來試點免費出口勞動政策也有原因，因為政府剛剛針對海上漁民實行再定居政策鼓勵他們上岸定居，只是他們仍未習慣新的生活環境。漁民們有三個期望：一是，獲得低利息貸款來發展家庭經濟；二是，國家提供土地來幫助他們發展畜牧或種植工作；三是，漁民子女可以參加職業培訓班。然而，將土地分配給漁民來發展生產一事滯礙難行，因為社內已經沒有多餘可分配的土地了。都涼縣社會政策銀行已將漁民貸款金額，從八百萬越盾提高到一千二百萬；縣政府也協助上岸的漁民進行職業培訓工作，例如：竹製品、紡織等手工藝以及養雞技術等。可是培訓結束後，若沒有實際需要的工作應用，所學到的培訓知識很快地就放在一邊然後重操舊業，漁民的生活還是脫離不了貧窮處境」（MOLISA，2014b）。

　　Escobar（2011：22-26）指出全球範圍的貧窮問題是在第二次世界大戰後才被關注的，自此「窮人」越來越像是一個需要採取新型干預方式的社會問

的消費者，還包括把窮人變成知識和管理的對象企圖改變整個社會。當1948年，世界銀行將人均年收入不足一百美元的國家界定爲貧窮國家時，這一紙規定就使世界上三分之二的人口變成貧窮人口。貧窮的問題化帶來了新的話語和實踐，並形塑著它們所涉及的社會現實；亦即第三世界的本質特徵就是貧窮，而消除貧窮的方法就是經濟成長，這樣一種發展化（developmentalization）過程不斷地影響著人們的思維和實踐的體制。Escobar認爲國際組織主導下的發展政策是一種發明，這與冷戰時期的國際政治局勢有很大的關係，並且透過發展計畫與研究文獻將第三世界建構爲低度發展國家，因此這些低度發展的現象成爲政治技術（political technologies）的研究主題。發展催生了一種思考方式，這種思考方式將社會生活看做是一種技術問題，是可以託付給發展專家來進行理性決策和管理的問題。Escobar批評的是國際組織對於貧窮的問題化與發展的話語，雖然在我的田野經驗中，不曾遭遇過發展計畫工作者或專家，但在農村訪談基層幹部時，他們多數讚揚勞動輸出政策的益處，也從未曾聽聞過幹部對勞動輸出政策提出嚴厲的批評，這些受過教育的政黨官員或基層幹部大多能夠熟練地使用由中央和地方政府倡導的發展語言（Ong，1987）。

出國工作這件事，對個人及其家庭而言是一種生活方式的全然改變，不是只有外在物質條件的適應問題，也會對內在傳統價值觀造成衝擊；猶如義安省燈山社第六村國家強制漁民遷居陸地的政策，生產方式的劇烈變化若沒有相對應的制度安排，直接受害的就是這些漁民。誠如Appadurai（1990：185-186）所言，評估任何社會經濟改變所付出的代價，既是道德問題，也是政治問題。說它是道德問題，是因爲它涵蓋了自願和強制的問題，以及跨文化和社會內部關於價值的討論。說它是政治問題，是因爲它也牽涉到發展的新模式是誰決定的、標準爲何、如何評估，是否接受公開地討論並建立在多數人認同的基礎之上。

我們可以從第71/2009/QD-TTg號決定中，具體看到所謂的政策對象是指貧窮和少數民族戶，這些貧窮縣地區貧窮率超過50%，爲全國平均的3.5倍；

這些縣分布在二十個省份共有七百九十七個社，多為高山地形、缺少耕地、生產條件匱乏，其中約有90%為少數民族。當代貧窮問題其實已經假定了貧窮是根源於生產方式的問題，所以解決的辦法就是讓更多人進入生產領域。可是國家的政治經濟轉型形成土地所有權的實質私有制，在地方上的土地已經無法進行再分配的情況下，第71號決定的目的即在將勞動輸出政策的經濟成長透過國家的力量分配到貧窮縣，其政策立意良善。但是那些遷居陸地以及意在消除貧窮的發展計畫，都是出於國家治理需要（居於海上不便管理）的發展政策，最重要的關鍵核心是：燈山社第六村近百戶漁民的文化價值觀和社會結構，有沒有被納入發展計畫考量？國家對於漁民生產方式的改變，因為無法達到漁民的要求（給予土地），便企圖藉由提升個人能夠在現代工業社會謀生的技術能力（職業培訓）以符合發展計畫需要。這些以國家為視角的發展計畫，在規劃階段甚至是執行過程幾乎完全排除當地漁民參與，但可能產生的風險卻必須由漁民自己來承擔。

第二節　移工及其家庭與農村的發展型態

一、匯款用途與發展型態

　　據海外勞動管理局的統計，每年光是海外移工匯款金額就有約十七億美金（Báo điện tử VnEconomy，2013），這麼大筆的移工匯款對於移工家庭和農村地方帶來什麼樣改變？國際上針對匯款的爭論主要是認為匯款大多用於消費，從而移出國過度依賴匯款而抑制成長所導致的惡性循環。雖然許多經濟學者樂觀地認為匯款可以成為經濟成長和發展的主要動力，事實上匯款也幫助許多人及其家庭脫離貧困，但Chami和Fullenkamp（2009）認為並不能因此認定匯款就是解決貧窮和發展的最佳方案，移工家庭的收款人可能會將匯款用於較高風險的投資項目，許多匯款接收地區都出現了房地產泡沫化的現象，這些現象極可能是由匯款造成的。所以匯款會導致資產扭曲排擠房地產市場中的貧窮家庭，反而加劇了貧窮問題。Barajas等人（2009）對匯款的作用也抱持同樣地懷疑態度，指出匯款即便不花在消費上而是做為儲蓄，通常也意味著這部分資金會用來購買土地、房屋或者改善居住條件。而此類資金所產生的新資本或效益簡直微不足道，並認為移工匯款對經濟成長沒有影響。另外，Chami等人（2008）也認為匯款既沒有促進投資成長，沒有影響投資的分配，更對GDP成長沒有顯著影響。

　　Massey等人（1998：262）認為對匯款抱持著負面看法的原因是因為，它缺乏了遷移對經濟成長的影響層面有效的理論測量尺度。以農村為研究地區來說，普遍地混淆匯款在非生產性消費的使用層次，忽略了匯款對創造當地經濟的廣泛影響與可能性，同樣地偏見也發生在匯款使用在家庭支出方面。一味地定義何謂「生產性投資」（productive investments），認為只有將匯款投資於

生產設備才算是對經濟成長有所貢獻，卻刻意忽略了家畜、教育、住房和土地等生產性花費。但隨著國際移民的數量增多，對移民與移出國的看法轉趨正面，認為遷移的決定是提高收入、獲得資金與分散生產風險的家庭策略之一，特別是匯款更可以減少發展中國家的家庭在生產和投資上的限制並有利於經濟發展。Castaneda（2012）指出世界銀行等國際組織對匯款的廣泛討論顯示了光是掌握匯款的流向是不夠的，這樣並不足以保證匯款可以替國家帶來任何有益的政策效果。新古典主義所強調的理性儲蓄和投資行為對移出入跨國社區的複雜現象是不適用的，尤其對低度發展和貧窮的地區來說，因為移工在國外一旦面臨比預期還高的消費水準，便很有可能在儲蓄和投資上捉襟見肘。例如Castaneda所研究的墨西哥La Montaña地區因為無法和國家、全球經濟接軌，僅僅透過匯款是難以有所發展的。不能單就國家間的匯款流動就推論它對發展所具有的潛力，而忽略匯款也會造成家庭分離和與地方互動所帶來的社會形塑力量。

　　儘管第二章討論過，透過實證和理論的文獻回顧說明了匯款對發展議題的重要性；但上述學者仍然表明了匯款不必然促成發展的看法，其間最主要爭論點在於：依賴匯款的消費並非是生產性的投資。對於此點爭論，相信支持與反對的兩方都可以找到經驗證據來說明各自的立場，因此我認為還是必須回到地方脈絡的具體發展型態，進一步檢視匯款為地方所帶來的實際改變。1997-1998年間，越南統計局（General Statistical Office）曾與聯合國發展計畫（United Nations Development Program）、瑞典國際發展署（Swedish International Development Authority）、世界銀行等國際組織合作，舉行大規模越南家戶生活水準調查，共訪問約六千個家庭，其中有三百七十七個家庭、四百九十七人表示曾有接受過來自海外的匯款。這些人之中有73%曾將匯款使用於消費；14.4%用來建造房屋；6%用於非農業投資；6.6%作為其他用途，這包含教育和農業投資（World Bank，2001；Pfau & Giang，2010）。據越南學者調查，經濟因素（賺錢、存錢、穩定的工作）一直是移工前往海外工作的

動力，當勞動契約結束後移工就會返回越南。而女性移民（特別是城市地區）比男性移民更頻繁地匯款回家（76% vs.64%）；農村地區的匯款週期又比城市地區更短（半年vs.一年）；已婚回匯的金額通常是未婚的兩倍（US$5000 vs. 2700）。一千五百零八戶家庭樣本數中，每個月至少和海外成員聯繫一次以上者超過80%，這些匯款對提升家庭收入和生活水準是有正面影響，證據顯示移民及其匯款是有助於改善收入不平等現象；這些移民家庭的儲蓄率是較非移民家庭來得高，而且他們更有機會擁有自己的家庭事業；移民家庭在衛生健康方面的支出也提高了（Dang et al.，2010）。

關於在台移工的消費與匯款研究，主要集中在菲律賓、泰國次之，印尼、越南較少，越南留學生葉秋紅（2009）使用問卷調查方法回收七百六十份有效問卷，其中越南移工有二百二十九人。從調查結果來看，越南移工匯款比例為東南亞各國移工中最高，其中以幫助家庭經濟為主。越南移工來台的前兩年薪資幾乎都用來還清欠款（第一階段），接著第三年以後（第二階段）匯款主要是幫助家庭經濟，剩下的用來蓋房子。如果順利可繼續來台（第三階段），此時匯款會儲蓄於銀行，作為回國後的創業基金。葉秋紅認為移工的匯款是有階段性功能的，依序為還款、幫助家庭經濟、蓋房子、儲蓄以及創業，不過這是一個理想狀態，實際上許多移工的情況並非如此。在她回收的有效問卷中，將薪資一半以上匯回越南者占了60.9%，匯回40-50%者占28%，匯回40%以下占11.1%；大多透過合法金融管道（84.2%）。移工家庭的匯款用途依序為：支付生活所需（59.8%）、存入銀行（53.7%）、自己做生意（16.2）、與親友創業（14.8%）、買房子土地（11.8%）、其他（7.9%）、購買有價證券（2.2%）。[5]其研究結果認為不論在台時間多久皆會持續匯款回母國；這點與Massey等人（1987）以及Connell和Brown（2004）所支持的「移工匯款回母國家庭的金額，會隨其在海外工作時間增加而逐漸減少」論點不同，這是因為

---

[5] 葉秋紅（2009）論文研究的訪談問卷為複選題，至多選擇三項，因此加總超過100%。

他們的研究對象後來都長期居留在海外，與目前在台的越南移工屬於契約工人的情況不同。

那麼這些匯款到底在移工的原鄉帶來什麼樣的發展型態呢？根據報導：「距今不久，富壽省林漕縣永賴社（*xã Vĩnh Lại, Lâm Thao, Phú Thọ*）仍是個貧窮社，貧窮家庭占全社30%。如今來到永賴社，記者可以看到很多又華麗又寬敞（*khang trang*）的高樓，社內的道路均鋪上平坦的鋼筋水泥，社政府主席說：『這一切全都靠出國工作的！』全社約有四百人出國工作，占林漕縣出國工作人數的一半。林漕縣歲入金額約一百一十億元越盾，而永賴社人民出國工作賺錢，每年匯回來給家庭的金額卻已達到一百二十至一百三十億元越盾。出國工作的收入，使社內人民更有發展經濟、消除貧窮的條件；本地貧窮家庭比率已從2000年的8.43%，下降到2002年的4.6%和2003年的3.4%。人民生活水準提高，地方景象也有所改善，過去幾年出國工作者已經捐出幾千美元來重修、建立廟宇，建設鋼筋水泥道路等」（MOLISA，2004a）。

另一個同樣位於富壽省的符寧縣蓮花社（*xã Liên Hoa, huyện Phù Ninh, Phú Thọ*）也有著相同的景象：「出口勞動已成為推動經濟發展並帶來實效的政策，其中社黨委和社政府的積極主動，是帶來成功的主要因素。幾年前，蓮花仍是一個貧窮社，人們生活困苦封閉，但勞動力卻十分充沛。許多移工家庭的經濟問題有了大轉變，不只脫離貧窮生活，蓋新的房子，而且還有一筆儲蓄可以發展家庭經濟。出口勞動已給很多家庭帶來了大效果，因此蓮花社每人的年平均收入已增長了五百萬越盾。很多家庭早就脫離了貧窮，建造房子，買了很多值錢的傢具等；出口勞動更加改變了蓮花社農村的面貌，道路整齊乾淨與環境安寧；蓮花社的勞動輸出模式成了富壽省地方各縣／社的學習榜樣」（MOLISA，2006d）。

上述兩個憑著勞動出口而有所發展的永賴社和蓮花社均位於富壽省，2006年來自富壽省的海外移工透過省銀行系統，從海外匯回匯款金額達六千億越盾，相當於富壽省一整年的財政預算總收入，對省內消除貧窮事業做出了積

極的貢獻。永賴社有許多家庭靠著親人在國外匯款回來的資金，不但還清了債務，而且還蓋了很漂亮的樓房布置了很多的家具，改善家庭生活品質，使農村面貌改變了不少。尤其是各山地縣如青山（*Thanh Sơn*）、端雄（*Đoan Hùng*）、清巴（*Thanh Ba*）等社，是貧窮家庭對象參加出口勞動比率最多的地方；因為許多家庭利用出口勞動匯款回來的資金，重建現代化的樓房已成為一股風潮。另外，人民還可以儲蓄、參加捐款以建設地方公共工程（MOLISA，2008c）。永賴社的發展寫照不是獨特的個案，在許多有移工的村子裡都可以看到兩層樓以上的樓房，甚至是所謂的鋼筋混泥土道路和路燈。雖然沒有辦法證明基礎建設與移工匯款之間的因果關係，但地方政府因為貧窮率的下降，因而減少社會福利的支出，便有財政餘力去從事基礎建設，這也是可能的原因。一位受訪移工說：「農村裡的幹部鼓勵我們出國工作，他們說出國賺到的錢不僅能改善自己的生活，還可以捐款互助當地的活動。」接著，我將描述與討論田野經驗所觀察到的，移工的匯款與返鄉究竟為越南的農村帶來何種發展型態。

（一）地方金融

上述葉秋紅（2009）的研究指出移工的匯款，首先的用途就是還款。還給誰呢？根據訪談經驗，移工除了向親朋好友借款支付仲介費外，大多數移工是向銀行貸款。只要勞動者在出國工作之前，持勞動輸出公司所開立的已獲選工證明，便可向銀行貸款。而移工們出國工作所需要的資金最常向越南農業和農村發展銀行（*Ngân hàng Nông nghiệp và Phát triển Nông thôn Việt Nam*；英文名稱為Vietnam Bank for Agriculture and Rural Development，簡稱AGRIBANK，請參考圖5-2）借貸，農業和農村發展銀行為國營企業而且是國內最大的商業銀行，機構遍佈全國各地。[6]當然也有移工有能力不向銀行借貸，但這些人畢

---

[6] 越南農業和農村發展銀行的成立，始於1986年越共第六次黨代表大會提議成立創新的銀行系統，並於1988年3月26日部長會議（*Hội đồng bộ trưởng*）通過第53/HĐBT號議定成立越南農業和農村發展銀行（AGRIBANK，2010）。

圖5-2　農村裡的農業農村發展銀行與西聯匯款

竟是少數。移工們習慣以月利率來計算而且利率是浮動的，因此2010年前後的借貸年利率大概在10-16%之間，也有年利率20%之譜的。

　　一位受訪的移工父親說：「女兒2011年去台灣工作，跟農業發展銀行借了一億，一個月的利息是1.7%（年利率即為20.4%），也就是一百七十萬越盾。剛去第一年的時候，每個月可以寄一千一百萬至一千兩百萬回家，第二年女兒說公司沒有加班，賺得錢比較少，改成兩個月寄一次，差不多是一千三百萬至一千四百萬。女兒寄回家的錢，有一半是拿來還貸款，其他就是買些日用品，供弟弟妹妹讀書。」

　　在革新政策後，農業和農村發展銀行在金融銀行體系中積極發展商業金融業務，尤其是放款借貸給出國工作勞動者，協助人民有出口勞動的機會，全國約有兩千三百多個分行與駐點。在協助勞動者貸款工作上，農業和農村發展銀行透過提供使用手冊、直接協助欲貸款的勞動者等措施，指導勞動者在貸款以及匯款的管理和使用等相關事宜。在貸款給出國工作勞動者方面，在以家庭為

擔保的前提下，貸款金額比率最多可達所有合法費用的85%。還款期限是考量
移工收入、家庭還債能力以及銀行存款利率等因素所決定的，但最多不能超過
已簽訂的出口勞動契約期限。貸款利息則是按照貸款當時所規定的利息，還款
方式是以銀行與勞動者根據勞動者家庭的平均收入來協調還款與利息事宜。貸
款金額是直接匯給勞動出口公司，除非勞動出口公司提供同意文件，在此情況
下可以直接將貸款金額給予勞動者；在擔保財產方面，農村家戶與個人不需抵
押擔保而可貸五千萬越盾（自2010年6月1日起）。農業和農村發展銀行在海
外一百一十三個國家與地區共有一千多家分行，它也是跨國金融服務公司西聯
匯款（Western Union）在越南的主要合作對象。海外移工時常利用農業和農
村發展銀行和西聯匯款將海外所得匯回家鄉，雖然越南政府沒有強制指定移工
匯款銀行，但是為了確保海外匯款的管道暢通，農業和農村發展銀行也建議移
工在海外循正式金融管道將錢匯回越南，農村發展銀行也與移工主要移入國家
的銀行合作（VAMAS，2011b）。[7]許多受訪的移工表示，他們大多透過西聯
匯款的方式將在台灣賺到的薪水匯回越南，一位受訪移工說：「賺到的錢就用
Western Union，只要我告訴老公十個數字的密碼，他去農業發展銀行的櫃台
就可以領到錢。」留在原鄉的家庭成員，只要持身分證明證件以及十個數字組
成的密碼，便可以在金融機構的西聯匯款窗口領到匯款，而農業和農村發展銀
行均設有西聯匯款窗口。雖然農業和農村發展銀行是國內最大的商業銀行，但
它同時也是國家經營的銀行，受國家政策指導。

因為出國工作必需支付給勞動出口公司的服務費和仲介費一筆可觀的費

[7] 例如：在日本的Standard Chartered Bank, Tokyo（SCBLJPJT）和Philipine National Bank, Tokyo（PNBMJPJT）；馬來西亞的Public Bank Berhad, Kuala Lumpur（PBBEMYKL）、Rhb Bank Berhad, Kuala Lumpur（RHBBMYKL）、Standard Chartered Bank Malaysia Berhad, Kuala Lumpur（SCBLMYKX）、VIDPublic Bank Ho（VIDPVNV5）；阿拉伯聯合大公國的Marshreq Bank PSC（BOMLAEAD）、BNP Paribas, Abu Dhabi（BNPAAEAA）、BNP Paribas, Dubai（BNPAAEAD）、Commercial Bank of Dubai（CBDUAEAD）、Emirates NBD Bank P JSC（EBILAEAD）、The Royal Bank of Scotland N.V./United Arab Emirates（ABNAAEAD）；利比亞的Libyan Foreign Bank（LAFBLYLT）、Gumhouria Bank（JAMBLYLT/UMMALYLX）、Wahda Bank（WAHBLYLX）等銀行（VAMAS，2011b）。

用，這些費用端視移入國的移工勞動薪資所得而定，大部分的農村勞動者想出國工作就必須向銀行貸款。屬於政策對象家庭者，可以向社會政策銀行借款而利息遠低於市場行情，其他家庭就得向農業和農村發展銀行等其他銀行借貸。但從銀行的指導文件中可以看到，一般家庭的借款額度並非是100%，而是以85%為上限，也就是越南政府規定勞動輸出台灣的仲介費每人上限為四千五百美金，正常情況下可以借貸的金額大約就是三千八百美金。可是我們知道，勞動仲介費用要看接受國的勞動市場價格，還有在越南勞動出口公司前端的人際網絡所產生的各種成本（介紹費和紅包），所借貸的金額與實際所付出的仲介費和服務費是有段差距的。這裡的價差，有能力者家庭就可以支付；沒能力者就只好向親友或地下金融借款，其利率是20%以上。這些情況導致了移工們出國工作前就積欠一筆債務，移工匯款的首要之務就是還款，而直接的受益者就是銀行的金融放貸業務，而農業和農村發展銀行就是由國家主導和經營的。

（二）蓋棟康莊樓房：衛生健康和就業機會

　　某次田野訪談，一位婆婆在談論到婦女會是如何宣傳出國工作這件事時，說道：「婦女會幹部向大家說，如果子女有條件出國工作的家庭，就鼓勵子女出國工作，出國賺錢回來蓋漂亮寬敞（*khang trang*）的樓房！」越南文*khang trang*為寬敞之意，其發音近似中文的「康莊」，常用來形容很漂亮、很寬敞的樓房，而村子裡因為有人出國工作賺了錢，蓋了很多漂亮的樓房（請參考圖5-3），不也就是康莊嗎！？「*khang trang*」一詞也不斷地出現在移工改善家庭經濟的報導中（MOLISA，2004a；2015d），這無異是移工出國工作後，對家庭與農村發展最具象的寫照。

　　幾位受訪移工表示：「房子剛剛蓋好，我回越南後才蓋的，土地本來就有，光房子就花了六億多（越盾）！」

　　「以前我買土地，蓋了一個小小的房子；第一次來台灣工作以後賺來一點錢，就把它再蓋大的。」

圖5-3　移工匯款所興建的樓房

「以前我們家很辛苦還沒有錢，還小的房子，自己蓋的、小小的，可以住就好了，現在我出來賺錢，有錢了，蓋三層了。已經蓋好了，賺的錢都拿去蓋房子了。」

在越南，全國有萬分之4.7家戶無房屋，而房屋依結構與建材分為四類，屬永久類占46.7%、半永久類占38.2%、木造類7.8%和簡陋類7.4%。所謂房屋必須具有牆壁、屋頂和地板三者結構；四種類型房屋分別是：永久（permanent，房屋結構必須有樑柱、屋頂和牆壁，且使用堅固建材搭蓋）、半永久（semi-permanent）、木造（temporary）和簡陋（simple，不具有堅固結構，像是茅草屋）。電力照明全國可達96.1%，自來水普及率為25.5%，但在鄉村地區則僅有8.6%（Central Population and Housing Census Steering Committee，2010）。一般在農村所看到的民居大概都是一層樓的水泥磚瓦房屋，沒有太多的建築裝飾（請參考圖5-4）。每個家庭的情況有別，三層的樓房算是農村普遍可見最高樓層的建築物，建築外觀有各種裝飾（像是希臘風

圖5-4　農村中一般民居

格的柱頭雕刻）與色彩豐富的油漆塗裝。當然也有木造結構和茅草屋頂的情況，我曾在中部省分的漁村看過簡陋的鐵皮屋，因為冬天海風冷冽，海邊漁村是看不到茅草屋，反而是由鐵皮的波浪板一片片組合而成的鐵皮屋（請參考圖5-5），形容這些房屋是「家徒四壁」也不為過。移工們的匯款通常在清償完借款後，通常最先想到的就是蓋樓房或重新整建房屋，而蓋房子的土地取得也較房屋造價便宜，有些人則是選擇在既有的原址上重建。移工們表示，十年前的原物料價格波動不大，蓋一棟兩層樓的樓房大概花費三億越盾（約台幣四十五萬），但是2013年前後水泥等建材價格攀升，蓋一樣的兩層樓就要價六億越盾（約台幣九十萬）以上。

圖5-5　漁村中一般民居

　　蓋樓房還有一個好處，那就是對衛生環境與個人健康的改善——衛生馬桶與化糞池的設置——，這些返鄉移工家裡幾乎都有衛生馬桶設施（請參考圖5-6）。在2009年全國家戶普查統計中，家庭有所謂的衛生馬桶（sanitary

圖5-6　移工家中的衛生馬桶

toilet，包含flush and semi-flush toilets）僅占全國54%，但卻是1999年的三倍多之譜。這十年間，城市和農村地區衛生馬桶普及率的變化分別是：城市從54.3%上升到87.8%成長1.6倍，農村則是從4.4%上升到39%成長將近9倍。但是城市地區普及率爲農村地區的兩倍（87.8% vs. 39%），以及全國仍有46%的家庭沒有衛生馬桶設施，農村更高達61%；這顯示了農村地區家庭的衛生健康建設依然欠缺的現實（Central Population and Housing Census Steering Committee，2010）。在農村鄉下地方，有時衛生設備就設置在戶外，而且通常就在水道旁或池塘中，幾片木板圍起來就是上廁所的地方了（請參考圖5-7），可想而知排泄物就直接排入水中，汙染環境與水資源不說，更會滋生蚊蟲影響居民身體健康。

　　此外，越南全國自來水普及率爲25.5%，鄉村地區更是僅有8.6%。自來水的供應不只有管線鋪設的問題，還包括集水庫、淨水廠等基礎建設，這些昂貴的建造成本都不是目前政府可以負擔的，在其他基礎建設仍未健全的同時，自

圖5-7 農村住家的簡易廁所

來水基礎建設還不是最優先的考量。在農村，一般家庭都備有水塔，水源來自雨水或地下水，這些水主要為清洗用；飲用水則使用簡易過濾器煮沸後飲用或購買桶裝水。但在2013年的田野觀察中，開始發現有幾戶移工家庭使用RO逆滲透飲水機（請參考圖5-8），其中有兩人表示她們是去台灣工作後，看到台灣人使用飲水機，所以回越南後才購買飲水過濾設備，還指定要Made in Taiwan的。

　　此外在農村地區，許多男性除了種田之外的工作，就是幫人「蓋房子」。越南各地稻作的收穫次數不一，大多可以收穫兩次，只有少數紅河平原和湄公河平原省分可以三穫，稻米產季分為冬春、夏秋及秋冬三季，冬春與夏秋兩季是主要產季，整年的農忙時節並不會太長。不只在家務上，在農田裡我們也可以看到性別分工的景象，男性負責較為粗重（如犁田、割稻）的工作，插秧除草甚至是噴灑藥劑的工作就由女性來從事（請參考圖5-9），所以男性其實並不需要每天出現在田裡。

圖5-8　移工家中使用的逆滲透飲水機

圖5-9　農田裡的性別分工

　　因此，農村男性通常在農閒時期，會尋求其他工作作為收入來源，蓋房子遂成為許多人的工作之一。蓋房子其實是農村眾多土木工程工作的其中一種，其他類似工作還有興建或修復道路、蓋水塔和蓄水池等小型工程，這些工作對農村男性來說都足以勝任。移工們回鄉蓋房子，通常有兩種作法，一是將工作發包給工頭，由工頭去召集各類工人，如砌磚工、水泥工、油漆工等；二是由移工自己去找各類工人來施工。蓋一棟兩層樓的房屋大概只需要六至九個月的時間（請參考圖5-10），所需人力必須依現場施工的情況來安排，起造房屋的初期到中期需要比較多的人力，少則五、六人，多則十餘人；後期只需要三、四人即可。這些因蓋房所需的人力，就是來自同村的人，也為農村創造就業機會。

圖5-10　農村中移工家庭聘僱村民蓋房屋

（三）子女教育

　　地方上中小學學校教育，由當地社政府辦理，一般學校距離住家都不會太遠，孩子們通常都走路、騎單車、電動單車或由父母騎機車接送上下學。中小學的學費不算昂貴，一年繳給學校的學費大約一百萬越盾；但可觀的是花費在孩子身上的補習費（課後輔導）和生活費。由於越南中小學上課時間只有半天，至於為何只上半天課？據受訪家庭說是沿襲過去的習慣，詳細的原因也不清楚；但也另有一說是因為教室空間不足，因而採取分批上課方式因應。總之，因為上課半天的關係，剩下的時間老師通常會提供課後補習的課程，補習當然是要額外繳費的，這對單單依靠農業收入的家庭而言也是一筆負擔，並不是每個家庭都有能力供子女參加課後補習的。

　　至於高中以上的教育費和生活費支出，對農村家庭來說更是沈重的負擔。高中由縣政府辦理，通常是幾個社或在縣政府所在地才會設置一所高中，這完全取決於人口多寡而定，因此學校不一定會在住家附近。對學生及其家庭來說，通勤上學就是個問題，除非住在學校附近要不然走路是到不了學校的，大家都是騎單車、電動單車或機車上學，通勤成本就是一個門檻。加上補習，光是單科數學或英文的補習費一個月就要八十萬越盾以上。若是離家在城市地區就讀高等專科學校或大學者，除了學費之外，還要負擔房租等生活開銷。

　　一位移工的女兒受訪表示：「我跟兩個哥哥都在順化（越南中部大城）就讀高等學校，每個人一學期的學費是三百萬越盾，我跟同學租一間房、兩個哥哥租一間房，一間房的每個月的房租是一百四十萬越盾，我們三兄妹每個月光是房租就要兩百一十萬，如果再加上其他日常開銷，每月個生活費大約是七百萬越盾」；這些完全依賴在台工作九年的媽媽的匯款支持。

　　其他受訪移工表示：「我覺得，出國工作雖然很辛苦、不同語言，對於工作本身也不太熟悉。但是因為我個人的努力，想改變家庭的經濟問題，能夠輕鬆幸福；孩子更有讀書條件，讓他們以後可以擁有較輕鬆富有的生活。我不想讓自己的孩子從事十分艱苦的工作，想給他們造出一個能夠周全的學習環境。

讓他們以後出來可以找到堂皇的工作，可以自己過活。」

「因爲我要養孩子啊！如果我不來台灣的話就沒有辦法。」

「我去國外工作辛苦，他（先生）在家裡要努力照顧小孩，我來台灣努力工作，然後有錢我們可以蓋房子，可以養小孩念書，如果沒有來台灣做，小孩沒有辦法讀書，怎麼讀大學！我們那邊現在小孩讀書，大學現在是一個月生活費要四千塊台幣！我女兒在富壽省念護士專科，如果去其他大城市花費更高。」

考量過去越南物資缺乏的情況，多生幾個可能是養兒防老的方式之一；但越南從1980年代開始採取非強制性兩胎生育政策（少數民族不受限制），生第三胎就會受罰。實施限制生育的家庭計畫後，在未來教育支出可預期的情況下，創造這部分的收入便成爲家庭生計的重要項目。從移工訪談可知，供子女讀書對一般農村家庭來說不是件容易的事，已婚且有小孩的移工都會一再強調匯款回家的用途之一，就是爲了子女的教育；他／她們對子女教育的投資，期待的就是未來子女薪資的報酬。

（四）微型企業

微型企業也就是我們一般所認知的各式各樣小店家，移工返鄉後利用在台灣賺到的資金開設小商店，一方面是從受雇者轉爲自營者，另一方面也是爲自己的勞動力增加附加價值。很多人的情況是在台灣工作返鄉後，因爲當地農村工作機會少，加上受雇工作薪資太低，便萌生自行創業的想法，這些移工的海外所得就是最重要的創業資金。在所有受訪者中，移工返鄉後利用在台灣賺到的錢，開設了咖啡（飲料）店、卡拉OK、瓦斯行、水果行、網咖和紙紮店等小生意（請參考圖5-11）。受訪者中阿夏算是一個較爲成功的例子，她來台灣工作九年，我於2009年在桃園壢新醫院訪問她，當時我問她：寄回家的錢都怎麼使用呢？阿夏回答：「寄回家的錢，給我丈夫買土地、蓋房子，給孩子讀書等。我的打算是給孩子讀完書，我們夫妻經營買賣，發展家庭的經濟來源。」

圖5-11　返國移工在農村裡經營的微型企業

阿夏在2012年3月回到越南，我便在2013年前往中部拜訪她。阿夏利用在台灣工作賺到的錢不僅蓋了房子，還幫先生買了艘中古漁船（跟先生哥哥合資，各出資一半）已經整修好，也開設養豬場、養雞、鴨、魚等牲畜，豬隻多達近百條算是具有專業養殖規模了（請參考圖5-12）。阿夏說：「現在大大小小的豬大概將近一百隻，種豬有十幾頭，我就是自己養，然後把小豬賣出去，三個月賣出去五十條，大概可以賺五百美金。」以阿夏的例子來看，蓋房子要人力和建築材料，整修船隻也需要人力、木材、機電馬達等材料，畜養牲畜需要飼料、預防疾病、繁殖等專業知識與消費。這些經濟活動的規模雖然聽起來微不足道，但若是放在單一農村的概念下來討論，阿夏養豬場的經濟活動對當地社會具有一定程度的貢獻。

　　還有許多移工因為來台灣工作，有機會學習中文加上不斷努力自習，返回越南後，因為會說中文，成為中國商人的翻譯或台資工廠裡的小組長。幾位受

圖5-12　返國移工經營的養豬場

訪移工說：「我去台灣之前，只有學過一個月中文、英文字母，後來有老闆
（台灣雇主）要我，我就去台灣了。我在桃園市照顧的阿公是退休老師，他有
一個女兒沒有結婚，我常常跟姊姊、阿公聊一整天。然後我看電視，有什麼不
懂的字，就跑去問阿公，阿公就會告訴我。……後來回越南去仲介公司上班，
介紹學生去台灣讀書。有一天，我碰到一位中國人，後來他就打電話給我希望
我去幫忙他做翻譯，他是他來越南買木料進口到中國。這個工作已經做兩年
了，薪水一個月六百萬。」

　　「這附近正在興建一條高速公路（從海陽省）通道河內，承包工程的是中
國的工程公司，公司有很多講中文的中國人，但是也有越南工人，所以我就是
擔任組長，負責翻譯給越南工人聽。」

　　一位受訪的當地台商說：「我工廠（印花廠）裡差不多有八、九位去過台
灣工作的工人，他們很多是擔任組長的職務，因為他們去過台灣跟台灣人相處

過，一些思想跟做法跟台灣人比較接近，容易聽懂我在說什麼，加上會一點國
語，我當然會刻意讓他們擔任工廠裡的組長工作。」（請參考圖5-13）

圖5-13　返國移工在台商工廠擔任小組長（虛線圈內者）

　　還有一個創業成功的典範，那就是河內越南婦女博物館（*Bảo tàng Phụ
nữ Việt Nam*）中，所標榜來自泰源省（*Thái Nguyên*）的傑出女企業家阮氏香
（*Nguyen Thi Hương*。越南婦女博物館是從日常生活的角度來詮釋越南婦女對
國家民族的貢獻，從懷孕分娩、食衣住行用品、戰爭到信仰無所不包。其中，
有個獨立的展示空間，牆上掛滿傑出的女性企業家介紹，電視牆並同時播放
著她們生平介紹與受訪影片，阮氏香就是其中一位（請參考圖5-14）。泰源
省是位於北部山地的一個省，為了鼓勵勞動輸出政策，省政府在2003年6月已
規劃完成2003-2005年階段的勞動輸出計畫，省的勞動—榮軍—社會廳分別在
四個縣展開試點工作：富平縣（*Phú Bình*）、富良縣（*Phú Lương*）、同喜縣
（*Đồng Hỷ*）與普焉縣（*Phổ Yên*）。其後，省級勞動出口管理組開始在各縣／社

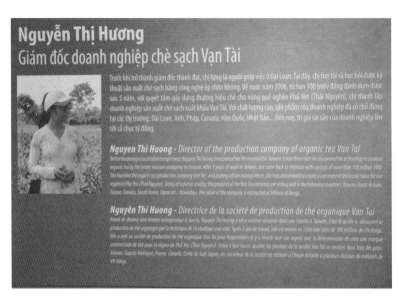

圖5-14　河內婦女博物館展示的傑出女性企業家阮氏香

組織出口勞動計畫實施會議，省政府也指導成立縣級的勞動出口管理組，並健全管理組人力和建立活動機制，各縣政府也為縣內的黨委、社政府、村幹部、團體組織等舉辦出口勞動計畫宣傳會議。另外，泰源省也允許由海外勞動管理局介紹的三十五家勞動出口公司直接到省內進行活動（MOLISA，2005d）。

　　阮氏香就是來自太原省普焉縣福順社福才村（*thon Phuc Tai, xa Phuc Thuan, huyen Pho Yen, tinh Thai Nguyen*），她在台灣工作五年後，將工作收入全部存起來，回到越南後購買土地，後來土地價格大幅上漲，她也因此致富。接著便以一億越盾的資金，在故鄉創立萬財（*Van Tai*）茶公司（請參考圖5-15），公司資金完全由她獨力籌措，草創初期也只有她一人。她以真空包裝的創新方式保存茶葉獲得市場好評，現在公司價值數十億越盾，曾經榮獲國家級傑出青年和傑出農民兩項個人榮譽獎座；她在台灣工作時，也曾於2004年

圖5-15　阮氏香在家鄉創立的茶公司

榮獲台北市勞工局表揚爲優良外勞。[8]她在受訪時表示，目前公司約有二十幾位員工，但在採茶季節（夏茶）來臨時，公司必須另外在當地聘請七十到八十名採茶工人爲期大概三、四個月（每年的六月到九月爲採茶旺季），這些工人是以所採收的茶葉重量來計算工資，雖然不是長期聘僱這些工人，但一年也有將近三分之一的時間需要聘僱本地人力，爲當地農村創造不少就業機會。與過

---

[8] 阮氏香曾經獲獎一事，是在訪談過程中由她親口所述並拿出當年獲獎獎狀，事後也在網路找到2004年的相關報導如下：【林紹琪／台北報導】台北市勞工局昨天評選出五位優良雇主與五位優良外勞，獲選者將獲三千五百元的禮券，而優秀外勞還另贈三千五百元獎金。其中來自越南的阮氏香與台灣雇主吳明忠雙雙獲選。勞工局局長嚴祥鸞表示，此次活動仍發現外勞工時過長、假期過少，雇主應讓外勞每工作七日即放假一天。五十五歲的吳明忠表示，三十歲的阿香照顧他九十二歲的阿嬤一年多，每天阿香幫阿嬤擠牙膏、按摩、洗澡、走路及玩遊戲，而父親早逝的阿香更在父親節時送吳明忠賀卡。阿香則透露，去年她姊姊住院開刀，吳先生不只借她兩千塊美金支付醫藥費，還帶著阿嬤陪她回越南，探視她姊姊；此外，吳先生也不介意她的朋友到家裡聚會，並且遠會主動提供點心招待。阿香表示，阿嬤個性溫和，照顧她像照顧小孩子一樣好玩，由於阿嬤喜歡花香，所以她都偷偷噴香水在花草上，讓阿嬤聞，而阿嬤也會拍拍她的背、哄她入睡。不僅如此，阿香前任雇主謝太太與醫院結識的護理長，昨天也特地前往評選會給阿香打氣，前後任雇主對阿香都是讚不絕口（蘋果日報，2004）。

去越南飽受戰爭所苦的戰爭女英雄形象不同，阮氏香白手起家的成功故事，成爲國家在經濟發展過程中所需要的女性創業家形象。國家標榜的是女性努力工作，不僅可以爲個人帶來成功與幸福，也可以促進國家的經濟繁榮。對於直接參加出口勞動者，在海外工作可以學習並接受很多經驗，如工作技術和工業作風。在回國之後，很多移工已經成立中小型公司開店經營成了有錢人，同時還可以解決自己、家庭與很多人的工作問題（MOLISA，2008c）。

（五）國外發展援助

　　革新之後，農村地區也可以發現來自國外的發展援助計畫，以在中部的田野經驗，村中受國際發展援助支持興建的活動場所雖有其專有名稱，但村民私底下也稱這些場所爲文化中心。例如某村有兩座會議場所，其中一座稱「家庭和社區活動中心」（*Công trình nhà sinh hoạt cộng đồng*），活動中心前方有開闊的遊憩空間稱爲「殘疾兒童遊樂園」（*Sân chơi trẻ em khuyết tật*）；另一座稱「殘疾人士專用俱樂部」（*Nâng cấp câu lạc bộ người khuyết tật triệu an*，請參考圖5-16），可以明顯地觀察到無障礙設施環境；而這兩個場所都是由世界展望會（World Vision）所資助興建。另一漁村的會議場所稱爲「社區學習中心」（*Trung tâm học tập cộng đồng*，請參考圖5-17），此座中心建築工程由「共享」（*Chia sẻ*）計畫經費興建，共花費一億六千九百二十二萬五千越盾，其中共享計畫支持一億六千萬越盾（將近95%），其餘的九百二十二萬五千越盾則是來自村民捐款。

　　共享計畫主要是由瑞典國際發展協力署（The Swedish International Development Cooperation Agency，簡稱Sida）所支持的發展援助計畫，計畫由越南和瑞典兩國官方代表共同執行，主要包含兩個部分：一是消除貧窮；二是強化環境和土地資源的管理。計畫實施區域和機構主要有河江（*Hà Giang*）、焉拜（*Yên Bái*）、廣治（*Quảng Trị*）三個省級計畫和一個計畫投資部（Ministry of Planning and Investment）的中央級計畫。瑞典方面提出關

圖5-16　世界展望會發展援助計畫興建的殘疾人士專用俱樂部

圖5-17　越南與瑞典「共享」發展援助計畫興建的社區學習中心

於人權、消除貧窮和民主的培力方案（empowerment），而越南方面則以總理批准的消除貧窮和成長策略綜合方案（The Comprehensive Poverty Reduction and Growth Strategy，簡稱CPRGS）作為相應的發展重點，越南方案是著重在權力下放（decentralisation policy）、基層民主（grassroot democracy）和公共行政改革（public administration reform）三方面。較引人注目的是地方層級的計畫經費是由兩國出資的地方發展基金（Local Development Fund）來支應，各項細部計畫的經費預算是由地方政府和居民共同參與決定的。這些發展或培力計畫圍繞的重點有兩項：第一是強化社會構造物（social fabric），它可以是硬體的基礎建設，也可以是軟體的技能教育；第二是良善的治理（good governance），注重提升地方行政效能與消除貧窮，兩者的目的均在實踐共享計畫的目標。第一期執行時間是2003-2009年，計畫集中於六個縣涵蓋五十七個社、四百六十六個村受助者約二十萬人，投入資金超過四千億越盾；第二期時程為2011-2015年，由越南政府自主運作（Chia Se Programme Secretariat，2007；Thaarup & Villadsen，2010）。

Escobar（2011：13）認為那些與發展論述（development discourse）有關的概念和詞語，例如：市場、規劃、人口、環境、人口等，正以一種西方的知識體系占據統治地位，迫使非西方的知識體系處於邊緣化並正在消失中。Gardner和Lewis（1996：90-94）基於同樣立場，認為發展計畫的干預性技術是由不同的人所開發、使用和控制，其中任何一個環節的變化都可能對社會和經濟關係產生影響。而且，各種與計畫相關的活動在不同的文化背景中又涉及到不同的權力與地位，因此了解地方社會的互動關係是很關鍵的。如果以為透過自上而下的規劃就可以解決地方問題這也是有疑慮的，這種想法複製了主流的發展論述，假設只需要把規劃和決策引導到既定方向，就可以解決發展問題。從長期來看，如果發展計畫是由外來者所設計與實施的，儘管方案設計得多麼完美，它就會存在依賴性與斷炊的風險；因為一旦經費使用完畢，計畫也就跟著結束。若人們無法在自己控制資源的情況下活動，那麼發展必然會陷入

惡性循環；因為計畫提供了受援助者資源和機會，在性質上也鼓勵他們依賴外來資金和技術人員。此外，由於發展者主要關注技術層面的問題與解決方案，地方的社會結構常被視為與發展無關，甚至被當成發展的障礙。我們必須挑戰這種發展論述，認識到地方人民是積極的行動者，地方社區有自己內在的組織、決策與溝通形式；只有藉助現存的社會結構與機構組織的情況下，發展計畫才會成功。

　　上述由世界展望會資助興建的「家庭和社區活動中心」，住在旁邊的居民「正好」是村裡黨支部的副書記夫婦，太太是共產黨員、也是婦女會幹部。她跟世界展望會合作已將近二十年，配合調查村裡需要幫忙殘疾人士、落葉劑受害者、貧窮家庭兒童等，將需要協助者的資訊彙整給社政府跟世界展望會尋求可能的協助。無論是共享計畫或是世界展望會的援助方案，我們可以知道這些發展援助計畫，已經不再像早期那些來自國外帶有「救濟」性質的糧食物資援助了，儘管這種形式拯救了生命，但救濟不是援助的真正目的，其目的是為第三世界國家提供成長的資本能力（Isbister，2006：223）。共享計畫為大型官方援助計畫，所以項目規模大、經費多以及涵蓋地方範圍廣，在計畫決策與執行過程中可以看到地方基層的參與，而且第二階段是由越南自主運作。而世界展望會屬於非政府組織（Non-Governmental Organization，簡稱NGO），透過民間組織的力量針對特定貧窮地區，依照其特殊需求規劃教育、水資源、衛生和生發展等發展型計畫，特別是關注兒童群體；並透過整體社區的培力，使社區能夠自立。這兩者發展計畫，在越南地方基層的運作上，仍須依賴村社的幹部才得以順利推展。此外，我們也可以發現這些計畫所興建的公共建物，其日常的實際功能等同文化中心（請參考圖5-18）。這有兩種可能的觀察方向：一是，外國發展援助計畫仍必須完全藉助地方基層原有的政治系統和社會網絡，才能順利推展；二是，國家有意識地挪用國外發展援助針對特定族群提供的資源，使其成為國家在基層的政治資產。

圖5-18　共享計畫的社區學習中心（上圖）的內部陳設

二、勞動輸出的負面影響

前文曾提及，拉丁美洲的移工家庭將來自美國的移工匯款，用於投機性商業活動，特別是房地產的炒作，進一步加劇了移出國的社會不平等。在我的田野訪談中雖然沒有這類經驗，但勞動輸出政策其實也為越南當地社會帶來一些負面後果，直接的影響就是過度依賴海外移工的匯款。對於獲得匯款的人來說，所付出的成本並非低廉，因為家庭成員的遷移過程漫長、花費高昂又充滿危險，同時還得長年離家在外，留在原鄉的家人將承受不小的經濟和情感壓力。匯款對移工家庭成員來說是贈與的並非透過自己勞動得來的，當匯款可以補充或替代工資後，他們可能就不會再辛勤工作了（Chami & Fullenkamp，2009）。

根據報導：「義安省是典型的農業省，居住在宜祿縣宜中社第四村（*xóm*

4, xã Nghi Trung, huyện Nghi Lộc）的黃文秀家庭育有二女二男，均以務農爲主
且已經成家立業，生活雖然困苦，但其家成員都很勤勞，沒有不良嗜好，可以
說是義安農村生活的典型家庭。在出口勞動風潮吹到其農村之後，其兒女均想
出國工作希望可以藉此改變生活。但是最大的難題就是一時無法籌出六千萬或
一億越盾來辦理出口勞動；最後向朋友、親戚借款以及抵押房契向銀行貸款，
兩個女兒目前都在台灣當幫傭，一個媳婦在馬來西亞當幫傭。出國兩年之後，
因爲努力工作賺錢，其女兒、媳婦已匯款回來還債、重修房子以及買了很貴的
的傢具；光是看到這一幕就足以令農村裡的人羨慕，但是不幸的問題已經開始
發生。家裡的兩個女婿，不知道是不是因爲老婆出國工作，還是在家裡很孤單
無聊，拿著太太匯回來的大錢，而染上吃喝嫖賭的惡習。兒子也是因爲有了太
太匯回來的錢以後，拋棄了辛苦又低收入的務農工作，跟著朋友出去做生意；
但生意不做而只是貪玩，最後不但沒了本錢而且還欠銀行錢。在義安省，像黃
文秀家庭這樣的例子也不少，幾乎省內每個村都有。另外，很多人在出口勞動
回來之後，靠著有錢，不再像以前那樣專心工作，甚至失去了工作的意志和方
向，所以將出口勞動賺回來的錢慢慢花光，坐吃山空，家庭的矛盾就開始出
現」（MOLISA，2006k）。

　　如上述報導，移工出國工作所帶來最主要的負面影響是：家庭功能的失
調。女性對於越南家庭具有重要的角色意義，因此越南女性出國工作，造成了
原鄉家庭功能失調的負面影響，特別是夫妻關係與子女教養問題。在越南，家
庭是透過婚姻與血緣所組成的社會基本單位，成員會居住在一起並共同扶養下
一代，所有的親屬關係都是經由夫妻關係而連結。但是受儒家文化影響，夫妻
之間的權力是不平等的，這種情況在城市或鄉村皆是如此；甚至，今日在鄉村
地區仍然普遍存在舊社會習俗（像是男尊女卑和三從四德）。在家庭勞務上與
其他國家或地區相似也有明顯的性別分工，但女性的無償（non-paid）家務勞
動是最重要的功能，其中一項就是照顧其他家庭成員，即使女性生病時也是一
樣；根據調查，妻子照顧家中小孩、病患與老人的百分比是：76.9%、69.3%

與64.8%；而丈夫只有：19%、27.9% 與31%，[9]這也顯示女性對於家庭再生產的勞動力的貢獻（Chu，2002）。像是報導所披露因為女性移工出國工作，家裡只剩下先生和小孩，先生卻染上賭博惡習與發生婚外情，而小孩因為母親不在被視為問題少年：「太平省雨書縣雨會社（*xã Vũ Hội, huyện Vũ Thư*）約七百人曾參與出口勞動，每年匯款回來四百多多億越盾，雨會社已成為太平省出口勞動最多的地方之一；然而在解決地方工作問題和增加收入的背後，也發生了很多值得警惕的問題。雨會社原本是一個寧靜的鄉村，自2000年起，出口勞動的潮流（主要是婦女）開始盛行，社中平均四戶家庭就有一人參加出口勞動，有的家庭四、五個姐妹一起出口，所以她們的家庭很快就脫骨換胎。目前，社中有90%戶家庭有新穎且堅固的房子，80%以上的家庭有新的機車，貧窮率下降至3%。有人說，無法數清社中華麗寬敞的房子，一切都是因為『出口勞動』而來的。然而，在出口勞動潮流開始盛行的時候，雨會社離婚的比率也開始增加，相較以前增加了五到六倍。社中婦女會主席范氏花（*Phạm Thị Hoa*）表示，離婚大部分是從國外工作回來的老婆所提出的；原因應該是那些老公在家裡有了小三或沾染吃喝嫖賭惡習，將太太在國外辛苦賺來的血汗錢全部花光。與離婚問題一樣受到社會重視的是吸毒（大多是強力膠）問題，目前全社有二十八人有毒癮，其中十四人具有太太出口勞動背景。另外，有太太出口勞動的家庭，其叛逆或違法的青少年比率偏高也是值得關注的問題。為了預防出口勞動的負作用，雨會社政府計畫舉辦討論會議，希望可以分析並找出造成離婚比率較高的原因，協助有太太出口勞動的家庭更健全的方法」（MOLISA，2006l）。

　　在田野經驗中，已婚女性移工的出國工作確實會對家庭造成不小影響，主要是因為越南女性教養子女的角色功能無法取代。我在中部省分進行田野時，

[9]　資料來源是Center for Gender, Family and Environment in Development（CGFED）於1997年所做名為「production, childbirth and family happiness」的調查（轉引自Chu，2002：154）。

某晚曾目睹村裡年輕人打架滋事，其中一名年輕人爲了逃命被迫跳入河中。隔天，我去訪問一名返國女性移工，怎知昨晚那位跳河的年輕人就是她的大兒子。她說：「大兒子已經十七歲了，我去台灣工作的這五、六年，都沒有陪在兒子身邊，加上先生在南部工作，一個月只能回家幾次。兒子不喜歡讀書整天跟朋友混在一起，不學好，我也管不太動。我回來後，剛剛又生下女兒，我只希望兒子可以乖一點，然後全心扶養女兒長大，不再去台灣了。」雖然勞動輸出政策對地方帶來家庭功能失調的負面影響，可是也看到地方政府和群眾組織試圖找出解決之道，降低勞動輸出政策所衍生出來的負面效果。

　　另一個例子較爲極端，2013年9月我人正在越南進行田野，一位認識好幾年任職於勞動出口公司的越南友人阿秋託我幫忙。有位來自中部省分的移工阿東到台灣工作，2012年年底的時候，越南老家的父親接到阿東打來的電話說，自己在台灣被關了，很害怕！說沒幾句話就將電話掛斷，從此音訊全無。這段期間阿秋也曾找過認識的台灣仲介幫忙，但對方只告訴她找不到人，沒有消息。剛好，我人在越南田野時曾拜訪過她，她才想到請我幫忙協尋阿東，當下我便答應回台灣後試試看。就在阿秋離開我居住的小旅館後，我心想如果阿東確定被關，那就是羈押或服刑的情況，殺人案不算小事，應該可以透過網路新聞或法院判決書找到相關訊息。果不其然，阿東的案件不僅有判決書可查，還有相關的新聞報導，因爲阿東處於羈押禁見的狀態，因此才會與外界無法通訊。新聞報導是這樣描述的：「台南市永康發生外籍勞工酒後爭執，殺人命案，泰國籍與越南籍兩派外勞，先在永康區的一家餐廳發生爭吵，大打出手，隨後一名泰籍勞工遭到幾名越南籍勞工追殺，跑到隔壁的麵店，還是被西瓜刀砍殺身亡，警方正全力追緝涉案的外勞到案。餐廳的監視器畫面，越南和泰國兩邊的勞工，聚集嗆聲，隨後畫面上沒看到的，是殘忍火爆的砍殺畫面，時間往前推，原來幾個在餐廳用餐的外勞，疑似是因爲語言不通，互看不順眼而起衝突，有人手拿塑膠椅隨時準備開打。遭到泰勞毆打的越勞不甘心，找來大批人馬助陣報仇，遭到砍殺的泰勞重傷不治，警方調閱監視器，逮捕在

場的兩名越南勞工，但都否認殺人，警方已經鎖定其他涉案越勞，循線追查」
（民視新聞，2012）。而在台南地方法院的判決書中，阿東強調自己雖然有拿
刀，但是是同夥的越南朋友一下車就拿給他，他也來不及反應，衝突過程中他
有拿石頭丟被害人但沒有拿刀殺人。或許阿東認為打架沒什麼大不了，況且他
又沒殺人（據他自己的說法）；可是台灣法院審理是講求證據的，有沒有殺人
都是要看證據來論斷。我在回到台灣後，持續關心阿東的案子並聯繫過公設辯
護律師，2014年2月台南地院一審判處阿東十年十個月有期徒刑。阿東在十九
歲的時候來到台灣工作，現在人卻在看守所待了快兩年，案件也還未定讞，幾
次收到阿秋寄來電子郵件轉達阿東父親的焦慮心情時，我看起來心理不免有些
傷感。阿東父親只是一介農民，當初他出國工作也是借了二十萬台幣才得以來
到台灣，他父親卻問說：「這件事能不能用錢解決？」，我不會對他父親的顢
頇（指對台灣法律的理解）感到無奈，反而是看到一位父親傾家蕩產也要救回
兒子的一種心情。

第三節　勞動輸出政策的共同體視角

一、家庭與農村文化的特徵

　　本書在第二章部分討論過文化和社會結構的分析，我們試圖以文化概念分析越南移工的日常政治，國家如何將「出國工作」這件事作爲經濟與社會發展的資源，它是如何實踐於移工個體，移工又是如何回應（支持、順從、調整或抵抗）。文化連結了個體和集體身分，共享文化情感的人們擁有某種共同經驗，它有利於將群體身分融入人們的自我意義之中；共享一種文化並不代表人們對於具體事情一定能產生共識，而是意味著他們對世界如何運作擁有相似的理解。文化現象的社會性質可以用Durkheim（1972：63-64、1990：1-2）的話來說明，他曾以規範性形式來說明社會事實：「當我們在盡兄弟、夫婦或公民的義務，或者在履行一種契約時，我們是在實踐由風俗和法律從外部對我們以及行動所規定的義務，即使我們在情感上認定它是發自於內心的情操，但我們仍然可以感覺到這種自願行爲背後存在一種客觀的現實。因爲我們並非生來就知道必須盡那些義務，而是透過教育使我們接受它。正是在人們的行爲方式、思維方式和感覺方式中體現了存在於個人意識之外的顯著社會特徵；這些類型的行動和思維方式不僅外在於個體，而且還具有一種強制的力量，不管個人願意與否，這種力量都會作用於個體。當我們服從於這種強制力時，並不會感覺到壓迫，當然也無所謂的強制；然而，這種強制力並不會因爲我們的順從而消失。」

　　Durkheim（2000：307-308）的看法說明了社會生活與人類本性之間的因果關係，社會事實不僅是人們心理事實的發展，實際上大部分的心理事實是社會事實在個人意識裡的延伸。猶如我們在家庭組織中經常會看到每個意識裡人

們合乎邏輯的情感展現，但是這類情況通常與真正的事實秩序剛好顛倒：也就是說，親屬關係的社會組織相應地決定了父母和子女之間的情感。假如社會結構是不同的，那麼這些情感也完全有可能是不同的；顯然，個人意識在社會生活中是無所不在的，但是這些意識裡的東西都是從社會中來的。當我們在討論越南移工在移入國（台灣）的各種議題，必須同時考慮到移出國的地方脈絡──文化與社會結構──，才能對越南移工在移入國所發生的社會現象有一適切的、完整的解釋，亦即避免陷入方法論國族主義的盲點。對越南人而言，家庭與宗族是個人社會化的重要環境，而農村裡的家庭、宗族、鄉村是社會文化的基礎單位；而此基礎奠定了一個不成文且不變的規定，那就是「家族／群體」的價值優先於「個人」的價值。個人的價值融入在家族／群體的價值中，若離開家族／群體的價值則個人的文化生命顯得沒有意義，因此越南人特別注重「家族／群體」的價值而忽略「個人」的存在。在越南人民的心目中，鄉村是一個開放的大家庭，國家是一個開放的聚落；越南的社會語言是家庭式語言，越南人喜歡把社會活動融入家庭生活。血緣、地緣是越南人之間以及社會組成的兩個重要因素，但在改革開放之後，利益關係也成為影響人與人之間人際關係的重要因素（Nguyên，2013）。

從許多受訪移工們的回答中，可以確定的是家庭作為一種社會制度，家庭成員間的權利義務和倫理關係，對移工個體規範的形塑扮演著重要作用。對已婚者而言，家庭義務主要是對父母、公婆的奉養以及子女的教育；對未婚者來說，除了父母之外，有時還必須照顧仍在就學的兄弟姊妹藉以分擔家庭生計。

兩位女性移工說：「因為父親常生病，以前（家庭經濟）都靠我母親一個人，後來我姐姐到南部工作，所以很多是靠她寄錢回來養家。家裡還有弟弟在讀書，所以姐姐要工作賺錢。現在我來台灣工作，所以一切都由我來（負擔），經濟不是很足夠，但是比以前好多了。」

「我寄回家的錢，會幫助弟弟讀書，以後他如果要讀大學我也會鼓勵他，像他跟我說要買腳踏車、衣服，我就叫我媽拿錢給他，但是他說要買手機，我

就說不行。」

　　其實在受訪的移工當中，無論是男性或女性、已婚或未婚，幾乎都是將賺到的薪資優先用於家庭領域的支出。不過在訪談移工中，具備已婚男性這類身分的移工是比較少見的，而且女性犧牲奉獻的特質也比較明顯。多數未婚移工都表示薪資雖交給父母，但父母都會幫他／她們存一部分起來，等移工們回國後就會歸還，至於金額多少，他／她們不清楚也不想過問。對已婚的越南移工來說，出國工作所賺到的錢不外乎拿來還債、蓋房子、教育子女或是做小生意，這些說法都是一種想讓家庭生活過得更好的方式，也就是說賺錢是一種手段，而改善家庭才是目的。一位未婚的受訪移工說：「當初我決定要出國工作的時候，特別是我父親不贊成讓我出來。但是我決心向他說我要出來，說想要出國工作的原因。父母親也說：你在家中沒有受到任何辛勞，爲什麼你想出來呢？我說：我現在長大成人了，想幫父母一份忙。女孩與父母親相處的時間也不多，所以我想，目前是爲了家庭，也是爲了我的將來。」

　　另外，幾位已婚的受訪移工表示：「因爲家庭生活太困難，不夠過活。工作不夠吃，擔心孩子以後不能讀書，所以決定出來。把土地賣光，然後還再跟銀行貸款才可以出國工作，才夠錢繳給勞動出口公司。」

　　「出來工作經濟比較好，家庭生活比較輕鬆，所以我決定出來工作。」

　　「因爲我可以養孩子啊！如果我不來台灣的話就沒有辦法。」

　　「我覺得，出國工作雖然很辛苦，要面對不同語言，對於工作也不太熟悉。但是因爲我個人的努力，想改變家庭的經濟問題，能夠輕鬆、幸福；孩子更有讀書條件，讓他們以後可以擁有較輕鬆、富有的生活。我不想讓自己的孩子從事辛苦的工作，想給他們造出一個能夠較好的學習環境。讓他們以後出來可以找到體面的工作，可以自己過活。」

　　越南特殊的家庭和農村文化，亦表現在精神（民族）共同體的「擬親稱謂」上。擬親稱謂是指在社會上，越南人習慣以親屬稱謂互相稱呼，在中文或英文都有所謂的第一人稱（我／I）、第二人稱（你／you）和第三人稱（他／

he；她／She），也常使用在一般口語溝通中。越南語文也有你（*mày*）、我（*tôi*）、他（*nó*）的存在，但平常與人交談並不會出現這些字眼，而是以家族成員間關係互相指稱，其稱謂與家族成員無異但實際上卻無家族血緣，例如：

1. 場景一：屬於同輩的A長女與B幼男，此時A長女稱為*chi*（姊），B幼男稱為*em*（弟），彼此互稱也使用*chi*和*em*。像是兩人互相打招呼，其對話就是，A：「*Chao, em*！」，B：「*Chao, chi*！」，兩人彼此稱呼不同但在中文的語意下都是問候（你好）之意。同輩年齡較長的男性則稱為*anh*（哥），年齡較幼的男性和女性都稱為*em*。

2. 場景二：延續場景一，再加入一年齡長於A、B的C男，A與B不會稱呼C為「他」，也是以*anh*（哥）稱之。

3. 場景三：長輩與晚輩間的稱呼，也依循上述原則，A、B稱呼男性長輩D為*chú*（叔），女性長輩E為*dì/cô*（姨／姑）；此時，D、E稱呼A、B為*con*（自己的小孩），而A、B也自稱*con*。

4. 場景四：正式場合中，A、B、C、D、E對年齡稍長的男性F尊稱為*ông*（祖父／外祖父）、女性G則尊稱為*bà*（祖母／外祖母），這也反映出越南人對於長者的尊敬態度。

越南語中，在人稱部分的用語很多人都覺得很複雜，那是因為越南人很重視家庭親情，所以打招呼時也希望以最親切的方式表達。因此，在與對方打招呼時，會將對方與自己的關係轉換成比照自己親人的稱呼方式，像是伯伯、叔叔、阿姨、嬸嬸、哥哥、姊姊、妹妹、弟弟等的稱呼。這種當他人像是自己人一般親切的問候方式，對於非越南人來說得要花一段時間才能習慣（陳凰鳳，2012）。這種擬親稱謂是以家庭關係為基礎，將家庭經驗投射在社會互動之中，家庭所普遍注重的孝順、敬老、長幼有序等倫理規範，猶如培育社會共有道德標準的溫床，對越南人而言展現的正是越南特有的家庭和農村的共同體，並擴大成為精神（民族）共同體的意涵。一位受訪移工說：「台灣人比我們越

南人冷淡！來到台灣這邊，我們年紀比他們大，有時候跟他們打招呼，他們也不理或很冷淡的回答。不像我們越南，一看見就一臉高興，來與對方握手。」這位受訪移工以越南人的家庭情感來看待與台灣人的關係，感受到這種情感上的落差，這是深層的文化差異而不是表面的人情冷暖而已。另外一位受訪移工說：「我父母都往生了，兄弟姊妹雖然他們都結婚了，經濟很貧窮，但是我們家庭的兄弟姊妹很團結，好像嘴唇和牙齒相連。兄弟姊妹、媳婦女婿的感情都很好，每逢父母忌日，大家很開心聚集在一起。」

　　舉一個田野實例，來說明互惠原則在農村中所扮演的重要角色。我在2013年1月曾拜訪一位返國的逃逸移工阿南，他在母親病重時回到越南，目前擔任司機工作，每個月的收入要視生意情況好壞而定，但月薪平均大約六百萬越盾。拜訪當天，剛好阿南的隔壁村友人的母親往生，我心想在越南參加過幾次婚禮倒是沒參加過喪禮便一同前往，行前阿南拿出白色信封指著說：這就是白包（奠儀）。我問說一般情況包多少？他回答：「不一定，一般是二十、三十、五十萬都可以，但還是要看交情。」我再追問：「你這包多少？」他回答：「這是好朋友，情況比較特殊，三百萬！」我驚訝地說：「這麼多！怎麼會把半個月的薪水全部拿去做奠儀，況且這個月也不是只有這場婚喪喜慶要參加，接下來的生活要靠什麼呢！？」阿南則是露出苦笑的表情回答說：「還可以…」。這完全超乎一般台灣人對禮金數額的想像，也就是禮金的金額應該是衡量收入與支出（個人能力），加上親疏遠近和風險計算（能不能回收）後的數字。

　　有位受訪移工表示，如果沒有錢包紅包甚至是要去借錢來支應：「越南請客很多，有時候人家請你去吃結婚啊，還是有人死掉。要包紅（白）包，沒有錢包的話要去借耶！印象中，一個月最多可能會遇到六、七次，如果快過年的話更多，因為他們都要在過年前結婚。」

　　另一個受訪的移工家庭說：「喝喜酒啊、喪禮啊！那些白包比較多，如果邀請的人多，加起來的花費就很多了。交情最普通的也要二十萬，在加上油費

五萬，去參加一場至少要花二十五萬。親戚的話，就要包更多了。這個月（快過農曆年）已經參加十場了！」

　　許多受訪的移工及其家庭均表示，每個月婚喪喜慶的紅白包是筆不小的負擔，特別是在傳統節日前後；紅白包所反映出來的互助行爲其實也隱含農村傳統的社會保障功能，這種習俗普遍存在於農村之中。Scott（2001：33-34）指出傳統上依賴稻米耕作的農民，會發現自己一直受制於反覆無常的大自然的支配，除了精進耕作技術與防範措施外，農民家庭還是必須設法度過收入低於基本需要的年頭，最常見的方式就是勒緊褲帶吃差一些、吃少一點。其次，在家庭層次上還有「自救」的生存方案，包括從事小買賣、手工藝、臨時工，甚至可以移居他鄉；[10]這些副業已經成爲全部生存方案中固定的、必要的組成部分。最後，在家庭之外，傳統農村裡有一整套網絡和機構，在農民生活陷入經濟危機的時候發揮緩解的作用；一個人的男性親屬、朋友、村莊、有力的保護人，甚至包括政府（雖然較爲罕見），都會幫助他度過疾病或農作歉收的難關。自救或許是最可靠的辦法，因爲它只能在一個人可以處理的事情上才有效果；朋友間互惠和村莊的幫助屬於社會單位，比男性親屬控制更多的生存資源。它們是農民所熟悉的世界，共同的價值標準和社會調節相結合，加強了相互的幫助。如同農村裡婚喪喜慶的紅白包例子，但越南人的人情負載卻不是外人可以輕易理解的。

　　前文提及許多移工們出國工作後，會將所賺得的錢匯回家庭幫助家裡蓋房子。以阿春的例子來說，她來台前已經離婚，獨力扶養兩個子女，家人利用她的匯款蓋了一棟三層高樓房，2008年房子剛完工時她人還在台灣工作（請參考圖5-19）。2013年我前往阿春家拜訪，此時她仍在台灣工作，偌大的一棟三層樓房平時卻無人居住，阿春在農村裡兄弟姊妹經濟狀況還不錯，父母也有自

---

[10] 撿木柴、燒木炭和做小買賣，一直是東南亞農民在農閒時或災荒後艱困度日的傳統辦法（Scott，2001：33）。依據移工訪談，很多人小時候都有撿木柴、松枝和松果（富油脂可助燃）拿去市場兜售貼補家用的經驗；前文也提及農村裡男性，農閒時很多人會從事簡易土木工程作爲收入來源。

圖5-19　阿春所蓋樓房（左為2008年剛完工，右為2013年樣貌）

己的房子，平常白天會過來幫她看房子，而女兒在河內讀大學、兒子則是跟著
堂哥在外地工作；也就是說，阿春匯款蓋好的三層樓房，此時並無人居住。另
一位蓋了三層樓房的移工，特別提到寬敞樓房所具有的家庭和農村聚會的社會
性功能：「（問：越南家裡只有先生跟兩個小孩，房子不一定要蓋到三層樓
吧？）雖然我們只有兩個小孩，但是還有公公婆婆、大伯小叔等等（老公有六
個兄弟姊妹），我們在越南只要有錢，都會想要蓋大樓，都喜歡三層的大樓。
一般家裡也都會有祭拜祖先牌位，大家如果遇到拜拜或是晚輩結婚，大家都會
聚在一起，一定要大的房子，跟台灣不一樣。我們有事的時候（婚喪喜慶）都
很多人，不像在台灣，在外面餐廳吃飯，請客都是來家裡，我們自己煮飯請客
人，如果有事請客的話每次都幾十個人來，大概是四、五十人，多的話七十幾
人，如果房子小的話，就擠不下了，來的客人都是我們的好朋友和親戚。」

　　一棟高大寬敞（*khang trang*）的樓房，對於移工來說到底有什麼有特別的
意義？Tönnies（2010：54）提到血緣共同體的親屬之間，在原初社會裡一個
有屋頂的有「家」是他們共同生活的場所，共同占有和享受好的東西（通常是

食物），接受祖先的訓示和庇蔭，因此共同的畏懼和崇敬就更加可靠地維繫著平順的共同生活和勞動。親屬的意志和精神並不受房子的限制和空間的距離所約束，儘管彼此不住在一起也沒有天天見面，但它也可以透過自身依靠記憶來滋養自己；因此，一般人如果處在家庭的環境中，為家人所圍繞享受親情，則是他所感到最舒服的情境。首先，高樓房的家是一形象鮮明的物體，它具有物質的和心理的功能：物質的是指房子遮風避雨的居住功能，心理是指情感寄託的撫慰作用。蓋一棟樓房除了給原鄉家人一個良好的居住環境，同時也是在實踐移工「不在家」的角色義務；每個人都有在家庭內的角色與定位，但是出國工作使得其他成員必須共同負擔其工作或義務（通常是養育子女、奉養父母和祭拜祖先），在移工出國工作這段期間內，他／她們就必須設法為自己的缺席盡到責任。其次，在農村緊密的人際網絡裡，村民對於農村生活裡的大小事是極為敏感的，哪個家庭因為國外工作的子女寄錢回家，正在大興土木蓋樓房，消息很快就會傳遍全村；同樣地，如果家庭經濟沒有因此有所改善，恐怕也會遭受莫名的責難。移工寄錢回家蓋康莊樓房，是因為作為家庭成員的情感與義務，也是受到農村的文化和社會結構所影響。

二、團結的政治生產過程

1941年，胡志明成立越南獨立同盟會（*Việt Nam Độc Lập Đồng Minh Hội*，簡稱越盟*Việt Minh*），其目的在於吸收當時的非共產黨人與組織，1945年前後越南共產黨即將心力放在反對外國勢力的統一陣線的形成。在共產黨組織之外另成立越盟，此舉為越南共產黨的權宜之計，因為戰爭的危急性意味著黨和國家機器必須分權化，因此給了許多中下層幹部廣泛參與地方村莊政治的機會，這也與傳統的政治結構相符合。國家和黨的權力已經滲透到村莊這一層級，越盟也體認到村莊才是真正的基層政治結構，因此在1945年決定要透過

這種傳統的機構來鞏固對國家的控制，實際進駐到村莊中成立了解放委員會（Yong，1992：390）。

　　在越南共產黨崛起後，越南社會普遍以家庭爲中心的制度隨即遭受馬克思—列寧主義者的批評，並計畫由一些其他的團體取代之。馬列主義者認爲個人應該透過利益團體、階級、民族和受剝削的經驗來互相連結，並極力地藉由意識型態、政治操作和領導能力等基礎來組織運作，而不是由個人、地域或親屬關係建立起組織架構；但是這樣的努力完全沒有效果。因爲，實際存在的家庭團結（*đoàn kết*）觀念將越南人牢固地結合在一起，導致無法與其他主義價值、階級團體、烏托邦式的大同思想相互融合。如同越南共產黨領導人胡志明也思考過這樣的問題，所以在他發展革命事業的1940年代初期，他以一名苦行修養的儒家文人形象帶有和藹且喜怒不形於色、舉止合宜的特質特色，並以白話的演說出現於越南鄉村民眾之間。胡志明的身分對他的同胞來說，有點類似家族中的「伯伯」角色，眾所周知所有的越南青年就好比是他的姪女與姪兒（Marr，1981: 130-132）。越南知名詩人素友（*Tố Hữu*，同時也是政治人物），有許多以胡志明爲題材的新詩短文，有些甚至被編入中小學教科書。其中有關於胡志明的經典表述，例如：「您是父親、是伯父、是兄長；就像顆大心臟，能讓無數條血管通過」（*Người là Cha, là Bác, là Anh; Quả tim lớn lọc trăm dòng máu nhỏ*），像這類以家庭成員身分來描述胡志明形象的文學作品不在少數（Báo Nhân Dân，2015）。胡志明爲了革命事業終身未娶，以一個家庭成員「伯伯」的角色進入群眾的家庭生活，也塑造國家民族是一個大家庭的形象。這也是越南共產黨主席胡志明「胡伯伯」（*Bác Hồ*）暱稱的由來，這與當時其他共產黨國家的領導人形象有所不同。此種政治上家庭成員角色的成功創造，是源於越南特有的家庭共同體特徵，不是其他社會可以任意複製的；如Durkheim所說，假如社會結構是不同的，那麼這些情感也有可能完全是不同的。

　　在勞動輸出政策的制度中，從中央法令、勞動出口公司到地方基層代理人

的宣傳與動員，處處可見「團結」的論述，其生產過程是政治性的而且有效的；進而言之，團結論述即是在維持一種政治「秩序」。在胡志明的思想遺產裡，有關團結的講話和文章多達數百篇，他常以淺顯易懂的方式宣傳革命理念，例如：「一艘船要有划槳的人，也要有掌舵的人；划槳者和掌舵者必須團結一致」（武文福，2015）。共同體的核心是以血緣關係而發展，進而衍生為地緣共同體，又發展為精神共同體，共同體有一種具有約束力思想信念——默認一致的共識——，把人視為一個整體的成員並團結在一起的特殊的社會力量與感情。也就是說，默認一致是建立相互密切的認識之上的，只要這種認識是受到彼此生活中同甘共苦的傾向所制約，並反過來又促進這種傾向。因此，結構和經驗的相似性越大，或者本性思想越是具有相同的性質或相互協調，具有共識的可能性就越高；其整體的力量本質方面就是和睦，一種誠摯的團結。這種精神共同體以友誼關係作為團結和共識的運作動力，但是它並不完全取決於血緣和地緣；而是藉由共同精神所創造的神，這對於保持成員間聯繫具有十分直接的意義，只有（或者主要）是神才能給予這種連帶一種生動和持久的型態。因此，這種善的聖靈，並不固定在他的位置上，而是居住在它的崇拜者的良心裡，而且陪伴著他／她們遊走異國他鄉（Tönnies，2010：55-60）。

　　團結不是單方面的施力，而是與他人緊密結合的一種狀態，這是一種雙方或多方的權利義務概念，不只是*anh/chi*知道要愛護*em*，其實另一方面*em*也知道要尊敬*anh/chi*，也就是以家庭關係為基礎的共同體概念。其中，女性在家庭中的教養角色對每個人的社會化過程具有重要意義，她們教導下一代傳統價值觀與規範，藉以實踐自身家庭傳統的文化基礎，可以從一句越南俗諺中得知其角色重要：「養子不教『母』之過！」（*Con hư tại mẹ, cháu hư tại bà*），[11]母親是小孩的第一個導師，形塑了小孩的情感、思想、倫理與性格；祖母則是

---

[11] 「*Con hư tại mẹ, cháu hư tại bà*」句子原意是：兒子學壞是因為母親的關係，孫子學壞是因為祖母的關係；*hư*有腐敗、腐朽之意，意指朽木不可雕也。

以傳統歌謠做為搖籃曲，例如一首名為竹林裡的籬笆與白鶴的歌謠，雖然描述的景象是越南的鄉村景致，實際上是反覆灌輸教育下一代愛國及愛鄉的情感（Chu，2002；龔宜君、張書銘，2008）。還有越南俗諺：「完整無缺的葉子，要保護被破的葉子。」（*lá lành dùm lá rách*）；「虎落瓜啊，虎落瓜！要惜愛多瓜，雖然身為不同種，但是都長在一個棚子上。」（*Bầu ơi thương lấy bí cùng, Tuy rằng khác giống nhưng chung một giàn*），這兩句俗諺以植物生長處境的隱喻，傳達越南文化中團結的重要性，它是一種訴諸血緣的同根生或擬同根生（同一個棚子下）的共同體概念。

　　給人平易近人形象的胡志明主席，也就是胡伯伯，這是他的多重身分意涵。直至今日，除了前文在文化中心部分也曾提到，村亭裡的胡主席塑像位於城隍牌位之上外；在一般農民家中，也經常可以見到胡伯伯的肖像照片，有些家庭甚至是供奉在神龕上面（請參考圖5-20）。越南學者Nguyễn Văn Chiến（2016：124-127）甚至認為，越南人是一個信仰的共同體，而不是宗教的共

圖5-20　農村家庭供奉的祖先和胡主席肖像照

同體；換句話說，神明信仰是越南人性格的一種特性，他們可以接受天地萬物的泛靈信仰，部分民衆甚至將胡志明視爲一位聖者來供奉。在近代歷史過程中，越南作爲一個民族共同體，同甘的例子不多，但共苦的經驗卻不少——外國軍事武力來犯——，如中國入侵、法國殖民、美國干預。越南有許多道路名稱是以民族英雄作爲命名，例如：陳興道路（*Đường Trần Hưng Đạo*）和二徵夫人街（*Đường Hai Bà Trưng*）等，還有1976年統一後原稱西貢的第一大城改名爲胡志明市（*Thành phố Hồ Chí Minh*）也是一例。在建構國家及其民族主義的自我理解過程中，集體記憶就一直被視爲是其中關鍵因素。共同分享的記憶必須與特定的地方和一定的領土互相聯繫才能成爲民族所擁有的，將某種共享的記憶和特定的領土聯繫起來，前者成爲了種族的景觀（ethnic landscapes）而後者變成了歷史的故土（historic homelands），這個過程就是「記憶的領化土」（territorialization of memory）（Smith，1996）。越南在抵抗外國軍事來犯的大小戰役中，最有名的當屬1954年在胡志明和武元甲（*Võ Nguyên Giáp*）領導下擊敗法國的奠邊府戰役（*Chiến dịch Điện Biên Phủ*），自此結束法國對越南長達七十餘年的殖民統治，也確立了胡志明的精神領袖和民族英雄地位，所以胡志明的形象與神聖性格是與近代越南的國族建構行影不離的。

在農村田野期間，我也看到許多社裡除了醫護站、幼兒園、中小學、人民政府等公共設施和空間外，還有一項與集體記憶具有直接關係的場所——烈士義莊（*nghĩa trang liệt sĩ*，忠烈祠之意）——（請參考圖5-21），而且它兼有種族的景觀和歷史的故土兩種特徵。烈士義莊就是紀念對國家有功者的集合墓園，通常是出身地方的人因爲戰爭而捐軀，死後回歸故里之處，而其中有些是衣冠塚。想必多數人都未曾親臨戰場，那麼發生在過去、在遠方的戰事如何烙印在村民的記憶中，就必須仰賴這些戰爭遺蹟的再現（此處並非眞正的戰場）。加上每年國家重要節日（9月2日獨立日、4月30日解放日），政府都會表彰越南英雄母親（*Mẹ Việt Nam Anh hùng*）（Tuổi Trẻ Online，2018），所謂英雄母親即爲烈士的母親，透過國家的榮銜命名，將烈士們的母親視爲同樣對

圖5-21　社裡的烈士義莊（忠烈祠）

國家有功，對在世者的表彰其實也是在強化與構建集體的歷史記憶。

　　此外，「亭」也是越南農村團結的傳統象徵，具有歷史傳統的村子裡幾乎都會有一座代表著共同生活集合體的亭，它是祭拜村子守護神的祭壇，也是村中頭人開會、處理村中事務和爭議、舉辦宗教儀式的地方；簡單說，亭是社會活動的實踐場所（Nguyen，2002：102）。現今亭作為農村集會的功能已部

分被文化中心所取代，但有些沒有文化中心的農村仍舊在亭集會，亭的傳統信
仰和教化功能仍然存在，基層幹部與地方耆老仍會在亭舉行傳統節慶和祭祀儀
式。文化中心所兼具的政治與社會功能，以及以「文化」命名的家庭和村社，
這些都是國家團結的政治生產過程。農村基層的共產黨和祖國陣線等群眾組織
幹部，透過多重身分將政治任務鑲嵌在社會關係之中；另一方面，利用亭或文
化中心作爲政治空間，再生產國家與農民之間的治理關係，使得團結的概念得
以在農村中實踐與轉化，進一步強化了共同體的內涵。此種附著在家庭和農村
的社會生活經驗，提供國家民族團結論述的文化價值觀，也引導著越南人日常
生活中與國家民族互爲主體性的道德準繩（我這麼做，是愛家、愛鄉、愛國的
表現）。共同體的核心是以血緣關係（家庭／宗族）而發展，進而衍生爲地緣
共同體（農村），又發展爲精神共同體（國家／民族），共同體有一種默認一
致的共識，把共同體的成員團結在一起的特殊力量與感情。團結的共同體意
義，其重要性在於它是生產自越南的傳統文化，並實踐於社會結構之中。

第六章　結　語

第一節　製造團結和邁向康莊

移工們口裡說的「到國外去工作」（*đi làm việc ở nước ngoài*），其實是越南革新開放後，農民對整體社會變遷的回應策略。對移工及其家庭來說，勞動輸出政策可以增加收入、投資子女教育、改善衛生健康、降低生存風險、增加儲蓄、促進微型創業等；對農村來說，可以消除貧窮、減少社福支出、增進基礎建設、活絡地方金融、創造就業機會等；對國家來說，可以爲國家賺取外匯、解決國內失業問題、提升人力資本和融入國際社會等。在國家鼓勵勞動輸出的政策下，地方上的黨支部書記、村長、祖國陣線各組織幹部等莫不以此爲發展地方的可行方式。在政府機關、基層幹部和移工及其家庭眼中，勞動輸出政策無疑是一條邁向繁榮國家經濟、消除農村貧窮和改善家庭生活的「康莊大道」。

越南文 *khang trang* 發音有如「康莊」，爲漢越音古字；在移工和基層幹部的口中它被用來形容高大「寬敞」的樓房，藉此鼓勵農村家庭中的子女出國工作，幫助家庭經濟、協助農村發展。在田野經驗中，有些農村的基礎建設就是比較進步，有些就比較落後；到了晚上，一般農村的路口有盞昏暗的路燈就算不錯了，可是我在義安省宜祿縣的農村小徑上卻發現整排明亮的路燈，而宜祿縣就是義安省勞動輸出人數最多的地方之一。義安省勞動—榮軍—社會廳副廳長潘士洋（*Phan Sỹ Dương*）表示：「以前義安省山地社大部分都是貧窮社，自從出口勞動政策推動以來，社中很多家庭除了改善生活條件外，還可以儲蓄、房子也變漂亮了。甚至，義安、河靜各省的很多地方已經失去了行政的名稱，取而代之的是『出口勞動村』（*làng xuất khẩu lao động*）或『韓國村』（*xóm Hàn Quốc*）等暱稱。在問起很多社／村人民對於勞動輸出政策的想法時，他們便老老實實地回答說，在這裡只要家庭有人參加出口勞動就可以養活

四、五口人，跟種田比起來好太多了，以前不僅要下田還要做很多其他工作來維持，卻還是不夠過活」（Báo điện tử VnEconomy，2013）。

　　越南自1976年南北越統一以來，國家採行馬克思列寧主義（Marxism-Leninism）的社會主義政體，在1986年底越南共產黨決議實行革新開放政策之後，國家的政治與經濟制度轉向商品市場化，革新的內容不是資主主義市場化，而是「社會主義定向市場經濟」強調的是改革的漸進性和政治的穩定性。國家開始承認多種商品經濟型態，主要是開放私有資本導致所有權組合的多種型態，進而改革固定價格機制和廢除配給制度，各種新的經濟機會因而出現。由於移工大多來自農村，革新也對農村產生了一股動力，這股遷移的動力主要來自於土地所有權的商品化和長子繼承制的傳統。實質上的土地私有制造成土地可以交換、轉讓、租賃和質押的情況下，使得原本就生活在生存線邊緣的農民，更容易在遭遇困境時出讓土地所用權，加深農民的不利處境，跨國遷移遂成為一條可能的出路。早在1980年越南政府已將勞工輸出到前蘇聯集團和中東國家，直到1991年確立了契約勞動形式的勞動輸出方式，自此勞動輸出日漸發展，移工接受地區快速轉向東亞等新興工業國家。革新政策之後，勞動輸出政策作為一項重要和長期的發展策略，是有助於國家的工業化和現代化，初期成果除了解決部分國內就業問題，也為國家增加稅收與外匯。

　　越南勞動輸出政策的形構，首先描繪國家的勞動輸出政策主要觀察對象為國家法令規範、勞動出口公司和基層代理人三部分。因為，法令規範是國家政策的直接表現，透過各種法令可以清楚看到國家政策的形成和運作。再者，越南的勞動出口公司多數為國營企業，並負有培訓移工的任務，甚至是政府主管海外移工事務的勞動—榮軍—社會部（MOLISA）也有直屬的勞動出口公司，其功能儼然就是「國家管理的一環」，是橋接國家和移工個人重要的制度安排。其次，透過觀察與拜訪移工所身處的家庭和農村脈絡，可以觀察到國家政策在日常生活中是如何影響移工個人，甚至是引導勞動者參與跨國的勞動輸出，這對理解國家的勞動輸出政策是如何落實到農村勞動者個人有著重要影

響。這些基層幹部透過政治職務的兼任（跨越上下層級或不同部門，擔任黨、政府和各群眾組織幹部）藉以貫徹國家政策，基層代理人除了受共產黨所信任外，他／她們也是出身地方的意見領袖善於溝通協調，由於其地方根源使得親戚和里鄰關係得以發揮作用。也就是說國家的基層代理人具有政治和社會的「多重身分意涵」將政治任務鑲嵌於社會關係之中，並藉此推動國家的勞動輸出政策。除了國家法令之外，「勞動出口公司」和「基層代理人」對勞動輸出政策而言，是兩個很重要的制度安排；我們可以發現國家言必稱「團結」的論述，不僅存在法令規範層次，也可以從地方基層幹部和移工家人口中聽到出國工作這件事，對個人、家庭和國家都有益處。勞動輸出政策的成功推動，除了政治系統的運作原則之外，也必須藉由亭／文化中心和幹部的多重意涵與身分才得以遂行。

越南勞動輸出政策的演進是一個動態過程，主要是為了因應全球經濟的快速變化，以及引導勞動輸出政策作為黨和政府的有效治理工具。移工的跨境治理表現在國家意欲打造受國際勞動市場接受的理想移工，以及對境外移工逃逸現象的治理。由於移工將要或已經離開越南，國家對移工的治理更顯其焦慮，透過必要知識的課程培訓，打造具國際勞動市場水準的理想移工。從必要知識的課程培訓內容可以看到，移工除了語言和技能的培訓外，還必須接受團結論述的愛國教育。國家對境外移工的治理，主要是透過駐外代表機構和勞工管理組對移工整體實行統計與監控，並命令勞動出口公司定期呈報所屬出口勞工的狀況，針對特殊案件進行追蹤。在針對境外移工逃逸現象及其治理，國家採取了寬宥的態度，這種實際上作法與政府所宣稱的嚴格查緝立場之間有著落差，這是因為查緝移工逃逸對其生存倫理而言存在著「正當性」（道德上）爭議。

勞動輸出政策取得初步成效後，國家進一步將它與社會發展政策相結合，首要之務便是消除貧窮。消除貧窮的目標在各地方均有明顯的成果，尤其是政策優先鼓勵的貧窮地區，希望透過國家力量將經濟成長的果實分配到貧窮縣地區，落實社會主義的公正理念，進一步也穩定國家的政治秩序與地方基層的社

會結構。跨國移工爲地方帶來了多種的發展型態，例如：匯款活絡了地方金融；蓋房子不僅改善了環境健康衛生，也創造許多地方就業機會；增加子女教育投資；有更充裕的資金進行微型創業。此外，因爲融入國際社會的國家政策，我們也可以觀察到國外發展援助計畫在地方的運作。這些得益於勞動輸出政策的社會發展成果，可以說勞動輸出政策得以順利推動，是基於農村共同體的文化傳統和社會結構，以及團結的政治生產所創造的一種政治秩序。越南傳統的「血緣」和「地緣」共同體特徵，表現在「擬親稱謂」和「亭／文化中心」的共同體概念上，這種擬親稱謂是以家庭關係爲基礎，將家庭經驗投射在社會互動之中，亦即擴大到精神（民族）共同體。這種基於友誼關係的民族共同體之所以有效，除了它源於家庭制度之外，也與越南近代國家獨立自主的歷史過程有關，特別是以農村文化作爲中介機制有效地連結了個人和國家。

最後，我們借用Portes（2010：1549，圖2-3）關於社會生活因素中文化和社會結構的因果關係影響的討論，來總結越南勞動輸出作爲一項發展政策得以成功運作的原因（請參考圖6-1）。勞動輸出與社會發展政策相結合，這是越南勞動輸出政策與其他傳統上東南亞勞動輸出大國的不同之處，也是它的重要特徵。在推動勞動輸出政策的相關制度中，可以觀察到無論是在中央還是地方，黨和政府以及包括各個群眾組織的祖國陣線，加上作爲國家管理一環的勞動出口公司等系統組織，無不以推動勞動輸出政策爲要務。這些政府和群眾組織有效運作的關鍵，端視其間幹部的能力；而這些農村基層幹部的地方脈絡與淵源是一個重要社會資本，企圖將其政治任務鑲嵌在社會關係之中。幹部的重要性除了個人能力因素外，另一個重要因素是國家對於團結的政治生產過程，使其成爲基層政治秩序的穩定力量。團結的政治生產源於農民道德經濟的生存倫理，生存倫理指導著家庭、農村和友誼共同體裡的每一個人的角色，這樣的文化和結構是與其他社會不同的，也不可能被任意複製。

農村基層作爲一個政治實體（階級場域）在歷史發展過程中，被國家賦予直接統治人民的特殊地位；而驅動政策的權力來自於越南共產黨和政府，也是

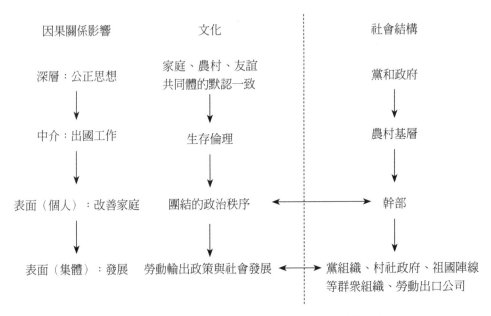

圖6-1　勞動輸出政策得以推動的文化和社會結構因素

基層幹部政治組織資源的基礎。在國家政治經濟轉型的過程中，特別是革新開放政策之後，土地所有權的商品化和各種經濟機會的出現，農民在面對社會變遷和貧窮困境的環境下，黨和政府推動的勞動輸出政策遂成為農民及其家庭的自救方案選項之一，這也是一種生存策略。很明顯地，「到國外去工作」影響了移工家庭的經濟生活改善，以及農村和國家的各項經濟與社會發展。基於社會主義意識形態，國家深知經濟發展的同時勢必要顧及農民、貧窮者和少數民族，在社會變遷的條件下（土地所有權的商品化、國際市場開放），出國工作成了經濟上的安全閥；如此可以減少因為生存困境可能對政府和幹部們所產生不滿，並藉此對政治社會秩序進一步產生強化作用。

第二節 移工逃逸的日常政治

　　逃逸移工，[1]在台灣社會大眾的理解中，他／她們是一群非法的、危險的外籍勞工，並且新聞媒體習慣稱這群人為逃逸外勞（自由時報，2018a；華視新聞網，2018a）或是政府機構所稱的落跑外勞（內政部入出國及移民署，2013b）。2018年4月移民署長接受媒體專訪時，表示應該改稱逃逸移工為失聯移工，看起來好像是一種人權進步，實際上談論的內容還是針對移工可能造成的治安、非法打工、賣淫和恐怖份子等問題所產生的隱憂（自由時報，2018b）；雖然改稱為失聯移工，但對於他／她們的態度還是充滿偏見與歧視。逃逸移工的稱謂，呈現的是一種靜態的描述，也暗示著他／她們應該要被逮捕並遣返回國，這就是一種移入國的觀點。

　　根據台灣勞動部的統計調查報告指出，2017年台灣的事業雇主曾發生移工行蹤不明（逃逸）現象的情況占19.9%，行蹤不明的原因以「受其他外籍勞工的慫恿、轉介」占53.7%最高，其次為「聘僱期限即將屆滿」占26.6%，「希望獲得較高待遇」占25.7%，居第三（中華民國勞動部勞動統計專網，2018b）。這份只讓台灣雇主填答的問卷，這樣的統計調查目的是想要提供台灣雇主哪些資訊呢？沒有移工聲音的問卷，哪能知道移工們逃逸的真正原因呢？而且光是前項統計的結果（逃逸原因排序）就維持至少五年不變。這項每年都會進行統計的調查報告，裡頭顯示移工逃逸的前三位原因只是表象，其背後的主要原因又是什麼？武黎全科（2013）認為越南移工來台之前，都要向銀行、親戚、朋友、高利貸借錢，或必須抵押房屋借款以支付鉅額的仲介費，因而清償借款成為來台後首要之務，若是既有工作無法滿足其經濟需求，逃逸

---

[1] 自1990年統計以來，越南籍移工行蹤不明人數累計有118,240人，遭移民署查處出境92,934人，至2017年底為止仍有25,126人處於行蹤不明狀態（中華民國內政部移民署全球資訊網，2018）。

逐成為另謀出路的選擇。此外，工作條件惡劣、同工不同酬與歧視等不友善的對待，其實都是造成移工逃逸的因素。在他的訪談對象中，多數越南移工都是自己決定逃逸，沒有受同鄉朋友的誘惑或慫恿。不過，在其論文中卻又提到越南同鄉的社會網絡，確實提供了外勞逃逸後的生活支持，像是分布全台各地的「越南小吃店」就成為彼此交換工作機會與生活資訊的場所。此外，合法移工、越南新移民基於同鄉情誼也會提供逃逸外勞各項協助，幫忙租屋、購買生活用品、匯錢回越南、出借健保卡等。上述針對移工逃逸的解釋觀點雖然是較為接近事實的說法，但也可能是僅止於表面的觀察。此處使用的「移工逃逸」，無非是想突顯移工作為行動者的能動性（agency），逃逸只是移工們日常政治選項裡的一種回應方式；逃逸的原因並非如我們所想都是出於個人的經濟理性（想要賺更多的錢），很多時候是他／她必須考慮到原鄉家庭與移出地的各種經濟和社會條件。

在我們討論過越南勞動輸出政策得以順利推動的文化和社會結構因素之後，是否有基於移出國視角的其他可能的深層解釋？事實上，無論是台灣勞動部的統計調查報告提到的「受其他外籍勞工的慫恿、轉介」，還是駐台灣越南勞工管理組和武黎全科所認為的越南新移民提供了移工逃逸後的社會網絡支持。此種現象反映出來的是互相幫助的同鄉網絡，這其實是基於越南特有的團結互助文化，並非在台灣才衍生出來的。在國家政經轉型的社會變遷環境下，農民和農村正面臨著許多衝擊與改變。黨和政府提出了勞動輸出政策作為國家的經濟和社會發展途徑之一，從結果來看政策是成功的。我們可以觀察到移工家庭經濟生活的改善，農村裡的康莊樓房一棟接著一棟的蓋、基礎建設越來越完善，但這些都是個體與集體的表面（surface）變化。至於深層（deep）的公正思想，對於勞動輸出政策的生產邏輯而言具有關鍵核心地位，它深深影響著生存倫理和國家意識形態，當然也存在於跨國移工的價值觀（請參考圖5-21）。農民的公正思想和合法性觀念來自於互惠準則以及隨之而來的保障（至少不損及），也就是對菁英的生存索取權利和生存安排的義務；因此，農

民對於侵犯自身權利所做出反應的主要特徵，是反應的道德性。由於拒絕承認農民的基本社會權利就是自己的義務，菁英因此就喪失了自己擁有對於農民產品的任何權利，也將在實際上消解農民繼續依附的基礎，所以農民的抵抗也就成爲合乎規範的正當行爲了。農民對「公正」的意識，正是使他能夠判斷誰應該對其生存困境負有道德責任，這使得農民能夠行動起來，不只要恢復其生存條件，還要爭取自身的權利（Scott，2001：242-243）。越南民間有句俗語生動地說明了這種公正思想：「第一等是士大夫，第二等是農夫；沒米到處尋求時，第一等是農夫，第二等是士大夫！」（*Nhất sĩ nhì nông, hết gạo chạy rông, nhất nông nhì sĩ*）；這句話不僅描述了農村的階級結構，也突顯出農業與農民對於越南社會的重要性，在飢荒或動亂時刻更顯其關鍵地位，因爲它很有可能會造成階級反轉的情況出現。

公正的價值觀對於越南人而言是極爲重要的文化特徵，它會對整體社會產生規範並形塑每個人的角色。以移工逃逸現象爲例，政府對於逃逸移工所採取的寬宥態度，就是一種公正思想的具體作爲；因爲移工逃逸的原因有很多種可能，可能是工作條件惡劣、更好的薪水、不人道的對待等，如果原因是不可歸咎於移工的話，那麼越南政府處罰移工就失去了正當性。再者，如派駐台灣的越南勞工組官員所說，就算是移工逃逸，越南政府也要：「保護越南勞工合法的權利跟『正當』的權利，所謂合法的部分，應該很容易理解，就是按法規、法律、契約的權利。正當的是指，如果是『非法的』（指逃逸移工），可是你應有的還是要幫你爭取，這就是正當的權利。」現代法律的程序正義被視爲是審判程序所擁有的客觀性，是一種形式上的正義；可是，針對逃逸移工正當權利的維護，很多時候是必須觸及實質正義的討論，對其而言移工的工作薪資是勞動應得的，與逃不逃逸無關。不管是移工、政府官員還是國家意識形態，其實都受公正思想的價值觀所影響；共享一種價值觀並不代表人們對於事物一定能產生相同的看法，而是意味著他們對世界如何運作擁有相似的理解。從公正思想這點而言，移工或許也認爲這是他／她們的權利，擴大來說政府所提供出

國工作的機會，也只是在盡國家的義務，因爲這是攸關生存的問題。

　　基於對Tönnies的共同體與社會理論的討論，越南農村雖然保有許多共同體的特徵，但也必須面對現代社會的不斷壯大。而社會作爲與共同體相對的一種生活，儘管有種種型態的結合但彼此之間仍然保持著分離，只要行動是由個人產生的，與其說是爲了與人們結合在一起，倒不如說是爲了他自己。因爲人的勞動具有交換價值，是他作爲一個原子對社會的整體勞動作出貢獻，只要把交換想成是社會的行爲，那麼任何交換來的一致意志就叫做「契約」。一切社會關係，從根本上講是建立在可能的和實際提供的報償平衡之上；與此相反，共同體是源於血緣的結合，與物品的普遍關係是從屬性質的，物品並不是以交換爲目的而是共同占有和享有的。這也是Tönnies所說的本質意志（良善）和共同體的相互作用，以及選擇意志（目的）和社會的相互作用（Tönnies，2010：79-90）。在現代社會意義下，工人因爲缺乏財產僅能出賣勞動力以換取貨幣，他們提供著他們的特殊商品出售，就像所有的商品出售者那般，並非換入其他特殊的商品而是換取貨幣（Tönnies，2010：96）。現代社會的契約關係和選擇意志的討論，或許可以提供不同的思考方向：

　　幾位移工逃逸後說：「加班不給加班費，這樣到底何時才能把債還清呢？人的忍耐是有限度的，我內心逃跑的渴望更加強烈。我和幾個兄弟吃完最後一餐，大家一一不捨地分開。雖然不想丟下越南同胞一個人受苦受累，但我別無選擇，終究踏入流亡人生。」（逃跑外勞，2012：60）

　　「工作量多薪水少，仲介和雇主聯合欺負我們…但是我們不敢受了委屈就回（越南）家，回家等於是破產。我們進退兩難，忍辱再忍辱，多麼希望有一天老闆能良心發現可憐我們。可是我們絕望了，忍無可忍了，沒人理我們這些可憐蟲。我們要救自己，只有一條路可走，就是『逃跑』！」（逃跑外勞，2012：107-108）

　　「人的忍耐是有限的，最終，我決定離開那個麻煩的地方…成爲一名逃跑外勞。」（逃跑外勞，2012：175）

「我的合約快要到期，老闆娘也不打算續聘。我愁悶又擔心，如果逃跑了就不能取回在仲介公司抵押的四萬元台幣，又怕被警察抓。然而，兩年所賺到的錢只夠還債和修屋子，回去了如何有錢給孩子們唸書？最後，輾轉反側，我還是決定逃跑……。」（逃跑外勞，2012：184）

根據移工逃逸的說法，忍耐是出於對家庭的責任和債務的壓力，逃跑實在是「忍無可忍」下所做的決定。如果當移工與雇主的關係僅止於一紙勞動契約的話，此種社會關係是基於利益的交換，與共同體的社會關係不同。很多時候促使移工留在契約之內的，是因為家庭共同體和精神（友誼／民族）共同體的約束力，或許對他／她來說純粹的契約關係反而比較好處理；那麼逃逸——撕毀契約——也只是日常政治的回應方式之一，因為他／她已不在共同體之內。

第三節　源於差異的多元文化

　　我們在前言部分討論過何謂移出國的視角，書本的最後我想討論發生在移入國的遷移現象，也就是近年來台灣政府提倡的多元文化，以及在台移工對多元文化的意涵。前文提到台灣的某些火車站、教堂或工業區的附近街廓形成了特殊的東南亞地景，這些非均質的族裔地景體現出複雜的空間政治和劃界實踐。這些在地的東南亞地景，特別是在2016年政府提出「新南向政策」後，被賦予了新的政治意涵——多元文化的象徵——（中時電子報，2016；民報，2016；華視新聞網，2018b）。以台中市東協廣場及附近街廓爲例，廣場一樓多爲販售手機與國際電話卡的店家，廣場二樓與三樓以泰國、菲律賓和越南飲食店、服飾店和雜貨店居多，四樓是菲律賓、印尼和越南的夜店舞廳，周邊繼光街與成功路則以印尼、越南飲食店居多。行走於其間，彷彿有種令人置身國外的錯覺，但多種異文化並陳就是多元文化的意思嗎？顯然不是！可是到目前爲止，無論是大眾媒體或是政府單位對於這些在地東南亞地景的認識，大多僅止於「異國風情」的表述上。

　　多元文化主義（multiculturalism）的概念始於政治哲學，並在移民研究中被廣泛地接受與討論；多元文化主義作爲一種融合的模式，也就是不同於同化（assimlation）的替代方案、一種對於同化的補充方案，或是一種同化的包容方案。特別是在實踐層次上，多元文化主義表現在兩種內在相互依賴的層面：一是少數族群團體所提出的要求；二是國家尋求管理的多元性。基於前者的討論，多元文化主義認爲不同社會屬性的行動者都可以提出其政治主張，這些屬於特定類型的主張構成一種「肯認政治」（politics of recognition）或者是「認同政治」。肯認，是指人們回應他人的方式，隱含著一種對於平等尊嚴的要求——種族、性別、宗教等——，以平等爲基礎並體認共享人性的重要，而這

種對於平等的尊重是源於對差異的體會（Kivisto & Faist，2013：214-227）。當媒體和政府在討論這些在台東南亞移工聚集現象時，我們討論的方式與內容大多數與多元文化主義並不相關。支持多元文化主義，不僅僅是急於加入其他文化群體，藉以博取和捍衛自身自由寬容的形象而已（Watson，2005：5）；多元文化主義，只有在共同人性感受越來越濃厚而非淡薄的情況下，才有可能成爲實現的方案（Alexander，2001：247）。

　　這類國際遷移現象，可能爲移入國帶來一種根本上的社會變遷嗎？答案是幾乎不可能。大規模國際移民的移入確實可以形成一些表面的改變，就像是容易觀察到都市裡或是大眾交通系統中多種族組成的景象（sight）和氣習（smells），然而這些僅能算是「街頭層次」（street-level）的變化。以美國這樣一個傳統的移民大國來說，社會的根本核心如司法體系、教育系統、英語的優勢地位、影響社會互動的基本價值等，仍然從未因爲移民而改變，而這些就是權力分配制度和階級結構。大規模移民帶來的多樣性（diversity），是由現存組織中日漸增多的新移居成員構成的，通常具有明顯的種族特徵。爲了適應這些新成員，有些制度規則可能會因此調整因應，例如提供公共服務時使用多種語言（請參考圖6-2），但這種調整層面其實一般都不會觸及深層的階級結構。除了創造街頭的多樣化、在邊緣地帶建立次級社群（sub-societies）以外，移民的變遷可能（change potential）是有限的。毫無疑問地，某些飲食習慣或習俗會滲透並融入主流文化，但是在現有的制度網絡中運作的價值觀體系和權力結構，都會確保任何可能發生的融合（melting）形式不會成功（Portes，2010：1548-1550）。如曾嬿芬（2004）指出台灣的政治菁英不分黨派，對於台灣社會「是由誰構成、可以由誰構成」的看法，根植於一種看待自己以及對待外國人的種族同質性血統主義以及種族化的階級主義，外國人最好只是台灣的過客。

　　以我在大學裡講授國際遷移相關課程的經驗，時常會訝異於大學生對於移民態度的保守立場，這當然與個人生長的家庭環境和整體的社會制度有關係，

圖6-2　移工在台工作須知多國語版本

而且傳播媒體與學校教育也要負起部分責任。多元文化主義是一種平等尊重的肯認政治，不僅是在面對東南亞移工或新移民該有的態度，也是在回應少數和弱勢群體時應有的立場。它對平等的尊重是源於對差異的體認，「差異」其實就是「多元」的同義詞，如果不理解其中的差異，又如何尊重多元？因為對

越南移工的陌生不了解，我時常從台灣人的口中聽到一些描述，如「爲什麼他／她們家裡的人常發生車禍或者生病，經常要寄錢回家！」基於前文對於越南農村的維生經濟——使人陷入滅頂之災的細浪——以及家庭和農村共同體的討論，亦即對越南農業的脆弱環境和生存倫理，以及共同體的團結互惠原則有所認識的話，我們便能正確地就上述對越南移工的評價提出解釋；而不是以台灣（移入國）的觀點，來回應移工們的所有問題。本書的目的是從移出國的視角來理解正在發生的跨國移工現象，提供一種正面地、積極地認識越南這個國家或者是越南人的看法；此種基於文化差異的體認，才是多元文化裡平等與尊重的實質意涵。

【附件1】
DOLAB中文教材範本節錄第一課
和第四課會話內容

第一課　BÀI 1
工廠主題　Công xưởng

一、會話　HỘI THOẠI

組長	請跟我來，我會介紹我們的工廠
Zǔ zhǎng	Qǐng gēn wǒ lái, wǒ gěi nǐ jiè shào wǒ men de gōng chǎng.
阿興	謝謝您！
A xìng	Xiè xie nín.
組長	這是辦公室，如果沒有事千萬不要進去。
Zǔ zhǎng	zhè shì bān gōng shì, rú guǒ méi yǒu shì, qiān wàn bú yào jìn qù.
阿興	好，我瞭解了。
A xìng	Hǎo, wǒ liáo jiě le.

組長	這邊是工廠，你要觀察這邊的東西，以及我們工廠的規定。
Zǔ zhǎng	zhè biān shì gōng chǎng. nǐ yào guān chá zhè biān de dōng xi, yǐ jí wǒ men gōng chǎng de gui ding.
阿興	好的，我會注意。
A xìng	Hǎo de, wǒ huì zhù yì.
組長	工具用好後，要放回原處。
Zǔ zhǎng	Gōng jù yòng hǎo hòu, yào fang hui yuán chu.
阿興	好的，我會注意。
A xìng	Hǎo de, wǒ huì zhù yì.
組長	你已經知道這些工具的中文名稱了嗎？
Zǔ zhǎng	ní yǐ jīng zhī dào zhè xiē gōng jù de zhōng wén míng chēng le ma?
阿興	我會一些，例如：電焊條、錘子、鉗子等等。
A xìng	wǒ huì yī xiē, lì rú: diàn hàn tiáo, chuí zi, qián zi děng děng.
組長	那好，但是你要多學其他工具的名稱。
Zǔ zhǎng	nà hǎo, dàn shì nǐ yào duō xué qí tā gōng jù de míng chēng.
阿興	好的，我會努力。
A xìng	Hǎo de, wǒ huì nǔ lì.
組長	這台機器之後會由你負責。
Zǔ zhǎng	zhè tái jī qì zhī hòu huì yóu nǐ fù zé.
阿興	是哦，誰會負責教導我？
A xìng	shì ō, shuí huì fù zé jiào dǎo wǒ?
組長	李先生負責教你，你要努力，在很短時間要學好。
Zǔ zhǎng	lǐ xiān shēng fù zé jiào nǐ, nǐ yào nǔ lì, zài hěn duǎn shí jiān yǎo xué hǎo.
阿興	好的，我會努力向他學習。
A xìng	Hǎo de, wǒ huì nǔ lì xiàng tā xuéxi.

組長　　　　那邊有廁所。你要注意，不可以在廁所裡面抽煙。

Zǔ zhǎng　　nà biān yǒu cè suǒ. nǐ yào zhù yì, bù kě yǐ zài cè suǒ lǐ miàn chòu yān.

阿興　　　　好的，我沒有抽煙

A xìng　　　Hǎo de, wǒ méi yǒu chòu yān.

組長　　　　這邊是飲水器。你要準備自己的杯子。

Zǔ zhǎng　　zhè biān shì yǐn shuǐ jī, nǐ yào zhǔn bèi zì jǐ de bēi zi.

阿興　　　　好的。

A xìng　　　Hǎo de.

組長　　　　材料庫在二樓，需要拿材料的時候，要跟組長講。

Zǔ zhǎng　　Cái liào kù zài èr lóu, xū yào ná cái liào de shí hòu, yào gēn zǔ zhǎng
　　　　　　jiǎng.

阿興　　　　好的。

A xìng　　　Hǎo de.

組長　　　　成品庫在那邊，明天我會帶你進去讓你知道產品做好之後要放在
　　　　　　哪裡。

Zǔ zhǎng　　Chéng pǐn kù zài nà biān, ming tiān wǒ huì dài nǐ jìn qù ràng nǐ zhi
　　　　　　dào chǎn pǐn zuò hǎo zhī hòu yào fang zài nǎ lǐ.

阿興　　　　好的。

A xìng　　　Hǎo de.

組長　　　　那邊是會議室，那邊是餐廳，吃飯和午休時間是一個小時，從12
　　　　　　點到1點，千萬不要睡過頭。

Zǔ zhǎng　　nà biān shì huì yì shì, nà biān shì cān tīng, chī fàn hé wǔ xiu shí jiān
　　　　　　shì yí gè xiǎo shí, cóng 12 diǎn dào 1 diǎn, qian wàn bú yào shuì guò
　　　　　　tóu.

阿興　　　　好的，我會注意。

A xìng　　　Hǎo de, wǒ huì zhù yì.

第四課　複習
BÀI IV　ÔN TẬP

一、會話　HỘI THOẠI

李先生	阿興，你正在做什麼？
lǐ xiān shēng	A xìng, nǐ zhvng zài zuò shén me?
阿興	這台機器有問題，我要檢查一下。
A xìng	zhè tái jī qì yǒu wèn tí, wǒ yào jiǎn chá yí xià.
李先生	你記得進去檢查之前，要先關機。
lǐ xiān shēng	nǐ jì dé jìn qù jiǎn chá zhī qián, yào xiān guān jī.
阿興	謝謝！
A xìng	xiè xie.
李先生	產品不良好對嗎？
lǐ xiān shēng	Chǎn pǐn bù liáng hǎo duì ma?
阿興	是的，今天不好的產品很多。
A xìng	shì de, jīn tiān bù hǎo de chǎn pǐn hěn duō.

李先生	是嗎？如果無法改善，你要向組長報告，讓他處理。
lǐ xiān shēng	shì ma? rú guǒ wú fǎ gǎi shàn, nǐ yào xiàng zǔ zhǎng bào gào, rang tā chú lǐ.
阿興	好的，如果我修不好，我會去找他。
A xìng	Hǎo de, rú guǒ wǒ xiū bùhǎo, wǒ huì qù zhǎo tā.
李先生	今天你有沒有加班？
lǐ xiān shēng	Jīn tiān ní yǒu méi yǒu jiā bān?
阿興	有，我今天加班到十點。
A xìng	Yǒu, wǒ jīn tiān jiā bān dào shí diǎn.
李先生	是哦，辛苦你了。
lǐ xiān shēng	shì o, xīn kǔ nǐ le.
阿興	沒關係，我也喜歡加班。
A xìng	Méi guān xì, wǒ yě xǐ huān jiā bān.

【附件2】
台灣公司赴越南招募移工測驗卷

細心度測驗 trắc nghiệm tâm lý (A)

Name : _____ No. : _____ Date : _____ Score : _____

Mỗi câu hỏi có hai phương án trả lời, nếu cả hai câu trả lời giống nhau tích O, nếu khác nhau tích X

☆Hoàn thành các câu trả lời trong 6 phút

#		○	×	#		○	×	#		○	×
1.	1437-ab3	☐	☐	51.	pdetjk	☐	☐	101.	1,253	☐	☐
	1437-aP3				Pdetjk				1,253		
2.	14111	☐	☐	52.	369	☐	☐	102.	ArT13	☐	☐
	14111				369				ArT13		
3.	694.42	☐	☐	53.	107RM	☐	☐	103.	1417	☐	☐
	694.24				107RM				1417		
4.	45ABT	☐	☐	54.	668697	☐	☐	104.	oatqy	☐	☐
	45AB3				668697				oatqy		
5.	56,532	☐	☐	55.	#9163	☐	☐	105.	363(37	☐	☐
	56532				#9163				363137		
6.	hcqicrd	☐	☐	56.	675RPM	☐	☐	106.	141.14	☐	☐
	hcqcird				675RPM				141.14		
7.	100.0001	☐	☐	57.	29.003	☐	☐	107.	$99.59	☐	☐
	1000.0001				29.003				$99.59		
8.	1973	☐	☐	58.	.6667	☐	☐	108.	55515	☐	☐
	1973				.6667				55155		
9.	2131	☐	☐	59.	JPMkT	☐	☐	109.	4-671	☐	☐
	2131				JPMkT				4/671		
10.	#431	☐	☐	60.	17136	☐	☐	110.	3217	☐	☐
	#431				17136				3127		
11.	444AA3	☐	☐	61.	473	☐	☐	111.	aspl.rpm	☐	☐
	444AA3				473				apl.rpm		
12.	27-7309	☐	☐	62.	1111511	☐	☐	112.	137#pp5	☐	☐
	27-7309				111511				137#p5		
13.	121.1312	☐	☐	63.	jlrkst	☐	☐	113.	$21.98	☐	☐
	121.1312				jlmkst				$21.89		
14.	1121131	☐	☐	64.	$38.06	☐	☐	114.	$34.10	☐	☐
	1121131				$38.06				$34.10		
15.	arpantz	☐	☐	65.	MCLCW	☐	☐	115.	5554	☐	☐
	arpantz				MCLCW				5554		
16.	694.42	☐	☐	66.	yijamt	☐	☐	116.	alpmtz	☐	☐
	694.24				yijamt				apmltz		
17.	06996	☐	☐	67.	63.67	☐	☐	117.	03001	☐	☐
	6996				63.67				.030001		
18.	786/1	☐	☐	68.	41253	☐	☐	118.	4babc	☐	☐
	786/1				51243				54abc		
19.	p3896	☐	☐	69.	bbbiob	☐	☐	119.	27A31	☐	☐
	p3896				bbbiob				27431		
20.	84.117	☐	☐	70.	1000.00	☐	☐	120.	1/10	☐	☐
	84.117				1000.00				1/1/0		
21.	134#pp3	☐	☐	71.	-31.71	☐	☐	121.	ampsteyp	☐	☐
	132#pp2				-31.71				ampstcyp		
22.	27113	☐	☐	72.	stlmpz	☐	☐	122.	#537	☐	☐
	2713				stlmpz				*537		
23.	psT$112	☐	☐	73.	220222	☐	☐	123.	45ATB	☐	☐
	psT$112				220222				45AIB		
24.	843 1/5	☐	☐	74.	#35211	☐	☐	124.	pmst65a	☐	☐
	843.2				#3#211				pmts65a		
25.	67AW	☐	☐	75.	4271#	☐	☐	125.	1710001	☐	☐
	67AV				4271#				1710000		
26.	slmnprt	☐	☐	76.	10131	☐	☐	126.	672a43	☐	☐
	slnmprt				10131				67a243		
27.	qlnstp	☐	☐	77.	#117/12	☐	☐	127.	FFFpT	☐	☐
	qlmstp				#117/12				FFptt		
28.	-4 33	☐	☐	78.	1471/2	☐	☐	128.	ltrslm	☐	☐
	4 33				147/12				ltrsim		
29.	860000	☐	☐	79.	-37.51	☐	☐	129.	65001	☐	☐
	86000				37.51				6501		
30.	#8356.1	☐	☐	80.	00.001	☐	☐	130.	900.101	☐	☐
	#3356.1				00.001				900.101		
31.	8431/2	☐	☐	81.	.00008.1	☐	☐	131.	5773IL	☐	☐
	8431/2				.00008.1				573IL		
32.	$21.98	☐	☐	82.	483.75	☐	☐	132.	3670	☐	☐
	$21.98				483.75				3607		
33.	hipsqy	☐	☐	83.	46779	☐	☐	133.	36,969	☐	☐
	hipsqy				46779				39,696		
34.	pmazR	☐	☐	84.	qmivwn	☐	☐	134.	#3/41S	☐	☐
	pmazR				qmivnw				$3/41		
35.	3769	☐	☐	85.	A71717	☐	☐	135.	69632	☐	☐
	3769				A711717				69662		
36.	237113	☐	☐	86.	jmp-l	☐	☐	136.	$367.05	☐	☐
	237113				jpm-l				367.05		
37.	661966	☐	☐	87.	1847	☐	☐	137.	431312	☐	☐
	661966				1.847				481312		
38.	537%	☐	☐	88.	-3956	☐	☐	138.	$42.1	☐	☐
	537%				3956				$421		
39.	#3abd	☐	☐	89.	Apo3697	☐	☐	139.	qplm	☐	☐
	#3abd				apo3691				aplm		
40.	apt13	☐	☐	90.	144A34	☐	☐	140.	76/313	☐	☐
	apt13				44A34				763/13		
41.	#2122	☐	☐	91.	58.5%	☐	☐	141.	12#31#	☐	☐
	#2122				58.5%				12#31		
42.	28513	☐	☐	92.	36.667	☐	☐	142.	127083	☐	☐
	28512				36.667				127083		
43.	3400	☐	☐	93.	300.016	☐	☐	143.	13167	☐	☐
	3400				300.016				13167		
44.	$21.22	☐	☐	94.	$863411	☐	☐	144.	141001	☐	☐
	$21.22				$863411				141001		
45.	acqick	☐	☐	95.	36F6T	☐	☐	145.	87.667	☐	☐
	acqlck				36F6T				87.667		
46.	prnstryt	☐	☐	96.	536.7ap	☐	☐	146.	48#57	☐	☐
	prmstryt				536.7ap				48#57		
47.	411171	☐	☐	97.	122222	☐	☐	147.	1111.1!!	☐	☐
	411171				122222				11.1!!		
48.	35%	☐	☐	98.	arpntz	☐	☐	148.	47	☐	☐
	35%				arpntz				74		
49.	astmlk	☐	☐	99.	$1367.36	☐	☐	149.	100.001	☐	☐
	astmik				$1376.36				100.01		

數學邏輯、英文測驗 Trắc nghiệm toán logic tiếng anh (A)

Name : _____ No. : _____ Date : _____ Score : _____

☆10題數學1題英文請於20分鐘內完成 10 câu hõi toán và 01 câu tiếng anh trả lời trong vòng 20 phút

1. ( ) 1+2+3+4+5+6+7+8=? (A) 10 (B) 36 (C) 45 (D) 55 (E) 43

2. ( ) 45÷9=? (A) 32 (B) 21 (C) 5 (D) 54 (E) 36

3. ( ) 10×(8+2)=? (A) 80 (B) 20 (C) 82 (D) 28 (E) 100

4. ( ) (230+140)÷2=? (A) 175 (B) 195 (C) 180 (D) 185 (E) 150

5. ( ) 4+8+15=? (A) 12 (B) 23 (C) 27 (D) 35 (E) 37

6. ( ) 下列哪個圖形不一致 Hinh nào không giống với hình còn lại (A) (B) (C) (D) (E)

7. ( ) 下列哪個圖形不一致 Hinh nào không giống với hình còn lại (A) (B) (C) (D) (E)

8. ( ) 下列哪個圖形不一致 Hinh nào không giống với hình còn lại (A) (B) (C) (D) (E)

9. ( ) 下列哪個圖形不一致 Hinh nào không giống với hình còn lại (A) (B) (C) (D) (E)

10. ( ) 下列哪個圖形不一致 Hinh nào không giống với hình còn lại (A) (B) (C) (D) (E)

1.請依照順序寫出26個英文字母 Viết lắn lườt 26 chũ cái trong băng tiếng anh

大寫 in hoa												
小寫 in truòng												

參考文獻

中文部分

中時電子報（2016）〈中市東協廣場，以促成多元文化匯集爲目標〉。http://www.chi-natimes.com/realtimenews/20160616004301-260407，2016/6/16。

中華民國內政部戶政司（2013）《人口政策白皮書——少子女化、高齡化及移民——》。https://www.ndc.gov.tw/cp.aspx?n=FBBD5FE5E5F21981，2018/1/15。

中華民國內政部移民署全球資訊網（2018）「行蹤不明外勞人數統計表」。https://www.immigration.gov.tw/public/Attachment/81299311919.xls，2018/1/15。

中華民國勞動部勞動統計專網（2018a）「產業及社福外籍勞工人數」。https://statfy.mol.gov.tw/default.aspx，2018/1/15。

中華民國勞動部勞動統計專網（2018b）《106年外籍勞工管理及運用調查》。http://statdb.mol.gov.tw/html/svy06/0643menu.htm，2018/3/15。

內政部入出國及移民署（2013a）「越勞在台逾期返國後將開罰，即日起至2014年1月10日前返國免受罰」。https://www.immigration.gov.tw/ct.asp?xItem=1243396&ctNode=30410&mp=S012，2014/2/16。

內政部入出國及移民署（2013b）〈落跑外勞現形，移民署行動指紋機建功〉。http://www.immigration.gov.tw/ct.asp?xItem=1208872&ctNode=29710&mp=1，2013/5/24。

尹慶春、章英華（2006）〈對娶外籍與大陸媳婦的態度：社會接觸的重要性〉。《台灣社會學》，第12期，頁191-232。

王宏仁、白朗潔（2007）〈移工、跨國仲介與制度設計：誰從台越國際勞動力流動獲利？〉。《台灣社會研究季刊》，第65期，頁35-66。

王宏仁、張書銘（2003）〈商品化的台越跨國婚姻市場〉。《台灣社會學》，第6期，頁177-221。

王志弘（2006）〈移／置認同與空間政治：桃園火車站週邊消費族裔地景研究〉，《台灣社會研究季刊》，第61期，頁149-203。

王振寰（1993）《資本，勞工，與國家機器：台灣的政治與社會轉型》。台北：唐山。

Harvey, David著／王志弘譯（2008）《新自由主義化的空間：邁向不均地理發展理論》（*Spaces of Neoliberalization: Towards a Theory of Uneven Geographical Development*）。台北市：群學。

民報（2016）〈南洋文化音樂季，「東協廣場」啓動多元文化夢想〉。http://www.peoplenews.tw/news/0f581755-4b03-40a3-9b8f-64559972c6b7，2016/7/3。

民視新聞（2012）〈酒後爭執，越勞砍死泰勞逃亡〉（2012年5月3日報導）。轉載自Yahoo奇摩新聞：http://tw.news.yahoo.com/%E9%85%92%E5%BE%8C%E7%88%AD%E5%9F%B7-%E8%B6%8A%E5%8B%9E%E7%A0%8D%E6%AD%BB%E6%B3%B0%E5%8B%9E%E9%80%83%E4%BA%A1-000135809.html，2013/9/8。

白石昌也著／吳瑞雲、田川雅子譯（1994）《越南：革命與建設之間》。台北：月旦。

白石昌也著／畢世鴻譯（2006）《越南：政治、經濟制度研究》（ベトナムの国家機構）。雲南：雲南大學。

自由時報（2013）〈外勞打架，網友諷：中壢市變勞壢市〉。http://news.ltn.com.tw/news/local/paper/723888，2018/1/18。

自由時報（2018a）〈逃逸移工心虛落跑，員警「手刀」追回〉。http://news.ltn.com.tw/news/society/breakingnews/2390803，2018/4/10。

自由時報（2018b）〈星期專訪楊家駿：失聯移工恐成治安問題〉。http://news.ltn.com.tw/news/politics/paper/1189156，2018/4/2。

Marcus, George E.著／李霞譯（2008）〈現代世界體系中民族志的當代問題〉。收錄於Marcus, George E.與James Clifford編《寫文化：民族志的詩學與政治學》，頁209-239。北京：商務印書館。

何曉斌（2002）〈市場轉型理論及發展〉。《社會》，第12期，頁26-30。

吳嘉苓（2012）〈訪談法〉。收錄於瞿海源、畢恆達、劉長萱、楊國樞編，《社會及行為科學研究法（二）：質性研究法》，頁33-60。台北：東華。

Anderson, Benedict著／吳叡人譯（1999）《想像的共同體：民族主義的起源與散布》（*Imagined Communities: Reflections on the Origin and Spread of Nationalism*）。台北市：

時報文化。

Escobar, Arturo著／汪淳玉、吳惠芳、潘璐、葉敬忠譯（2011）《遭遇發展：第三世界的形成與瓦解》（*Encountering Development: The Making and Unmaking of The Third World*）。北京市：社會科學文獻出版社。

Todaro, Michael P. and Stephen C. Smith／余向華、陳雪娟譯（2009）《發展經濟學》（Economic Development）。北京：機械工業出版社。

Unger, R.M.著／吳玉章、周漢華譯（2008）《現代社會中的法律》（*Law In Modern Society*）。南京：譯林出版社。

林榮遠（2016）〈譯者導言〉。收錄於Tönnies著《社會學引論》，頁1-9。北京：中國人民大學出版社。

Geertz, Clifford著／林經緯譯（2011）《追尋事實：兩個國家、四個十年、一位人類學家》（*After the Fact: Two Countries, Four Decades, One Anthropologist*）。北京：北京大學出版社。

Tönnies, Ferdinand著／林榮遠譯（2010）《共同體與社會：純粹社會學的基本概念》（*Gemeinschaft und Gesellschaft: Abhandlung des Communismus und des Socialismus als empirischer Culturformen*）。北京：北京大學出版社。

Tönnies, Ferdinand著／林榮遠譯（2016）《社會學引論》（*Einführung in die Soziologie*）。北京：中國人民大學出版社。

武文福（2015）〈胡志明思想中的黨內團結統一〉。《共產主義》，第871期。http://cn.tapchicongsan.org.vn/Home/party/180/Story，2018/3/9。

武黎全科（2013）《爲何在台灣的外籍勞工逃跑？以越南籍勞工爲例》。南投縣：國立暨南國際大學東南亞研究所碩士論文。

徐宗國（1996）〈紮根理論研究法：淵源、原則、技術和涵義〉。收錄於胡幼慧編，《質性研究：理論、方法及本土女性研究實例》，頁47-73。台北：巨流。

Strauss, Anselm and Juliet Corbin著／徐宗國譯（1997）《質性研究概論》（*Basics of Qualitative Research: Grounded Theory Procedures and Techniques*）。台北：巨流。

桃園市政府經濟發展局（2017）「產業園區現況介紹」。http://edb.tycg.gov.tw/

home.jsp?id=151&parentpath=0,119,149&mcustomize=onemessages_view.jsp&dataserno=201310160024&aplistdn=ou=data,ou=industry,ou=chedb,ou=ap_root,o=tycg,c=tw&toolsflag=Y，2018/1/15。

逃跑外勞（2012）《逃／我們的寶島，他們的牢》。台北市：時報文化。

張翰璧（2007）《東南亞女性移民與台灣客家社會》。台北市：中央研究院人文社會科學研究中心亞太區域研究專題中心。

張翰璧、張晉芬（2013）〈全球化效果的侷限：台灣民眾對接納跨國移民的態度〉。《台灣社會學刊》，第52期，頁131-167。

Keesing, R.著／張恭啓、于嘉雲譯（1989）《文化人類學》（*Cultural Anthropology: A Contemporary Perspective*）。台北：巨流出版社。

陳至柔、于德林（2005）〈台灣民眾對外來配偶移民政策的態度〉。《台灣社會學》，第10期，頁95-148。

陳建元、張凱茵、楊賀雯（2016）〈台中第一廣場暨周邊地區東南亞族裔空間形成與轉變〉。《都市與計劃》，第43期第3卷，頁261-289。

陳凰鳳（2012）〈陳凰鳳越南語教學 問候篇〉，國立空中大學數位外語學苑 越南語言與文化。http://blog.xuite.net/phyllistran/show?st=c&p=1&w=3029090，2013/12/18。

勞動部勞動力發展署（2017）「外籍勞工在台工作須知」。https://fw.wda.gov.tw/wda-employer/home/file/2c9552e060483eff01606cac3e42001f，2018/5/5。

曾嬿芬（2004）〈引進外籍勞工的國族政治〉。《台灣社會學刊》，第32期，頁1-58。

曾嬿芬（2007）〈研究移住／居台灣：社會學研究現況〉。《台灣社會研究季刊》，第66期，頁75-103。

華視新聞網（2018a）〈逃逸移工犯案率高，社會治安隱憂〉。https://news.cts.com.tw/cts/general/201804/201804211921824.html#.WwAFsUxuKWY，2018/4/21。

華視新聞網（2018b）〈彰化「多元文化同盟會」系列活動，首場歡慶泰國潑水節〉。https://news.cts.com.tw/taiwannews/society/201804/201804111920568.html#.WwBIcUi-WTAw，2018/4/11。

Durkheim, Émile著／汲喆、付德根、渠東譯（2003）〈書評：費迪南德·滕尼斯《共同

體》〉。收錄於《亂倫禁忌及其起源》（涂爾幹文集第六卷），頁328-336。上海：人民出版社。

Durkheim, Émile著／渠東譯（2000）《社會分工論》（*De la Division du Travail Social*）。北京：生活‧讀書‧新知三聯書店。

費孝通（1948）《鄉土中國》。上海：觀察社。

Scott, James C.著／程立顯、劉建等譯（2001）農民的道義經濟學：東南亞的反叛與生存（*The Moral Economy of the Peasant: Rebellion and Subsistence in Southeast Asia*）。南京：譯林。

越南四方報（2014）Chính phủ việt nam gia hạn thời gian cho các bạn lao động bỏ trốn tự nguyện đăng ký về nước đến ngày 10/3/2014 mà không bị phạt theo quy định tại nghị định số 95/2013/N -CP（根據編號第95/2013/N -CP議定之規定，越南政府即將延長時間到2014/3/10號逃逸外勞自首回國不受處罰）。http://www.4way.tw/2014/02/2673，2014/2/16。

黃應貴（1994）〈從田野工作談人類學家與被研究者的關係〉。《山海文化雙月刊》，第6期，頁18-26。

黃蘭翔（2008）《越南傳統聚落、宗教建築與宮殿》。台北市：中央研究院人文社會科學研究中心亞太區域研究專題中心。

Durkheim, Émile著／黃丘隆譯（1990）《社會學研究法論》（*The Rules of Sociological Method*）。台北市：結構群文化事業有限公司。

Sassen, Saskia著／黃克先譯（2006）《客人？外人？遷移在歐洲（1800?）》（*Guests and Aliens*）。台北：巨流。

葉秋紅（2009）《在台外籍移工的匯款、消費行為以及對台灣品牌產品接受度之分析》。台北市：國立台灣大學國家發展研究所碩士論文。

Dawkins, Richard著／趙淑妙譯（1995）《自私的基因：我們都是基因的俘虜？》。台北：天下文化。

Kivisto, Peter and Thomas Faist著／葉宗顯譯（2013）《跨越邊界：當代遷徙的因果》（*Beyond A Border: The Causes and Conse-quences of Contemporary Immigration*）。

台北市：韋伯文化國際。

Watson, Conrad William著／葉興藝譯 (2005)《多元文化主義》 (*Multiculturalism*)。長春市：吉林人民出版社。

潘大允（Phan Đại Doãn）著／鐘賢譯（1988）〈關於越南鄉村的幾個問題〉。《東南亞》，第2期，頁51-54。

駐台北越南經濟文化辦事處（2013a）「勞動契約（製造業／營造業／養護機構）」。http://www.vecolabor.org.tw/vecotw/download.php?view.12，2013/10/8。

駐台北越南經濟文化辦事處（2013b）「勞動契約（家庭類）」。http://www.vecolabor.org.tw/vecotw/download.php?view.12，2013/10/8。

Bauman, Zygmunt著／歐陽景根譯（2007）《共同體》(*Community: Seeking Safety in an Insecure World*)。南京：江蘇人民出版社。

Castles, Stephen and Mark J. Miller著／賴佳楓譯（2008）《移民──流離的年代》（*The Age of Migration: International Population Movements in the Modern World*）。台北市：五南。

Isbister, John著／蔡志海譯（2006）《靠不住的承諾：貧窮和第三世界發展的背離》（*Promises Not Kept: Poverty and the Betrayal of Third World Development*）。廣州：廣東人民出版社。

Stalker, Peter著／蔡繼光譯（2002）《國際遷徙與移民：解讀「離國出走」》（*The No-nonsense Guide to International Migration*）。台北：書林。

蘋果日報（2004）〈優良外勞僱主十人獲獎〉（2004年4月19日報導）。https://www.google.com.tw/search?sourceid=navclient&hl=zh-TW&ie=UTF-8&rlz=1T4GGHP_zh-TWTW455TW455&q=2004%E5%B9%B4+%E5%84%AA%E7%A7%80%E5%A4%96%E7%B1%8D%E5%8B%9E%E5%B7%A5+%E9%98%AE%E6%B0%8F%E9%A6%99，2013/9/1。

藍佩嘉（2006）〈合法的奴工，法外的自由：外籍勞工的控制與出走〉。《台灣社會研究季刊》，第64期，頁107-150。

藍佩嘉（2008）《跨國灰姑娘：當東南亞幫傭遇上台灣新富家庭》。台北市：行人。

藍佩嘉（2012）〈質性個案研究法：扎根理論與延伸個案法〉。收錄於瞿海源、畢恆達、劉長萱、楊國樞編，《社會及行為科學研究法（二）：質性研究法》，頁61-91。台北：東華。

Geertz, Clifford著／韓莉譯（2008）《文化的解釋》（*The Interpretation of Culture*）。南京：譯林出版社。

藤田和子（2003）〈越南的革新與發展模式轉換〉。《南洋資料譯叢》，2003年第4期（總第152期），頁37-55。

顧玉玲（2010）《自由的條件：從越傭殺人案看台灣家務移工的處境》。新竹市：國立交通大學社會與文化研究所碩士論文。

顧玉玲（2013）〈跛腳的偽自由市場：檢析台灣外勞政策的三大矛盾〉。《台灣人權學刊》，第2卷第2期，頁93-112。

龔宜君（2014）〈內捲化的跨國移動：來台印尼爪哇女性移工的道德經濟學〉。《台灣社會學刊》，第55期，頁75-126。

龔宜君、張書銘（2008）〈電影中的越南女性意象〉。《亞太研究論壇》，第39期，頁185-206。

21世紀經濟報導（2008）〈越共的革新之路〉。http://finance.sina.com.cn/roll/20080531/02384931608.shtml，2014/9/6。

ETtoday新聞雲（2013）〈動私刑打死偷狗賊，800名越南村民：我幹的〉。https://www.ettoday.net/news/20130917/271352.htm，2014/925。

Mai, Ly Quang (eds.)（2008）《2007年越南全景》（*Việt Nam toàn cảnh 2007*）。河內：世界出版社。

Nguyên, Văn Khánh (2013)〈越南佛教與越南社會文化〉。發表於「越南的文化、經濟與社會」研討會議，2013年9月27日。台北市：中央研究院人文社會科學研究中心亞太區域研究專題中心舉辦。

Phan, Thu Huong (2016)《外籍勞工來台工作適應性影響因素之研究：以越南勞工為例》。台中市：朝陽科技大學企業管理系碩士論文。

PTT鄉民百科（2018）「轟轟」。http://zh.pttpedia.wikia.com/wiki/%E8%BD%9F%E8%

BD%9F，2018/3/20。

外文部分

Abella, Manolo I. (1997) *Sending Workers Abroad: A Manual for Low- and Middle-Income Countries*. Geneva: International Labour Office.

Abramitzkyab, Ran, Leah Platt Boustanbc and Katherine Erikssonc (2013) Have the poor always been less likely to migrate? Evidence from inheritance practices during the age of mass migration. *Journal of Development Economics*, 102, pp.2-14.

AGRIBANK (2010) Những chặng đường vẻ vang của Agribank (農業銀行的光榮之路)．http://agribank.com.vn/31/832/tin-tuc/hoat-dong-agribank/ky-niem-thanh-lap-agrib-ank/2010/04/2308/nhung-chang-duong-ve-vang-cua-agribank.aspx, 2013/11/2.

Alexander, Jeffrey C. (2001) Theorizing the "Modes of Incorporation": Assimilation, Hyphenation, and Multiculturalism as Varieties of Civil Participation. *Sociological Theory*, 19(3), pp.237-249.

Angsuthanasombat, Kannika (2007) Situation and Trends of Vietnamese Labor Export. *The Asian Scholar*, 5, pp.1-10. http://www.asianscholarship.org/asf/ejourn/articles/kannika_a.pdf. 2012/1/26.

Appadurai, Arjun (1990) Technology and the Reproduction of Values in Western India. Pp.185-216, In *Dominating Knowledge: Development, Culture and Resistance*, edited by S.A. Marglin and F.A. Marglin. Oxford: Clarendon Press.

Asyari, Anis Hamim (2008) *Indonesia's Administrative and Legislative Measures on Labor Migration from a Rights-Based Perspective*. Mahidol University. http://arcmthailand.com/documents/documentcenter/INDONESIA%E2%80%99S%20ADMINISTRATIVE%20AND%20LEGISLATIVE%20MEASURES%20ON%20LABOR%20MIGRATION%20FROM%20A%20RIGHTS-BASED%20PERSPECTIVE%20.pdf, 2018/4/3.

Báo điện tử Ninh Thuận (2014) Lao động phổ thông còn thiếu tác phong công nghiệp (普通

勞工缺乏工業作風)。http://www.baoninhthuan.com.vn/diendan/18271p1c30/lao-dong-pho-thong-con-thieu-tac-phong-cong-nghiep.htm, 2014/2/19.

Báo điện tử VnEconomy (2013) Xuất khẩu lao động không chỉ giải quyết việc làm (出口勞動不僅解決工作問題)。http://www.laodong.asia/index.php/cung-cap-lao-dong/73-tin-tuc-moi/133-xuat-khau-lao-dong-khong-chi-giai-quyet-viec-lam, 2013/8/24.

Báo Nhân Dân (2015) Người là Cha, là Bác, là Anh (您是父親、是伯伯、是哥哥). http://www.nhandan.com.vn/chinhtri/tin-tuc-su-kien/item/26326702-nguoi-la-cha-la-bac-la-anh.html, 2015/5/13.

Barajas, Adolfo, Ralph Chami, Connel Fullenkamp, Michael Gapen, and Peter Montiel (2009) Do Workers' Remittances Promote Economic Growth?, *IMF Working Paper 09/153*. Washington: International Monetary Fund. http://www.imf.org/external/pubs/ft/wp/2009/wp09153.pdf, 2012/2/22.

Beredford, Melanie and Dang Phong (2000) *Economic transition in Vietnam: Trade and Aid in the Demise of a Centrally Planned Economy*. Cheltenham, UK; Northampton, MA: Edward Elgar.

Beresford, Melanie (1989) *National unification and economic development in Vietnam*. London: Macmillan.

Bernstein, Henry (2010) *Class Dynamics of Agrarian Change*. Halifax, N.S, Sterling, Va: Fernwood Pub.

Borjas, George. J. (1989) Economic Theory and International Migration. International Migration Review. *Special Silver Anniversary*, 23(3), pp.457-485.

Boyd, Monica (1989) Family and Personal Networks in International Migration: Recent Developments and New Agendas. *The International Migration Review*, 23(3), pp.638-670

Buencamino, Leonides and Sergei Gorbunov (2002) Informal Money Transfer Systems: Opportunities and Challenges for Development Finance. *DESA Discussion Paper Series*. http://www.un.org/esa/esa02dp26.pdf, 2017/9/12.

Calhoun, C. (1980) Community: Toward a Variable Conceptualization for Comparative Research. *Social History*, 5(1), pp.105-129.

Castañeda, Ernesto (2013) Living in Limbo: Transnational Households, Remittances and Development. *International Migration*, 51(s1), pp.e13-e35.

Central Population and Housing Census Steering Committee (2010) *The 2009 Vietnam Population and Housing Census: Major Findings*. General Statistics Office of Vietnam, http://www.gso.gov.vn/default_en.aspx?tabid=515&idmid=5&ItemID=10799，2012/1/29。

Chami, Ralph and Connel Fullenkamp (2009) A Wobbly Crutch. *Finance & Development*, 46(4). http://www.imf.org/external/pubs/ft/fandd/2009/12/ratha.htm, 2012/2/2.

Chami, Ralph, Adolfo Barajas, Thomas Cosimano, Connel Fullenkamp, Michael Gapen and Peter Montiel (2008) *Macroeconomic Consequences of Remittances*. Washington: International Monetary Fund. http://www.imf.org/external/pubs/ft/op/259/op259.pdf, 2012/2/25.

Charmaz, Kathy (2000) Grounded and Theory: Objectivist and Constructivist Methods. Pp.509-535, in *Handbook of qualitative research*, edited by Norman K. Denzin and Yvonna S. Lincoln. Thousnad Oaks: Sage Publications.

Chia Se Programme Secretariat (2007) *Chia Se Vietnam-Sweden Poverty Alleviation Programme Alleviation Programme: A Different Approach A Different Approach to Poverty Alleviation*. http://beta2.realityofaid.org/country-outreach/download/file/oct%2012_Chia%20Se%20Viet%20Nam%20-%20Sweden%20Poverty%20Alleviation%20Program.pdf, 2017/10/9.

Chu, Thi Xuyen (2002) Women and Family in Transition. Pp.139-191, In *Images of the Vietnamese Women in the New Millennium*, edited by Le Thi Nham Tuyet. Hanoi: The Gioi Publishers.

Clarke, George R.G. and Scott J. Wallsten (2003) Do Remittances Act Like Insurance? Evidence from a Natural Disaster in Jamaica. Development Research Group, The World Bank. http://citeseerx.ist.psu.edu/viewdoc/download?doi=10.1.1.617.4997&rep=rep1&type=pdf, 2017/12/8.

Clifford, James (1997) *Routes: Travel and Translation in the Late Twentieth Century*. Cam-

bridge. MA: Harvard University Press.

Cohen, Anthony P. (1985) *The Symbolic Construction of Community*. Chichester: Ellis Horwood Limited.

Cổng thông tin điện tử bộ tư pháp (1991) Hội đồng bộ trưởng nghị định số: 370/HĐBT, Ban hành quy chế về đưa người lao động Việt Nam đi làm việc có thời hạn ở nước ngoài (部長會同頒行關於送越南勞工去國外工作的議定，編號：370/HĐBT). http://www.moj.gov.vn/vbpq/Lists/Vn%20bn%20php%20lut/View_Detail.aspx?ItemID=11455, 2014/2/11.

Cổng thông tin điện tử bộ tư pháp (2003) Land Law (No.13/2003/QH11). http://moj.gov.vn/vbpq/en/lists/vn%20bn%20php%20lut/view_detail.aspx?itemid=8269, 2013/3/5.

Cổng thông tin điện tử bộ tư pháp (2009) THÔNG TƯ LIÊN TỊCH Hướng dẫn thực hiện một số nội dung Quyết định số 71/2009/QĐ-TTg ngày 29 tháng 4 năm 2009 của Thủ tướng Chính phủ về phê duyệt đề án "Hỗ trợ các huyện nghèo đẩy mạnh xuất khẩu lao động góp phần giảm nghèo bền vững giai đoạn 2009-2020" (嚮導實現國家總理2009年4月29日關於批准「協助貧窮縣2009-2020年階段推動出口勞動，減少貧窮」編號71/2009/Q -TTg計劃決定的一些內容之聯席通知). http://www.moj.gov.vn/vbpq/Lists/Vn%20bn%20php%20lut/View_Detail.aspx?ItemID=23669, 2014/1/3.

Cổng thông tin điện tử bộ tư pháp (2013) Chính phủ nghị định số: 95/2013/NĐ-CP, Quy định xử phạt vi phạm hành chính trong lĩnh vực lao động, bảo hiểm xã hội, đưa người lao động Việt Nam đi làm việc ở nước ngoài theo hợp đồng (政府編號95/2013/N -CP之議定，在勞動、社保、據訂單出口勞動等領域中的行政違規之處罰規定). http://moj.gov.vn/vbpq/Lists/Vn%20bn%20php%20lut/View_Detail.aspx?ItemID=28634, 2014/2/16.

Connell, John & Richard P. C. Brown (2004) The Remittances of Migration Tongan and Samoan nurses from Australia. *Human Resources for Health*, 2(2), pp.1-21.

Creswell, John W. (1998) *Qualitative Inquiry and Research Design: Choosing Among Five Traditions*. Thousand Oaks, Calif.: Sage Publications.

Đảng Cộng sản Việt Nam (2007) Công an Hà Nội phát hiện 2.118 nạn nhân bị lừa xuất khẩu lao động (河內警方發現2118名受騙者被欺騙出口勞動). http://dangcongsan.vn/cpv/ Modules/News/NewsDetail.aspx?co_id=30089&cn_id=202797, 2013/9/1.

Đảng Cộng sản Việt Nam (2013a) Cảnh báo tình trạng lao động đi làm việc ở một số thị trường bất hợp pháp (一些市場勞動違法工作情形的警告). http://dangcongsan.vn/cpv/ Modules/News/NewsDetail.aspx?co_id=10045&cn_id=576623, 2013/9/1.

Đảng Cộng sản Việt Nam (2013b) Xuất khẩu lao động: Một năm vượt khó（出口勞動： 渡過難關的一年）. http://dangcongsan.vn/cpv/Modules/News/NewsDetail.aspx?co_ id=10045&cn_id=564263, 2013/9/1.

Dang, Nguyen Anh (2008) *Labour Migration from Viet Nam: Issues of Policy and Practice*. http://www.ilo.org/asia/whatwedo/publications/WCMS_099172/lang--en/index.htm, 2011/12/19.

Đặng, Thị Loan, Lê Du Phong and Hoàng Văn Hoa (2010) *Việt Nam's economy after 20 years of renewal (1986-2006): achievements and challenges*. Hà Nội: Thế Giới.

Day, Graham (2006) *Community and Everyday Life*. London, New York, N.Y: Routledge.

Delanty, Gerard (2003) *Community*. New York, NY, London: Routledge.

Delgado-Wise, Raul and James M. Cypher (2007) The Strategic Role of Mexican Labor under NAFTA: Critical Perspectives on Current Economic Integration. *Annals of the American Academy of Political and Social Sciences*, 610, pp.120-142.

DOLAB (2013a) Chuong trinh dao tao tieng nhat (日語培訓計劃) . http://www.dolab.gov.vn/ Uploads/BU/2013723223936396.xls, 2013/9/2.

DOLAB (2013b) Giao trinh tieng nhat danh cho TTS (專給實習生的日語教程). http://www. dolab.gov.vn/Uploads/BU/2013723223834911.rar, 2013/9/2.

DOLAB (2013c) Tài liệu ngoại ngữ tiếng Hàn chuyên ngành (專業韓文教材). http://www. dolab.gov.vn/Uploads/BU/201371144111390.pdf, 2013/9/2.

DOLAB (2013d) Tài liệu ngoại ngữ tiếng Hàn cơ bản (基本韓文教材). http://www.dolab. gov.vn/Uploads/BU/201371143833156.pdf, 2013/9/2.

DOLAB (2013e) Tài liệu ngoại ngữ tiếng Hoa chuyên ngành (專業華語教材). http://www.

dolab.gov.vn/Uploads/BU/201371143630278.pdf, 2013/9/2.

DOLAB (2013f) Tài liệu ngoại ngữ tiếng Hoa cơ bản (基本華語教材). http://www.dolab. gov.vn/Uploads/BU/201371143411443.pdf, 2013/9/2.

DOLAB (2013g) Tài liệu Tiếng anh cho người lao động Việt Nam đi làm việc tại Malaysia (越南勞工赴馬來西亞工作之英文教材). http://www.dolab.gov.vn/Uploads/FileType/201378154857678.pdf, 2013/9/2.

DOLAB (2013h) Tài liệu tiếng Anh cho người lao động Việt Nam đi làm việc tại Israel (越南勞工赴以色列工作之英文教材). http://www.dolab.gov.vn/Uploads/FileType/201378153845235.pdf, 2013/9/2.

DOLAB (2014a) Thủ tướng Chính phủ ban hành Chỉ thị về việc tăng cường công tác quản lý người lao động Việt Nam tại Hàn Quốc (國家總理頒行增強南韓越南勞工管理工作的指示). http://dolab.gov.vn/New/View2.aspx?Key=1491, 2017/12/5.

DOLAB (2014b) Bổ sung, điều chỉnh mức trần chi phí đối với lao động huyện nghèo vay vốn đi làm việc ở nước ngoài (補充、調整平窮縣勞工貸款出口勞動的支出定額). http://dolab.gov.vn/New/View2.aspx?Key=1502, 2018/1/5.

DOLAB (2016) 115.980 lao động Việt Nam đi làm việc ở nước ngoài trong năm 2015 (2015年越南勞工在國外工作). http://dolab.gov.vn/New/View2.aspx?Key=2362, 2018/12/5.

DOLAB (2017) Trên 126.000 lao động Việt Nam đi làm việc ở nước ngoài trong năm 2016 (2016年有126,000多名越南勞工出國工作). http://dolab.gov.vn/New/View2. aspx?Key=2881, 2018/3/1.

DOLAB (2018a) 134.751 lao động đi làm việc ở nước ngoài trong năm 2017 (2017年有134,751名越南勞工出國工作). http://dolab.gov.vn/New/View2.aspx?Key=3521, 2018/4/6.

DOLAB (2018b) Danh Sách Doanh Nghiệp XKLĐ (出口勞動業者之名單). http://dolab. gov.vn/BU/Index.aspx?LIST_ID=1371&type=hdmbmtmn&MENU_ID=246&DOC_ID=1561, 2018/4/16.

Dong, Do Thai (1991) Modifications of the Traditional Family in the South of Vietnam.

Pp.69-83, In *Sociological Studies on the Vietnam Family*, edited by Rita Liljestrom and Tuong Lai. Hanoi: Social Sciences Publishing.

Duong, Luan Thuy (2001) The Vietnamese Communist Party and Renovation (Doi Moi) in Vietnam, Pp.49-75, In *Political Parties, Party System and Democratization in East Asia*, edited by Liang Fook Lye, Wilhelm Hofmeister. Singapore and Taipei: World Scientific.

Duong, Minh Nhut (2004) Grassroots Democracy in Vietnamese Communes. *The Centre for Democratic Institutions, Research School of Social Sciences*, The Australian National University. http://www.cdi.anu.edu.au/CDIwebsite_1998-2004/vietnam/veitnam_downloads/Doung_Grassrootsdemocracypaper.pdf, 2013/8/18.

Durkheim, Émile (1972) *Selected Writings*, edited by Anthony Giddens. Cambridge: Cambridge University Press.

Etzioni, Amitai (2002) Are Particularistic Obligations Justified? A Communitarian Examination. *American Sociological Review*, 61(1), pp.1-11.

Faist, Thomas and Margit Fauser (2011) The Migration-Development Nexus: Toward a Transnational Perspective. Pp.1-26, In *The Migration-Development Nexus: Transnational Perspectives*, edited by Faist T, Fauser M, Kivisto P. Houndsmill. UK: Palgrave Macmillan.

Financial Times (2012) ILO Alarmed at Thai Mass Deportation Move. https://www.ft.com/content/2f8c289e-45f4-11e2-b7ba-00144feabdc0, 2017/10/5.

Fouron, G. E. and N. Glick-Schiller (2002) The Generation of Identity: Redefining the Second Generation within a Transnational Social Field. Pp.169-207, In *The Changing Face of Home: the Transnational Lives of the Second Generation*, edited by P. Levitt and M.C. Waters. New York: Russell Sage Foundation.

Gardner, Katy and David Lewis (1996) *Anthropology, Development and the Post-Modern Challenge*. London: Pluto Press.

General Statistics Office of Vietnam (2013a) *Statistical Yearbook of Vietnam 2012*. http://www.gso.gov.vn/default_en.aspx?tabid=515&idmid=5&ItemID=14157, 2013/12/20.

General Statistics Office of Vietnam (2013b) *Report on the 2012 Vietnam labour force survey*. http://www.gso.gov.vn/default_en.aspx?tabid=515&idmid=5&ItemID=14654, 2013/11/5.

Giddens, Anthony (1990) *The Consequences of Modernity*. Stanford, Calif: Stanford University Press.

Glick-Schiller, N., L. Basch and C. Blanc-Szanton (1992) Towards a Transnationalization of Migration: Race, Class, Ethnicity, and Nationalism Reconsidered. *The Annals of the New York Academy of Sciences*, 645, pp.24-52.

Granovetter, Mark S. (1976) *Getting A Job: A study of Contacts and Careers*. Chicago: University of Chicago Press.

Harbison, Sarah F. (1981) Family structure and family strategy in migration decision making. Pp.225-251, In *Migration Decision Making: Multidisciplinary Approaches to Microlevel Studies in Developed and Developing Countries*, edited by Gordon F. De Jong, Robert W. Gardner. New York: Pergamon.

Hardy, Andrew (2002) From a Floating World: Emigration to Europe from Post-war Vietnam. *Asian and Pacific Migration Journal*, 11, pp.463-484.

Hume, Lynne and Jane Mulcock (2004) Introduction: Awkward Spaces, Productive Places. Pp.xi-xxvii, In *Anthropologists in the Field: Cases in Participant Observation*, edited by Lynne Hume and Jane Mulcock. New York: Columbia University Press.

International Organization for Migration and United Nation (2018) *World Migration Report 2018*. https://publications.iom.int/system/files/pdf/wmr_2018_en.pdf, 2018/3/15.

International Organization for Migration (2005) *World Migration 2005: Costs and Benefits of International Migration*. http://www.iom.int/jahia/webdav/site/myjahiasite/shared/shared/mainsite/published_docs/books/wmr_sec02.pdf, 2008/3/15.

International Organization for Migration (2017) *Viet Nam Migration Profile 2016*. https://publications.iom.int/system/files/pdf/mp_vietnam.pdf, 2018/1/8.

Ishizuka, Futaba (2013) International Labor Migration in Vietnam and the Impact in Receiving Countries Policies. *IDE Discussion Paper No.141, The institute of Developing*

Economies, JETRO. http://www.ide.go.jp/English/Publish/Download/Dp/pdf/414.pdf, 2013/10/22.

Jamieson, Neil L. (1993) *Understanding Vietnam.* Berkeley: University of California Press.

Kapur, Devesh (2004) Remittances: The New Development Mantra? *G-24 Discussion Paper Series,* United Nations Conference on Trade and Development. http://unctad.org/en/Docs/gdsmdpbg2420045_en.pdf, 2017/12/8.

Kerkvliet, Benedict J. Tria and Mark Selden (1998) Agrarian Transformations in China and Vietnam. *The China Journal (Special Issue: Transforming Asian Socialism, China and Vietnam Compared),* 40, pp.37-58.

Kerkvliet, Benedict J. Tria (1991) *Everyday Politicsin the Philippines: Class and Status Relations in a Central Luzon Village.* Quezon City: New Day Publishers.

Kerkvliet, Benedict J. Tria (2003) Authorities and the People: An Analysis of State-Society Relations in Vietnam. Pp.27-53, In *Postwar Vietnam: Dynamics of a Transforming Society,* edited by Hy V. Luong. Boulder: Rowman & Littlefield, and Singapore: Institute of Southeast Asian Studies.

Kerkvliet, Benedict J. Tria (2004) Surveying Local Government and Authority in Contemporary Vietnam. Pp.1-27, In *Beyond Hanoi: Local Government in Vietnam,* edited by Kerkvliet, Benedict J. Tria and David G. Marr. Singapore: Institute of Southeast Asian Studies.

Kerkvliet, Benedict J. Tria (2005) *The Power of Everyday Politics: How Vietnamese Peasants Transformed National Policy.* Ithaca: Cornell University Press.

Kerkvliet, Benedict J. Tria (2009) Everyday politics in peasant societies (and ours). *The Journal of Peasant Studies,* 36(1), pp.227-243.

Ko, Chyong-Fang (2010) Do Economic Conditions Matters? A Cross-Border Comparison of Attitudes to Migration Workers. *Vietnam Social Sciences Review,* 4(138), pp.80-91.

Koser, Khalid (2007) *International Migration: A Very Short Introduction.* New York; Oxford: Oxford University Press.

Le, Bach Duong and Khuat Thu Hong (2008) An Historical Political Economy of Migration in Vietnam. Pp.27-55, In *Market Transformation, Migration and Social Protection in a Transitioning Vietnam*, edited by Le Bach Duong and Khuat Thu Hong. Hanoi: The Gioi Publisher.

Le, Thi (2005) *Single Women in Viet Nam*. Hanoi: The Gioi Publishers.

Le, Xuan Ba (2003) Coherent Development of Various Markets. Pp.55-99, In *Developing the Socialist-oriented Market Economy in Vietnam*, edited by Dinh Van An. Hanoi: The Statistical Publisher.

Levitt, Peggy and B.N. Jaworsky (2002) Transnational migration studies: Past development and future trends. *Annual Review of Sociology*, 33, pp.129-156.

Levitt, Peggy and M. C. Waters (eds.) (2002) *The Changing Face of Home: The Transnational Lives of the Second Generation*. New York: Russell sage Foundation.

Liljestrom, Rita (1991) Family, Gender and Kinship in Vietnam. Pp.13-24, In *Sociological Studies on the Vietnam Family*, edited by Rita Liljestrom and Tuong Lai. Hanoi: Social Sciences Publishing.

Little, Daniel (1989) *Understanding Peasant China: Case Studies in The Philosophy of Social Science*. New Haven: Yale University Press.

Luât Lao Đông (勞動法) (2008) Hà Nôi: Nhà Xuât Ban Thê Giới.

Luong, Hy V. (2003) An Overview of Transformational Dynamics. Pp.1-26, In *Postwar Vietnam: Dynamics of a Transforming Society*, edited by Hy V. Luong. Boulder: Rowman & Littlefield, and Singapore: Institute of Southeast Asian Studies.

Marcus, George E. (1995) Ethnography in/of the World System: The Emergence of Multi-Sited Ethnography. *Annual Review of Anthropology*, 24, pp.95-117.

Marcus, George E. (1998) *Ethnography through Thick and Thin*. Princeton: Princeton University Press.

Marcus, George E. (2007) 〈Collaborative Imaginaries〉。《台灣人類學刊》，第5卷第1期，頁1-17。

Marger, Martin N. (2003) *Race and Ethnic Relations: American and Global Perspectives*.

Belmont, CA: Wadsworth/Thomson Learning.

Marr, David G. (1981) *Vietnamese Tradition on Trial, 1920-1945*. California: University of California Press.

Marr, David G. (2004) A Brief History of Local Government in Vietnam. Pp.28-53, In *Beyond Hanoi: Local Government in Vietnam*, edited by Kerkvliet, Benedict J. Tria and David G. Marr. Singapore: Institute of Southeast Asian Studies.

Massey, Douglas S. (1988) Economic Development and International Migration in Comparative Perspective. *Population and Development Review*, 14, pp.383-413.

Massey, Douglas S., Rafael Alarcon, Jorge Durand and Humberto González (1987) *Return to Aztlan: The Social Process of International Migration from Western Mexico*. Berkeley: University of California Press.

Mặt Trận Tổ Quốc Việt Nam (2013) Các Tổ Chức Thành Viên Của Mặt Trận Tổ Quốc Việt Nam (越南祖國陣線的組織成員). http://www.mattran.org.vn/Home/GioithieuMT/gtc4. htm, 2012/12/27.

Midgley, James (1995) *Social Development: The Developmental Perspective in Social Welfare*. London: Sage.

Miller, Peter and Nikolas Rose (2008) *Governing the Present: Administering Economic, Social and Personal Life*. Cambridge: Polity Press.

Ministry of Employment and Labor, Korea (2010) Introduction of Employment Permit System. https://www.eps.go.kr/ph/view/view_01.jsp, 2014/1/10.

Ministry of Employment and Labor, South Korea (2010) Introduction of Employment Permit System. https://www.eps.go.kr/ph/index.html, 2013/7/22.

Mohapatra, Sanket, Dilip Ratha and Ani Silwal (2011) *Outlook for remittance flows 2011-13: Remittance flows recover to pre-crisis levels*. http://www-wds.worldbank.org/servlet/main ?menuPK=64187510&pagePK=64193027&piPK=64187937&theSitePK=523679&entity ID=000386194_20110804015417, 2011/10/12.

MOLISA (2004a) Vĩnh Lại làm giàu từ xuất khẩu lao động (靠出國工作永賴社人民賺大錢).

http://www.molisa.gov.vn/news/detail2/tabid/371/newsid/36448/seo/Vinh-Lai-lam-giau-tu-xuat-khau-lao-dong/language/vi-VN/Default.aspx, 2013/8/24.

MOLISA (2004b) Huyện Nga Sơn, Thanh Hoá: lao động làm việc ở nước ngoài gửi về quê hơn 10,5 tỷ đồng (清化峨山縣：海外勞工匯款回來約105億元越盾以上). http://www.molisa.gov.vn/news/detail2/tabid/371/newsid/41760/seo/Huyen-Nga-Son-Thanh-Hoa--lao-dong-lam-viec-o-nuoc-ngoai-gui-ve-que-hon-10-5-ty-dong/language/vi-VN/Default.aspx, 2013/8/24.

MOLISA (2004c) Xuất khẩu lao động được hưởng thuế GTGT 0% (出國工作者享有零附加價值稅). http://www.molisa.gov.vn/news/detail2/tabid/371/newsid/36573/language/vi-VN/Default.aspx?seo=Xuat-khau-lao-dong-duoc-huong-thue-GTGT-0%, 2013/8/24.

MOLISA (2004d) Phú Yên: mục tiêu xuất khẩu lao động đạt rất thấp (富焉：出口勞動目標效率較低). http://www.molisa.gov.vn/news/detail2/tabid/371/newsid/36656/seo/Phu-Yen-muc-tieu-xuat-khau-lao-dong-dat-rat-thap/language/vi-VN/Default.aspx, 2013/6/21.

MOLISA (2004e) Đã truy bắt được 80 lao động Việt Nam bỏ trốn tại Đài Loan (台灣官方已經抓到80名越南籍的逃跑外勞). http://www.molisa.gov.vn/news/detail2/tabid/371/newsid/36681/seo/Da-truy-bat-duoc-80-lao-dong-Viet-Nam-bo-tron-tai-Dai-Loan/language/vi-VN/Default.aspx, 2013/6/4.

MOLISA (2004f) Các doanh nghiệp lao đao tìm lao động bỏ trốn ở Đài Loan (各營業努力追尋滯留台灣的違約逃跑勞工). ttp://www.molisa.gov.vn/news/detail2/tabid/371/newsid/36780/seo/Cac-doanh-nghiep-lao-dao-tim-lao-dong-bo-tron-o-Dai-Loan/language/vi-VN/Default.aspx, 2013/8/24.

MOLISA (2004g) 300.000 USD đểđưalaođộng VN bỏtrốntạiĐài Loan vềnước (需要三十萬元美金來接送在台越南逃跑勞工回國). http://www.molisa.gov.vn/news/detail2/tabid/371/newsid/41734/seo/300-000-USD-de-dua-lao-dong-VN-bo-tron-tai-Dai-Loan-ve-nuoc/language/vi-VN/Default.aspx, 2013/8/24.

MOLISA (2004h) Phấn đấu đến hết năm 2004 đưa 30% số lao động bỏ trốn tại Đài Loan về nước (奮鬥到2004年年底，接送30%在台越南籍逃跑勞工回國). http://www.molisa.

gov.vn/news/detail2/tabid/371/newsid/41762/language/vi-VN/Default.aspx?seo=Phan-dau-den-het-nam-2004-dua-30%-so-lao-dong-bo-tron-tai-Dai-Loan-ve-nuoc, 2013/8/24.

MOLISA (2005A) Ong Vũ Đình Toàn – Phó cục trưởng cục quản lý lao động ngoài nước Thị trường Đài Loan chỉ đóng cửa với người giúp việc nhà... (海外勞動管理局副局長武廷全先生：台灣市場只對家庭幫傭越勞封閉). http://www.molisa.gov.vn/news/detail2/tab-id/371/newsid/42473/Default.aspx?seo=Ong-Vu-Dinh-Toan-Pho-cuc-truong-cuc-quan-ly-lao-dong-ngoai-nuoc, 2013/8/24.

MOLISA (2005a) Vĩnh Phúc: Nhiều bất cập trong tuyển dụng xuất khẩu lao động (永福：出口勞動活動中存在很多模糊不清). http://www.molisa.gov.vn/news/detail2/tabid/371/newsid/42413/seo/Vinh-Phuc-Nhieu-bat-cap-trong-tuyen-dung-xuat-khau-lao-dong-lan-guage/vi-VN/Default.aspx, 2013/9/16.

MOLISA (2005B) Năm 2005: Sẽ phấn đấu đưa 28.000 - 35.000 lao động VN sẽ làm việc ở Đài Loan nếu có các biện pháp chống chốn hiệu quả... (2005年：奮鬥送自28000至35000名越南勞工去台灣工作). http://www.molisa.gov.vn/news/detail2/tabid/371/new-sid/42649/seo/Nam-2005-Se-phan-dau-dua-28-000--35-000-lao-dong-VN-se-lam-viec-o-Dai-Loan-neu-co-cac-bien-phap-chong-chon-hieu-qua--/language/vi-VN/Default.aspx, 2013/8/24.

MOLISA (2005b) Uỷ ban Lao động Đài Loan tạm dừng hoạt động môi giới của Công ty Trung Hữu (台灣勞工委員會暫停仲介公司的活動). http://www.molisa.gov.vn/news/detail2/tabid/371/newsid/44429/seo/Uy-ban-Lao-dong-Dai-Loan-tam-dung-hoat-dong-moi-gioi-cua-Cong-ty-Trung-Huu/language/vi-VN/Default.aspx, 2013/5/17.

MOLISA (2005C) Cần một chế tài mạnh xử lý lao động xuất khẩu bỏ trốn (需要一個較強烈的制裁來處理海外越南逃逸勞工). http://www.molisa.gov.vn/news/detail2/tabid/371/newsid/44382/seo/Can-mot-che-tai-manh-xu-ly-lao-dong-xuat-khau-bo-tron/language/vi-VN/Default.aspx, 2013/8/22.

MOLISA (2005c) Uỷ ban Lao động Đài Loan tạm dừng nghiệp vụ Công ty Lệ Lâm (台灣勞動局停止麗林公司的活動). http://www.molisa.gov.vn/news/detail2/tabid/371/newsid/45595/seo/Uy-ban-Lao-dong-Dai-Loan-tam-dung-nghiep-vu-Cong-ty-Le-Lam/lan-guage/vi-VN/Default.aspx, 2013/2/25.

MOLISA (2005D) Chính phủ ban hành Nghị định số 141/2005/NĐ-CP về Quản lý lao động Việt Nam làm việc ở nước ngoài (政府頒行關於海外越南勞動的議定，編號：141/2005/ND-CP). http://www.molisa.gov.vn/news/detail2/tabid/371/newsid/45321/lan-guage/vi-VN/Default.aspx?seo=Chinh-phu-ban-hanh-Nghi-dinh-so-141/2005/ND-CP-ve-Quan-ly-lao-dong-Viet-Nam-lam-viec-o-nuoc-ngoai, 2013/8/22.

MOLISA (2005d) Thái Nguyên đẩy mạnh công tác XKLĐ (泰源促進出口勞動工作). http://www.molisa.gov.vn/news/detail2/tabid/371/newsid/44954/seo/Thai-Nguyen-day-manh-cong-tac-XKLD/language/vi-VN/Default.aspx, 2013/8/23.

MOLISA (2005E) Quản lý lao động Việt Nam làm việc tại nước ngoài (管理海外越南勞工). http://www.molisa.gov.vn/news/detail2/tabid/371/newsid/45353/seo/Quan-ly-lao-dong-Viet-Nam-lam-viec-tai-nuoc-ngoai/language/vi-VN/Default.aspx, 2013/8/24.

MOLISA (2005e) Suleco dành 20% chỉ tiêu XKLĐ cho diện chính sách (Suleco給予屬於政策家庭20%勞動出口指標). http://www.molisa.gov.vn/news/detail2/tabid/371/news-id/42251/language/vi-VN/Default.aspx?seo=Suleco-danh-20%-chi-tieu-XKLD-cho-dien-chinh-sach, 2013/8/24.

MOLISA (2005f) Lao động xuất khẩu bỏ trốn có thể sẽ bị buộc phải đưa đi trại giáo dưỡng (逃跑勞工可能會被送去教育中心). http://www.molisa.gov.vn/news/detail2/tabid/371/newsid/42397/seo/Lao-dong-xuat-khau-bo-tron-co-the-se-bi-buoc-phai-dua-di-trai-giao-duong/language/vi-VN/Default.aspx, 2013/8/24.

MOLISA (2005g) Huyện Củ Chi (TPHCM): Mỗi xã sẽ có 30 lao động nữ nghèo đi Nhật Bản (古芝縣：每社會有30名女窮勞工去日本). http://www.molisa.gov.vn/news/detail2/tab-id/371/newsid/42600/seo/Huyen-Cu-Chi-TPHCM-Moi-xa-se-co-30-lao-dong-nu-ngheo-di-Nhat-Ban/language/vi-VN/Default.aspx, 2013/8/24.

MOLISA (2005h) Cà Mau: Đẩy mạnh chương trình xuất khẩu lao động (金甌：促進勞動出口活動). http://www.molisa.gov.vn/news/detail2/tabid/371/newsid/42328/seo/Ca-Mau-

Day-manh-chuong-trinh-xuat-khau-lao-dong/language/vi-VN/Default.aspx, 2012/12/9.

MOLISA (2005i) Bình Thuận: Những khó khăn cần được tháo gỡ trong công tác xuất khẩu lao động (平順：出口勞動工作中務必消除的一些困難). http://www.molisa.gov.vn/news/detail2/tabid/371/newsid/42775/seo/Binh-Thuan-Nhung-kho-khan-can-duoc-thao-go-trong-cong-tac-xuat-khau-lao-dong/language/vi-VN/Default.aspx, 2012/12/9.

MOLISA (2005j) Xuất khẩu lao động ở Bình Thuận vì sao bị thờ ơ (平順省出口勞動爲何不得關注). http://www.molisa.gov.vn/news/detail2/tabid/371/newsid/44815/seo/Xuat-khau-lao-dong-o-Binh-Thuan-vi-sao-bi-tho-o/language/vi-VN/Default.aspx, 2012/9/25.

MOLISA (2005k) Hậu Giang: đẩy mạnh xuất khẩu lao động (後江：推動出口勞動). http://www.molisa.gov.vn/news/detail2/tabid/371/newsid/43523/seo/Hau-Giang-day-manh-xuat-khau-lao-dong/language/vi-VN/Default.aspx, 2012/12/15.

MOLISA (2005l) Sóc Trăng không đạt yêu cầu xuất khẩu lao động (朔莊出口勞動效果不高). http://www.molisa.gov.vn/news/detail2/tabid/371/newsid/45516/seo/Soc-Trang-khong-dat-yeu-cau-xuat-khau-lao-dong/language/vi-VN/Default.aspx, 2013/8/23.

MOLISA (2005m) Sóc Trăng: Người nghèo gặp khó khăn trong tham gia xuất khẩu lao động (朔莊：窮人難以參加出口勞動). http://www.molisa.gov.vn/news/detail2/tabid/371/newsid/47196/seo/Soc-Trang-Nguoi-ngheo-gap-kho-khan-trong-tham-gia-xuat-khau-lao-dong/language/vi-VN/Default.aspx, 2013/8/23.

MOLISA (2005n) Đồng Nai thiếu nhiều lao động phổ thông (同奈缺乏很多普通勞工). http://www.molisa.gov.vn/news/detail2/tabid/371/newsid/44626/seo/Dong-Nai-thieu-nhieu-lao-dong-pho-thong/language/vi-VN/Default.aspx, 2013/8/24.

MOLISA (2005o) Lạng Sơn: Hỗ trợ người đi lao động ở nước ngoài (諒山：協助海外勞動者). http://www.molisa.gov.vn/news/detail2/tabid/371/newsid/42832/seo/Lang-Son-Ho-tro-nguoi-di-lao-dong-o-nuoc-ngoai/language/vi-VN/Default.aspx, 2013/8/24.

MOLISA (2005p) Đà Nẵng xuất khẩu lao động còn nhiều bất cập (峴港的出口勞動還存在很多的限制). http://www.molisa.gov.vn/news/detail2/tabid/371/newsid/44567/seo/Da-Nang-xuat-khau-lao-dong-con-nhieu-bat-cap/language/vi-VN/Default.aspx, 2013/8/24.

MOLISA (2005q) Thừa Thiên - Huế tháo gỡ khó khăn, tăng tốc xuất khẩu lao động (順化卸下困難，推動出口勞動) . http://www.molisa.gov.vn/news/detail2/tabid/371/news-id/44950/seo/Thua-Thien--Hue-thao-go-kho-khan-tang-toc-xuat-khau-lao-dong/language/vi-VN/Default.aspx, 2013/8/24.

MOLISA (2005r) Phá đường dây lừa đảo đưa người lao động đi Hàn Quốc (破獲出口勞動去韓國的假路線) . http://www.molisa.gov.vn/news/detail2/tabid/371/newsid/43053/seo/Pha-duong-day-lua-dao-dua-nguoi-lao-dong-di-Han-Quoc/language/vi-VN/Default.aspx, 2013/2/11.

MOLISA (2005s) ，Xử phạt 15 năm tù cho tội lừa đảo đưa người đi XKLĐ (欺騙出口勞動之罪，被處15年徒刑) . http://www.molisa.gov.vn/news/detail2/tabid/371/newsid/43584/seo/Xu-phat-15-nam-tu-cho-toi-lua-dao-dua-nguoi-di-XKLD/language/vi-VN/Default.aspx, 2013/3/21.

MOLISA (2005t) Thái Bình đẩy mạnh xuất khẩu lao động (太平省政府推動出口勞動) . http://www.molisa.gov.vn/news/detail2/tabid/371/newsid/44280/seo/Thai-Binh-day-manh-xuat-khau-lao-dong/language/vi-VN/Default.aspx, 2013/8/23.

MOLISA (2005u) Năm 2005: xử lý nặng lao động VN bỏ trốn (2005年：重罰越南逃跑勞工) . http://www.molisa.gov.vn/news/detail2/tabid/371/newsid/42356/seo/Nam-2005-xu-ly-nang-lao-dong-VN-bo-tron/language/vi-VN/Default.aspx, 2013/8/24.

MOLISA (2005v) Lao động VN tại Nhật: Lương 1.700 USD vẫn bỏ trốn (日本的越南勞工：月薪1700元美金仍然逃跑) . http://www.molisa.gov.vn/news/detail2/tabid/371/new-sid/42569/seo/Lao-dong-VN-tai-Nhat-Luong-1-700-USD-van-bo-tron/language/vi-VN/Default.aspx, 2013/8/24.

MOLISA (2005w) Sẽ xử lý nghiêm lao động xuất khẩu bỏ trốn (嚴格處理海外越南逃跑勞動). http://www.molisa.gov.vn/news/detail2/tabid/371/newsid/43329/seo/Se-xu-ly-nghiem-lao-dong-xuat-khau-bo-tron/language/vi-VN/Default.aspx, 2013/8/24.

MOLISA (2005x) Về Thị trường xuất khẩu lao động tại Đài Loan (有關在台的出口勞動市場) . http://www.molisa.gov.vn/news/detail2/tabid/371/newsid/43378/seo/Ve-Thi-truong-xuat-khau-lao-dong-tai-Dai-Loan/language/vi-VN/Default.aspx, 2013/8/24.

MOLISA (2005y) Chống trốn để giữ vững và phát triển thị trường xuất khẩu lao động (預防逃逸可以維持與發展出口勞動市場). http://www.molisa.gov.vn/news/detail2/tabid/371/newsid/43606/seo/Chong-tron-de-giu-vung-va-phat-trien-thi-truong-xuat-khau-lao-dong/language/vi-VN/Default.aspx, 2013/8/24.

MOLISA (2005z) Xung quanh các biện pháp xử lý đối với lao động làm việc ở nước ngoài bỏ trốn (有關海外越南勞工逃逸的處理方式). http://www.molisa.gov.vn/news/detail2/tabid/371/newsid/44297/seo/Xung-quanh-cac-bien-phap-xu-ly-doi-voi-lao-dong-lam-viec-o-nuoc-ngoai-bo-tron/language/vi-VN/Default.aspx, 2013/8/24.

MOLISA (2006a) Tản mạn về xuất khẩu lao động (出口勞動之談). http://www.molisa.gov.vn/news/detail2/tabid/371/newsid/45883/seo/Tan-man-ve-xuat-khau-lao-dong/language/vi-VN/Default.aspx, 2013/8/24.

MOLISA (2006b) Hà Tĩnh: Xuân Liên xoá nghèo nhờ xuất khẩu lao động (河靜：春蓮靠出口勞動來消除貧窮). http://www.molisa.gov.vn/news/detail2/tabid/371/newsid/45868/seo/Ha-Tinh-Xuan-Lien-xoa-ngheo-nho-xuat-khau-lao-dong/language/vi-VN/Default.aspx, 2013/8/24.

MOLISA (2006c) Phát triển việc làm ngoài nước- tăng thu nhập, nâng cao trình độ kỹ thuật (發展出口勞動，增加收入，提高技術水平). http://www.molisa.gov.vn/news/detail2/tabid/371/newsid/46211/seo/Phat-trien-viec-lam-ngoai-nuoc-tang-thu-nhap-nang-cao-trinh-do-ky-thuat/language/vi-VN/Default.aspx, 2013/7/14.

MOLISA (2006d) Xuất khẩu lao động thúc đẩy phát triển kinh tế Liên Hoa (出口勞動推動蓮花經濟的發展). http://www.molisa.gov.vn/news/detail2/tabid/371/newsid/46072/seo/Xuat-khau-lao-dong-thuc-day-phat-trien-kinh-te-Lien-Hoa/language/vi-VN/Default.aspx, 2012/12/22.

MOLISA (2006e) Hội nghị thông tin về xuất khẩu lao động tại Thành phố Cần Thơ (芹苴有關出口勞動資訊會議). http://www.molisa.gov.vn/news/detail2/tabid/371/newsid/46068/seo/Hoi-nghi-thong-tin-ve-xuat-khau-lao-dong-tai-Thanh-pho-Can-Tho/language/vi-VN/

Default.aspx, 2013/5/16.

MOLISA (2006f) Bà Rịa-Vũng Tàu khó đạt chỉ tiêu xuất khẩu lao động năm 2006 (巴地頭頓很難達到2006年出口勞動的目標). http://www.molisa.gov.vn/news/detail2/tabid/371/newsid/47339/seo/Ba-Ria-Vung-Tau-kho-dat-chi-tieu-xuat-khau-lao-dong-nam-2006/language/vi-VN/Default.aspx, 2013/9/1.

MOLISA (2006g) Phú yên: nhiều vướng mắc trong xuất khẩu lao động (富焉：出口勞動中的很多困擾). http://www.molisa.gov.vn/news/detail2/tabid/371/newsid/46718/seo/Phu-yen-nhieu-vuong-mac-trong-xuat-khau-lao-dong/language/vi-VN/Default.aspx, 2013/8/24.

MOLISA (2006h) Triệt phá đường dây lừa đảo đi xuất khẩu lao động ở nước ngoài (破除欺騙出口勞動的詐騙集團). http://www.molisa.gov.vn/news/detail2/tabid/371/newsid/47665/seo/Triet-pha-duong-day-lua-dao-di-xuat-khau-lao-dong-o-nuoc-ngoai/language/vi-VN/Default.aspx, 2013/3/21.

MOLISA (2006i) Hà Nội: bắt ba đối tượng lừa đảo chiếm đoạt trên 2,8 triệu đồng (河內：以欺騙霸占兩百八十萬元越盾的罪名捉拿三人). http://www.molisa.gov.vn/news/detail2/tabid/371/newsid/47847/seo/Ha-Noi-bat-ba-doi-tuong-lua-dao-chiem-doat-tren-2-8-trieu-dong/language/vi-VN/Default.aspx, 2013/3/21.

MOLISA (2006j) Bàn về vấn đề xuất khẩu lao động giản đơn (關於出口勞動的簡單討論). http://www.molisa.gov.vn/news/detail2/tabid/371/newsid/48130/seo/Ban-ve-van-de-xuat-khau-lao-dong-gian-don/language/vi-VN/Default.aspx, 2013/8/24.

MOLISA (2006k) Cần lo việc làm cho người xuất khẩu lao động trở về (務必為出口勞動後的勞動者解決工作問題). http://www.molisa.gov.vn/news/detail2/tabid/371/newsid/46228/seo/Can-lo-viec-lam-cho-nguoi-xuat-khau-lao-dong-tro-ve/language/vi-VN/Default.aspx, 2013/8/24.

MOLISA (2006l) Vui, buồn chuyện đi lao động xuất khẩu ở Vũ Hội (雨會出口勞動的喜與悲). http://www.molisa.gov.vn/news/detail2/tabid/371/newsid/47318/seo/Vui-buon-chuyen-di-lao-dong-xuat-khau-o-Vu-Hoi/language/vi-VN/Default.aspx, 2013/8/24.

MOLISA (2006m) Xử phạt vi phạm hành chính đối với Công ty Vilexim và Virasimex (對 Vilexim與Virasimex公司進行行政處罰). http://www.molisa.gov.vn/news/detail2/ tabid/371/newsid/45799/seo/Xu-phat-vi-pham-hanh-chinh-doi-voi-Cong-ty-Vilexim-va-Virasimex/language/vi-VN/Default.aspx, 2013/9/5.

MOLISA (2006n) Khuyến khích đưa nhiều lao động đi làm việc ở nước ngoài (鼓勵送很多 勞動出國工作). http://www.molisa.gov.vn/news/detail2/tabid/371/newsid/46254/seo/ Khuyen-khich-dua-nhieu-lao-dong-di-lam-viec-o-nuoc-ngoai/language/vi-VN/Default. aspx, 2013/8/24.

MOLISA (2007a) Ban hành chương trình bồi dưỡng kiến thức cần thiết cho người lao động trước khi đi làm việc ở nước ngoài (頒行爲出口勞動者出國前進行有關知識培訓的 計劃). http://www.molisa.gov.vn/news/detail2/tabid/371/newsid/39092/seo/Ban-hanh-chuong-trinh-boi-duong-kien-thuc-can-thiet-cho-nguoi-lao-dong-truoc-khi-di-lam-viec-o-nuoc-ngoai/language/vi-VN/Default.aspx, 2013/8/24.

MOLISA (2007b) Thị trường lao động Macau: Không chỉ là cơ hội (澳門出口勞動市場： 不只是機會而已). http://www.molisa.gov.vn/news/detail2/tabid/371/newsid/38922/ seo/Thi-truong-lao-dong-Macau-Khong-chi-la-co-hoi/language/vi-VN/Default.aspx, 2013/6/2.

MOLISA (2007c) Xuất khẩu lao động năm 2006 – Vượt qua thử thách để phát triển (2006年 的出口勞動：越過艱難而發展). 。http://www.molisa.gov.vn/news/detail2/tabid/371/ newsid/48505/language/vi-VN/Default.aspx?seo=Xuat-khau-lao-dong-nam-2006-Vuot-qua-thu-thach-de-phat-trien, 2013/11/22.

MOLISA (2007d) Nghệ An: Phấnđấumỗinămđưatừ 7.000 đến 9.000 ngườiđixuấtkhẩulaođộng (義安：奮鬥每年出口7000-9000勞動) 。http://www.molisa.gov.vn/news/detail2/tab-id/371/newsid/39097/seo/Nghe-An--Phan-dau-moi-nam-dua-tu-7-000-den-9-000-nguoi-di-xuat-khau-lao-dong/language/vi-VN/Default.aspx, 2013/9/20.

MOLISA (2007e) Phú Yên không hoàn thành chỉ tiêu xuất khẩu lao động (富焉無法完成 出口勞動指標). http://www.molisa.gov.vn/news/detail2/tabid/371/newsid/48355/seo/

Phu-Yen-khong-hoan-thanh-chi-tieu-xuat-khau-lao-dong/language/vi-VN/Default.aspx, 2013/8/24.

MOLISA (2007f) Vì sao Xuất khẩu lao động ở Đồng bằng sông Cửu Long chưa đạt kế hoạch đề ra (為何九龍江平原地區的出口勞動無法完成已提出的計劃). http://www.molisa.gov.vn/news/detail2/tabid/371/newsid/39241/seo/Vi-sao-Xuat-khau-lao-dong-o-Dong-bang-song-Cuu-Long-chua-dat-ke-hoach-de-ra/language/vi-VN/Default.aspx, 2013/8/24.

MOLISA (2007g) Xuất khẩu lao động giảm ở các tỉnh đồng bằng sông Cửu Long (九龍江平原各省的出口勞動工作走下坡). http://www.molisa.gov.vn/news/detail2/tabid/371/newsid/38446/seo/Xuat-khau-lao-dong-giam-o-cac-tinh-dong-bang-song-Cuu-Long/language/vi-VN/Default.aspx, 2013/8/24.

MOLISA (2007h) Xuất khẩu lao động Đồng Nai còn chưa hấp dẫn (同奈出口勞動不熱門). http://www.molisa.gov.vn/news/detail2/tabid/371/newsid/48402/seo/Xuat-khau-lao-dong-Dong-Nai-con-chua-hap-dan/language/vi-VN/Default.aspx, 2013/8/24.

MOLISA (2007i) Hà Nội: Khởi tố hai vụ án lừa đảo đi XKLĐ (河內：起訴兩個欺騙出口勞動的案子). http://www.molisa.gov.vn/news/detail2/tabid/371/newsid/48978/seo/Ha-Noi-Khoi-to-hai-vu-an-lua-dao-di-XKLD/language/vi-VN/Default.aspx, 2013/3/21.

MOLISA (2007j) Hà Nội: Phát hiện đường dây lừa đảo xuất khẩu lao động (河內：發現欺騙出口勞動的線索). http://www.molisa.gov.vn/news/detail2/tabid/371/newsid/39216/seo/Ha-Noi-Phat-hien-duong-day-lua-dao-xuat-khau-lao-dong/language/vi-VN/Default.aspx, 2013/3/21.

MOLISA (2007k) Bắt kẻ lừa đảo người đi lao động nước ngoài (追捕欺騙出口勞動者). http://www.molisa.gov.vn/news/detail2/tabid/371/newsid/38579/seo/Bat-ke-lua-dao-nguoi-di-lao-dong-nuoc-ngoai/language/vi-VN/Default.aspx, 2013/3/21.

MOLISA (2007l) Hơn 10.000 lao động VN tại Hàn Quốc sẽ bị trục xuất? (韓國一萬多越南勞工即將被遣送回國？). http://www.molisa.gov.vn/news/detail2/tabid/371/newsid/38777/seo/Hon-10-000-lao-dong-VN-tai-Han-Quoc-se-bi-truc-xuat-/language/vi-VN/Default.aspx, 2013/8/24.

MOLISA (2008a) 19 doanh nghiệp xuất khẩu lao động xuất sắc được biểu dương (表揚19家出色的出口勞動公司). http://www.molisa.gov.vn/news/detail2/tabid/371/newsid/37695/seo/19-doanh-nghiep-xuat-khau-lao-dong-xuat-sac-duoc-bieu-duong/language/vi-VN/Default.aspx, 2013/3/29.

MOLISA (2008b) Số các đơn vị được cấp phép hoạt động dịch vụ đưa người lao động đi làm việc ở nước ngoài phân theo tỉnh/thành phố năm 2008 (2008年可以參加出口勞動服務之業者，按照省市來分的數量). http://www.molisa.gov.vn/docs/SLTK/DetailSLTK/tab-id/215/DocID/4817/TabModuleSettingsId/496/language/vi-VN/Default.aspx, 2012/3/5.

MOLISA (2008c) Phú Thọ: 5 năm làm điểm xuất khẩu lao động (富壽：五年進行出口勞動工作). http://www.molisa.gov.vn/news/detail2/tabid/371/newsid/37806/seo/Phu-Tho-5-nam-lam-diem-xuat-khau-lao-dong/language/vi-VN/Default.aspx, 2013/3/28.

MOLISA (2008d) Bộ trưởng Nguyễn Thị Kim Ngân dự Hội thảo Pháp luật và cơ chế Quốc gia, khu vực và quốc tế về bảo vệ người lao động ở nước ngoài (阮氏金銀部長出席國家、區域和國際有關保護海外勞動者的法律、機制之研討會). http://www.molisa.gov.vn/news/detail2/tabid/371/newsid/37941/seo/Bo-truong-Nguyen-Thi-Kim-Ngan-du-Hoi-thao-Phap-luat-va-co-che-Quoc-gia-khu-vuc-va-quoc-te-ve-bao-ve-nguoi-lao-dong-o-nuoc-ngoai/language/vi-VN/Default.aspx, 2013/6/19.

MOLISA (2008e) Nghệ An: Nâng cao năng lực truyền thông xuất khẩu lao động cho cán bộ xóm, bản (義安：提高村、區幹部出口勞動通訊能力). http://www.molisa.gov.vn/news/detail2/tabid/371/newsid/56373/seo/Nghe-An-Nang-cao-nang-luc-truyen-thong-xuat-khau-lao-dong-cho-can-bo-xom-ban/language/vi-VN/Default.aspx, 2013/8/12.

MOLISA (2008f) Công an Hà Nội bắt một kẻ lừa đảo xuất khẩu lao động (河內公安抓了一名欺騙出口勞動). http://www.molisa.gov.vn/news/detail2/tabid/371/newsid/37180/seo/Cong-an-Ha-Noi-bat-mot-ke-lua-dao-xuat-khau-lao-dong/language/vi-VN/Default.aspx, 2013/7/22.

MOLISA (2008g) Giải pháp hạn chế hiện tượng lừa đảo trong xuất khẩu lao động (限制欺騙出口勞動現象的方法). http://www.molisa.gov.vn/news/detail2/tabid/371/newsid/37531/

seo/Giai-phap-han-che-hien-tuong-lua-dao-trong-xuat-khau-lao-dong/language/vi-VN/
Default.aspx, 2013/7/21.

MOLISA (2008h) Những kẻ lừa đảo xuất khẩu lao động đi Hàn Quốc đã bị trừng trị nghiêm
khắc (欺騙出口勞動去韓國者被嚴格懲罰). http://www.molisa.gov.vn/news/detail2/
tabid/371/newsid/36847/seo/Nhung-ke-lua-dao-xuat-khau-lao-dong-di-Han-Quoc-da-bi-
trung-tri-nghiem-khac/language/vi-VN/Default.aspx, 2013/8/24.

MOLISA (2008i) Xuất khẩu lao động 2008: Nâng cao chất lượng nguồn lao động xuất khẩu
(2008年出口勞動：提高出口勞動源的質量). http://www.molisa.gov.vn/news/detail2/
tabid/371/newsid/37446/seo/Xuat-khau-lao-dong-2008-Nang-cao-chat-luong-nguon-lao-
dong-xuat-khau/language/vi-VN/Default.aspx, 2013/8/24.

MOLISA (2009a) Lao động đi làm việc ở nước ngoài của số phương năm 2008 (2008年勞動
者在國外工作的人數). http://www.molisa.gov.vn/Default.aspx?tabid=193&temidclick
ed=336, 2013/9/1.

MOLISA (2009b) Để phòng tránh lừa đảo xuất khẩu lao động sang UAE (預防欺騙出口勞動
去阿拉伯聯合大公國). http://www.molisa.gov.vn/news/detail2/tabid/371/newsid/50183/
seo/De-phong-tranh-lua-dao-xuat-khau-lao-dong-sang-UAE/language/vi-VN/Default.
aspx, 2013/9/13.

MOLISA (2010a) Hội nghị giao ban công tác xuất khẩu lao động cho các doanh nghiệp thuộc
Bộ năm 2009 -2010 (部屬勞動榮軍社會部各家營業進行2009-2010年出口勞動工作簡
報會議). http://www.molisa.gov.vn/news/detail2/tabid/371/newsid/50519/seo/Hoi-nghi-
giao-ban-cong-tac-xuat-khau-lao-dong-cho-cac-doanh-nghiep-thuoc-Bo-nam-2009-2010/
language/vi-VN/Default.aspx, 2013/8/24.

MOLISA (2010b) Hỗ trợ nâng cao kiến thức cho lao động xuất khẩu (協助提高勞動者的知
識). http://www.molisa.gov.vn/news/detail2/tabid/371/newsid/51108/seo/Ho-tro-nang-
cao-kien-thuc-cho-lao-dong-xuat-khau/language/vi-VN/Default.aspx, 2013/3/24.

MOLISA (2010c) Hà Giang: Tổ chức triển khai công tác xuất khẩu lao động theo Quyết định
71 của Thủ tướng Chính phủ (河江：據政府總理71號決定組織展開出口勞動工作).

http://www.molisa.gov.vn/news/detail2/tabid/371/newsid/50962/seo/Ha-Giang-To-chuc-trien-khai-cong-tac-xuat-khau-lao-dong-theo-Quyet-dinh-71-cua-Thu-tuong-Chinh-phu/language/vi-VN/Default.aspx, 2013/8/12.

MOLISA (2010d) SOVILACO đưa 54 lao động nghèo đi làm việc tại Malaysia theo Quyết định 71 của Thủ tướng Chính phủ (據政府總理71號的決定，SOVILACO出口了54名勞動者去馬來西亞). http://www.molisa.gov.vn/news/detail2/tabid/371/newsid/50537/seo/SOVILACO-dua-54-lao-dong-ngheo-di-lam-viec-tai-Malaysia-theo-Quyet-dinh-71-cua-Thu-tuong-Chinh-phu/language/vi-VN/Default.aspx, 2013/8/24.

MOLISA (2010e) Hội nghị giao ban công tác xuất khẩu lao động cho các doanh nghiệp thuộc Bộ năm 2009 -2010 (部屬勞動榮軍社會部各家營業進行2009-2010年出口勞動工作簡報會議). http://www.molisa.gov.vn/news/detail2/tabid/371/newsid/50519/seo/Hoi-nghi-giao-ban-cong-tac-xuat-khau-lao-dong-cho-cac-doanh-nghiep-thuoc-Bo-nam-2009-2010/language/vi-VN/Default.aspx, 2013/8/24.

MOLISA (2010f) Xuất khẩu lao động thực sự trở thành biện pháp quan trọng về giải quyết việc làm, xoá đói giảm nghèo (出口勞動實成解決工作問題的重要措施). http://www.molisa.gov.vn/news/detail2/tabid/371/newsid/44979/seo/Xuat-khau-lao-dong-thuc-su-tro-thanh-bien-phap-quan-trong-ve-giai-quyet-viec-lam-xoa-doi-giam-ngheo/language/vi-VN/Default.aspx, 2013/10/14.

MOLISA (2010g) Tập huấn về toàn cầu hóa và hội nhập quốc tế trong lĩnh vực xuất khẩu lao động cho cán bộ LĐTBXH tại 32 tinh, thành phố phía Nam (為南部32省市勞動榮軍社會廳幹部舉辦有關出口勞動的全球化與融入國際的訓練). http://www.molisa.gov.vn/news/detail2/tabid/371/newsid/51910/seo/Tap-huan-ve-toan-cau-hoa-va-hoi-nhap-quoc-te-trong-linh-vuc-xuat-khau-lao-dong-cho-can-bo-LDTBXH-tai-32-tinh-thanh-pho-phia-Nam/language/vi-VN/Default.aspx, 2013/8/24.

MOLISA (2011a) Đào tạo "Kỹ năng giảng dạy" cho giáo viên của các doanh nghiệp XKLĐ (為各家出口勞動營業的教師們進行「教學技能」培訓). http://www.molisa.gov.vn/news/detail2/tabid/371/newsid/46864/language/vi-VN/Default.aspx?seo=Dao-tao-"Kynang-giang-day"-cho-giao-vien-cua-cac-doanh-nghiep-XKLD, 2013/3/28.

MOLISA (2011b) Xung quanh nghi vấn "Lừa đảo XKLĐ đi Hàn Quốc" ở Nam Định: "Kiên quyết không bao che cho những hành vi tiêu cực" (有關南定省欺騙出口勞動去韓國：堅決打破消極行為) . http://www.molisa.gov.vn/news/detail2/tabid/371/newsid/54064/language/vi-VN/Default.aspx?seo=Xung-quanh-nghi-van-"Lua-dao-XKLD-di-Han-Quoc"-o-Nam-Dinh-"Kien-quyet-khong-bao-che-cho-nhung-hanh-vi-tieu-cuc-, 2013/9/14.

MOLISA (2011c) Cơ hội xuất khẩu lao động nằm trong tay người lao động (出口勞動的機會在勞動者的掌握之中) . http://www.molisa.gov.vn/news/detail2/tabid/371/newsid/53583/seo/Co-hoi-xuat-khau-lao-dong-nam-trong-tay-nguoi-lao-dong/language/vi-VN/Default.aspx, 2013/8/24.

MOLISA (2011d) Nghệ An: "Nóng" tình trạng lao động đi làm việc ở nước ngoài bỏ trốn (義安：海外勞動逃逸的現象成了熱門) . http://www.molisa.gov.vn/news/detail2/tabid/371/newsid/53582/seo/Nghe-An--Nong-tinh-trang-lao-dong-di-lam-viec-o-nuoc-ngoai-bo-tron/language/vi-VN/Default.aspx, 2013/8/24.

MOLISA (2012a) Xử phạt 12 Công ty vi phạm quy định xuất khẩu lao động (處罰12家公司違規) . http://dangcongsan.vn/cpv/Modules/News/NewsDetail.aspx?co_id=30106&cn_id=520601, 2013/8/22.

MOLISA (2012b) 'Săn' lao động xuất ngoại (追捕出口勞動者) . http://www.molisa.gov.vn/news/detail2/tabid/371/newsid/54571/language/vi-VN/Default.aspx?seo='San'-lao-dong-xuat-ngoai, 2013/8/20.

MOLISA (2013a) 2013: Hơn 78.000 lao động Việt Nam xuất khẩu lao động (2013年超過78000名越南勞動者參加勞動出口) . http://www.molisa.gov.vn/news/detail2/tabid/371/newsid/58464/seo/2013-Hon-78-000-lao-dong-Viet-Nam-xuat-khau-lao-dong/language/vi-VN/Default.aspx, 2014/2/13.

MOLISA (2013b) Chức năng và nhiệm vụ của Cục Quản lý Lao động ngoài nước (海外勞動管理局的職能與任務：第1012/QD-LDTBXH號決定，2013年7月8日頒布) 。http://

www.dolab.gov.vn/New/DutiesAndResponsibilities.aspx?LIST_ID=247, 2013/9/1.

MOLISA (2013c) Xuất khẩu lao động- hướng đi hiệu quả nhằm xóa đói giảm nghèo ở Bắc Kạn (北洤省出口勞動—消除平窮最有效的方向). http://www.molisa.gov.vn/news/detail2/tabid/371/newsid/57679/seo/Xuat-khau-lao-dong-huong-di-hieu-qua-nham-xoa-doigiam-ngheo-o-Bac-Kan/language/vi-VN/Default.aspx, 2013/9/2.

MOLISA (2013d) Những định hướng để người dân Bắc Kạn tích cực tham gia xuất khẩu lao động (促進北洤人民參加出口勞動的指導) 。http://www.molisa.gov.vn/news/detail2/tabid/371/newsid/57675/seo/Nhung-dinh-huong-de-nguoi-dan-Bac-Kan-tich-cuc-thamgia-xuat-khau-lao-dong/language/vi-VN/Default.aspx, 2013/10/11.

MOLISA (2013e) Lao động ở nước ngoài bỏ trốn bị phạt tới 100 triệu đồng (海外勞動逃逸者被罰一億越盾). http://www.molisa.gov.vn/news/detail2/tabid/371/newsid/53582/seo/Nghe-An--Nong-tinh-trang-lao-dong-di-lam-viec-o-nuoc-ngoai-bo-tron/language/vi-VN/Default.aspx, 2013/8/24.

MOLISA (2013f) Công bố kết quả nghiên cứu về "Các nhân tố ảnh hưởng đến việc người lao động Việt Nam sau khi hết hạn hợp đồng lao động tại Hàn Quốc không về nước, ở lại và làm việc không có giấy tờ hợp pháp" (公布「韓國越南勞動期滿後滯留，在國外逃逸違法居留、工作的因素」的研究結果). http://www.molisa.gov.vn/Default.aspx?tabid=371&newsid=57455&seo=Cong-bo-ket-qua-nghien-cuu-ve-Cac-nhan-to-anhhuong-den-viec-nguoi-lao-dong-Viet-Nam-sau-khi-het-han-hop-dong-lao-dong-tai-HanQuoc-khong-ve-nuoc-o-lai-va-lam-viec-khong-co-giay-to-hop-phap-&language=vi-VN, 2013/9/1.

MOLISA (2013g) Lao động Việt Nam sang làm việc tại Đài Loan chiếm trên 40% tổng số lao động đi làm việc tại nước ngoài (出口勞動去台灣的比率占全國出口勞動總比率的40%). http://www.molisa.gov.vn/news/detail2/tabid/371/newsid/57952/language/vi-VN/Default.aspx?seo=Lao-dong-Viet-Nam-sang-lam-viec-tai-Dai-Loan-chiem-tren-40%-tong-so-lao-dong-di-lam-viec-tai-nuoc-ngoai, 2013/10/25.

MOLISA (2014a) Công tác xuất khẩu lao động tại các huyện nghèo (貧窮縣出口勞動工作).

http://www.molisa.gov.vn/vi/Pages/chitiettin.aspx?IDNews=21606, 2017/11/23.

MOLISA (2014b) Nghệ An: Người dân không màng xuất khẩu lao động miễn phí (義安：人民不想關注免費出口勞動一事). http://www.molisa.gov.vn/vi/Pages/chitiettin. aspx?IDNews=21301, 2018/1/5。

MOLISA (2015a) Hội nghị đánh giá tình hình thực hiện chính sách xuất khẩu lao động, dạy nghề và giảm nghèo tại các huyện nghèo (平窮縣實現出口勞動、職業培訓和減貧政策情形的評價會議). http://www.molisa.gov.vn/vi/Pages/chitiettin.aspx?IDNews=22325, 2017/11/23。

MOLISA (2015b) Điểm nhấn xuất khẩu lao động năm 2015 (2015年出口勞動之亮點). http://www.molisa.gov.vn/vi/Pages/chitiettin.aspx?IDNews=22552, 2017/11/23。

MOLISA (2015c) Xuất khẩu lao động huyện nghèo: Gỡ nút thắt trong cơ chế thực hiện (貧窮縣出口勞動：打開實現機制中的結). http://www.molisa.gov.vn/vi/Pages/chitiettin. aspx?IDNews=22421, 2017/11/23.

MOLISA (2015d) Điểm nhấn xuất khẩu lao động năm 2015 (2015年出口勞動的亮點). http://www.molisa.gov.vn/vi/Pages/chitiettin.aspx?IDNews=22552, 2017/11/23.

Nee, Victor and Yang Cao (1999) Path Dependent Societal Transformation: Stratification in Hybrid Mixed Economies. *Theory and Society*, 28(6), pp.799-834.

Nee, Victor (1989) A Theory of Market Transition: From Redistribution to Markets in State Socialism. American Sociological Review, 54, pp.267-82.

Ngân hàng Chính sách xã hội (2013a) Chức năng, nhiệm vụ của ngân hàng chính sách xã hội (社會政策銀行之職能與任務). http://vbsp.org.vn/gioi-thieu/chuc-nang-nhiem-vu.html, 2013/8/31.

Ngân hàng Chính sách xã hội (2013b) Lao động sang Hàn Quốc phải ký quỹ 100 triệu đồng (出口去韓國的勞動務必簽下一億越盾的保證金). http://vbsp.org.vn/lao-dong-sang-han-quoc-phai-ky-quy-100-trieu-dong.html, 2013/8/24.

Ngân hàng Phát triển Việt Nam (2012) Ngân hàng phát triển việt nam-trưởng thành cùng đất nước (越南發展銀行—— 與國家成長). http://www.vdb.gov.vn/Trangchu.

aspx?ID=DETAIL&INFOID=2081, 2013/8/24.

Ngo, Huy Duc and Ho Ngoc Minh (2008) Vietnam: The Effect of Grassroots Democratic Regulations on Commune Government Performance and Its Practical Implications. *EADN Working Paper No.35.* http://eadn.org/files/Working%20Papers/WP_35_Ngo_Huy_Duc_ The_Effect_of_Grassroots_Democratic_Regulations.pdf, 2013/8/12.

Nguyễn, Văn Chiến (2016) *Tính cách người Việt* (越南人的性格) . Hà Nội: Nhà xuất bản Văn học.

Nguyen, Van Huyen (2002) *The Ancient Civilization of Vietnam.* Hanoi: The Gioi Publishers.

Nisbet, Robert A. (1966) *The Sociological Tradition.* New York: Basic Books.

Ong, Aihwa (1987) *Spirits of Resistance and Capitalist Discipline: Factory Women in Malaysia.* Albany: State University of New York Press.

Page, John and Richard H. Adams (2003) The Impact of International Migration and Remittances on Poverty in Developing Countries. http://documents.worldbank.org/curated/en/991781468779406427/International-migration-remittances-and-poverty-in-developing-countries, 2017/8/12.

Pfau, Wade Donald and Long Thanh Giang (2010) The Growing Role of International Remittances in the Vietnamese Economy: Evidence from the Vietnam (Household) Living Standard Surveys. Pp.225-248, In *Global Movements in the Asia Pacific*, edited by Pookong Kee and Hidetaka Yoshimatsu. New Jersey: World Scientific.

Pham, Van Dinh (2008) International Migration and Return Migrants in Vietnam. http://www.iom.int/jahia/webdav/shared/shared/mainsite/microsites/IDM/workshops/return_migration_development_070708/pres_dinh.pdf, 2011/11/18.

Phan, Dai Doan (1997) *Vietnamese Villages: Some Socio-economic Problems, translated by Pham Xuan Dai.* Ho Chi Minh City: Social Sciences Publishing House.

Phung, Quang Huy (2008) Exported Labour – Practice and Policy Issues Vietnamese Case. PECC-ABAC Conference on "Demographic Change and International Labor Mobility in the Asia Pacific Region: Implications for Business and Cooperation" in Seoul, Korea on March 25-26. http://www.pecc.org/resources/doc_view/694-exported-labour-practice-and-policy-issues-vietnamese-case, 2012/1/6.

Popkin, Samuel L. (1979) *The Rational Peasant: The Political Economy of Rural Society in Vietnam*. Berkeley: University of California Press.

Portes, Alejandro and Lori D. Smith (2008) Institutions and development in Latin America: a comparative study. *Studies in Comparative and International Development*, 43(2), pp.105-128.

Portes, Alejandro and Rubén G. Rumbaut (1996) *Immigrant America: A Portrait*. Berkeley: University of California Press.

Portes, Alejandro (1995) Children of immigrants: segmented assimilation. Pp.248-280, in *The Economic Sociology of Immigration, edited by A. Portes*. New York: Russell Sage Foundation.

Portes, Alejandro (1997) Globalization from Below: The Rise of Transnational Communities. http://maxweber.hunter.cuny.edu/pub/eres/SOC217_PIMENTEL/portes.pdf, 2017/12/5。

Portes, Alejandro (2006) Institutions and development: a conceptual re-analysis. *Population and Development Review*, 32(2), pp.233-262.

Portes, Alejandro (2010) Migration and Social Change: Some Conceptual Reflections. *Journal of Ethnic and Migration Studies*, 36(10), pp.1537-1563.

Portes, Alejandro, Luis E. Guarnizo and Patricia Landolt (1999) The study of transnationalism: pitfalls and promise of an emergent research field. *Ethnic and Racial Studies*, 22(2), pp.217-237.

Ratha, Dilip (2003) Workers' Remittances: An Important and Stable Source of External Development Finance, in Global Development Finance, Chapter 7. http://siteresources.worldbank.org/INTRGDF/Resources/GDF2003-Chapter7.pdf, 2011/5/22.

Ratha, Dilip (2009) Remittances in Development: A Lifeline to Poor Countries. *Finance & Development*, 46(4). http://www.imf.org/external/pubs/ft/fandd/2009/12/ratha.htm., 2012/2/2.

Rodriguez, Robyn Magalit (2008) The Labor Brokerage State and the Globalization of Fili-
pina Care Workers. *Signs: Journal of Women in Culture and Society*, 33(4), pp.794-800.

Rona-Tas, Akos (1994) The First Shall Be Last? Entrepreneurship and Communist Cadre in
the Transition from Socialism. *American Journal of Sociology*, 100(1), pp.40-69.

Ross, Marc Howard (2000) Culture and Identity in Comparative Political Analysis. Pp 39-70,
In *Culture and Politics*, edited by Crothers L., Lockhart C.. New York: Palgrave Macmil-
lan.

Rudnyckyi, Daromir (2004) Technologies of Servitude: Governmentality and Indonesian
Transnational Labor Migration. *Anthropological Quarterly*, 77(3), pp.407-434.

Sassen, Saskia (1988) *The Mobility of Labor and Capital: A Study in International Invest-
ment and Labor Flow*. Cambridge & New York: Cambridge University Press.

Schiller, Nina Glick and Thomas Faist (eds.) (2010) *Migration, Development, and Transna-
tionalization: A Critical Stance*. New York: Berghahn.

Silvey, Rachel (2007) Unequal Borders: Indonesian Transnational Migrants at Immigration
Control. *Geopolitics*, 12(2), pp.265-279.

Smith, Anthony D. (1996) Culture, Community and Territory: The Politics of Ethnicity and
Nationalism. *International Affairs (Ethnicity and International Relations)*, 72(3), pp.445-
458.

Stacey, Margaret (1969) The Myth of Community Studies. *The British Journal of Sociology*,
20(2), pp.134-147.

Stark, Oded (1984) Migration Decision Making: A Review Article. *Journal of Development
Economics*, 14(1), pp.251-259.

Stocking, George W., Jr. (1992) *The Ethnographer's Magic and Other Essays in the History
of Anthropology*. Madison: University of Wisconsin Press.

SULECO (2013) Thông Tin Công Ty (公司訊息) . http://www.sulecovietnam.com/#,
2013/11/6.

Sztompka, Piotr (1994) *The Sociology of Social Change*. Oxford, Cambridge, Mass: Blackwell.

Taylor, J. Edward, Jorge Mora, Richard Adams and Alejandro Lopez-Feldman (2005) Remittances, Inequality and Poverty: Evidence from Rural Mexico. Department of Agricultural and Resource Economics University of California, Davis. https://ageconsearch.umn.edu/bitstream/60287/2/05-003.PDF, 2017/3/9.

Telfer, Jonathan (2004) Dissent and Consent: Negotiating the Adoption Triangle. Pp.71-81, In *Anthropologists in the Field: Cases in Participant Observation*, edited by Lynne Hume and Jane Mulcock. New York: Columbia University Press.

Thaarup, Julie and Søren Villadsen (2010) *Long Term Development Cooperation between Vietnam and Sweden*. Swedish International Development Cooperation Agency, https://www.sida.se/contentassets/656f317679fb4d0b824a6121ff1905c8/201012-long-term-development-cooperation-between-vietnam-and-sweden_3048.pdf, 2017/10/9.

Thrift, Nigel and Dean Forbes (2007) *The Price of War: Urbanization in Vietnam, 1954-85*. London; New York: Routledge.

Thư Viện Pháp Luật (2007) Quyết Định: Ban Hành Chương Trình Bồi Dưỡng Kiến Thức Cần Thiết Cho Người Lao Động Trước Khi Đi Làm Việc Ở Nước Ngoài (勞動者出國工作前的必要知識培訓課程). https://thuvienphapluat.vn/van-ban/Lao-dong-Tien-luong/Quyet-dinh-18-2007-QD-BLDTBXH-chuong-trinh-boi-duong-kien-thuc-can-thiet-nguoi-lao-dong-truoc-khi-di-lam-viec-nuoc-ngoai-53578.aspx, 2013/8/25.

Trần, Hữu Quang and Nguyễn Nghị (2016) Reframing the "Traditional" Vietnamese Village: From Peasant to Farmer Society in the Mekong Delta. *Moussons*, 28, pp.61-81.

Tseng, Yen-fen and Hong-zen Wang (2011) Governing Migrant Workers at a Distance: Managing the Temporary Status of Guestworkers in Taiwan. *International Migration*, doi:10.111/j.1468-2435.2010.00639.x.

Tuổi Trẻ Online (2018) TP.HCM truy tặng danh hiệu 22 Mẹ Việt Nam Anh hùng (胡志明市人民政府追授22位英雄母親錦旗). https://tuoitre.vn/tp-hcm-truy-tang-danh-hieu-22-me-viet-nam-anh-hung-20180420113051226.htm, 2018/4/20。

United Nations (2006) *Globalization and Interdependence: International Migration and Development.* Report of the Secretary-General, http://www.queensu.ca/samp/migrationre-sources/reports/Report%20of%20the%20SG(June%2006)_English.pdf, 2012/2/24.

VAMAS (2011a) Tuyên dương các doanh nghiệp hội viên đạt thành tích xuất sắc về xklđ năm 2011 (宣揚2011年出口勞動服務達到良好成績的會員業者) . http://www.vamas.com.vn/home/detail.php%3FiCat%3D10%26iNew%3D475%26module%3Dnews%26page%3D5+&cd=2&hl=zh-TW&ct=clnk&gl=tw, 2012/11/10.

VAMAS (2011b) Cho vay người lao động Việt Nam đi làm việc ở nước ngoài và dịch vụ kiều hối của Ngân hàng Nông nghiệp và phát triển nông thôn Việt Nam (農業與農村發展銀行給越南勞動貸款出口工作以及匯款回國服務) . http://www.vamas.com.vn/home/detail.php?iCat=10&iNew=432&module=news, 2013/8/31.

VAMAS (2012) Tổng quan thị trường tiếp nhận lao động việt nam đi làm việc ở nước ngoài năm 2012 (綜觀2012年越南出口勞動的市場) . http://www.vamas.com.vn/home/detail.php?iCat=64&iNew=497&module=news, 2013/8/31.

VAMAS (2013) Giới thiệu, Hiệp hội xuất khẩu lao động Việt Nam (越南勞動出口協會介紹) . http://www.vamas.com.vn/home/detail.php?iCat=25&iNew=60&module=new, 2013/8/31.

Viện Khoa học Lao động và Xã hội (2013) Lịch sử viện, Viện khoa học lao động và xã hội (社會科學勞動院歷史) . http://www.ilssa.org.vn/vi-vn/trang-chu.aspx, 2013/9/2.

Vu, Quoc Tuan and Nguyen Dinh Cung (2003) Development Various Types of Enterprises. Pp.8-54, In *Developing the Socialist-oriented Market Economy in Vietnam*, edited by Dinh Van An. Hanoi: The Statistical Publisher.

Wang, Hong-Zen and Danièle Bélanger (2011) Exploitative Recruitment Processes and Working Conditions of Vietnamese Migrant Workers in Taiwan. Pp.309-334, In *Labor in Vietnam*, edited by Anita Chan. Singapore: ISEAS.

Weeley, Kathleen (2004) Saving Pennies for the State. A New Role for Filipino Migration Workers? *Journal of Contemporary Asia*, 34(3), pp.349-363.

Wolf, Eric R. (1969) *Peasant wars of the twentieth century*. New York

World Bank (2001) *Vietnam Living Standards Survey (VLSS), 1997-1998: Basic Information*. Washington, DC: World Bank.

World Bank (2006) *Global Economic Prospect: sEconomic Implications of Remittances and Migration*. Washington, DC: World Bank.

World Bank (2009) *Country Social Analysis: Ethnicity and Development in Vietnam*. Washington, DC: World Bank.

World Bank (2013a) GDP per capita, Data. http://data.worldbank.org/indicator/NY.GDP. PCAP.CD, 2013/2/25.

World Bank (2013b) The World Bank In Vietnam: Overview. http://www.worldbank.org/en/country/vietnam/overview, 2013/2/25.

World Bank (2016) Migration and Remittances Factbook 2016 (Third Edition) . Washington, DC: World Bank. https://openknowledge.worldbank.org/bitstream/handle/10986/23743/9781464803192.pdf, 2018/2/20.

World Bank (2017) *Migration and Remittances: Recent Developments and Outlook (Special Topic: Return Migration)*. http://pubdocs.worldbank.org/en/992371492706371662/MigrationandDevelopmentBrief27.pdf, 2018/1/29.

Yang, Dean (2004) International Migration, Human Capital, and Entrepreneurship: Evidence from Philippine Migrants' Exchange Rate Shocks. Research Program on International Migration and Development. *Policy Research Working Paper, 3578*. http://documents.worldbank.org/curated/en/615251468144880119/International-migration-human-capital-and-entrepreneurship-evidence-from-Philippine-migrants-exchange-rate-shocks, 2018/3/25.

Yong, Mun Cheong (1992) The Political Structures of the Independent States. Pp.387-465, In *The Cambridge History of Southeast Asia(Volume Two)*, edited by Nicholas Tarling. Cambridge University Press.

國家圖書館出版品預行編目資料

越南移工：國家勞動輸出政策及其社會發展意
涵／張書銘著. －－初版. －－臺北市：五南，
2018.12
　面；　公分
ISBN 978-957-763-197-8（平裝）
1.勞動政策　2.越南　3.移工
556.84　　　　　　　　　　107021237

1J0C

越南移工：
國家勞動輸出政策及其社會發展意涵

作　　　者 ― 張書銘

發 行 人 ― 楊榮川

總 經 理 ― 楊士清

主　　　編 ― 陳姿穎

責任編輯 ― 沈郁馨

封面設計 ― 姚孝慈、王麗娟

出 版 者 ― 五南圖書出版股份有限公司

地　　　址：106台北市大安區和平東路二段339號4樓

電　　　話：(02)2705-5066　　傳　　　真：(02)2706-6100

網　　　址：http://www.wunan.com.tw

電子郵件：wunan@wunan.com.tw

劃撥帳號：01068953

戶　　　名：五南圖書出版股份有限公司

法律顧問　林勝安律師事務所　林勝安律師

出版日期　2018年12月初版一刷

定　　　價　新臺幣380元

本書獲教育部106年度人文及社會科學博士論文改寫專書
暨編纂主題論文集計畫（A類博士論文改寫為學術專書）
獎助，特此致謝。